AF276316

COLEX

Disfrute gratuitamente **DURANTE UN AÑO** de los eBook y audiolibros de las obras de Editorial Colex*

- ⊛ Acceda a la página web de la editorial **www.colex.es**

- ⊛ Identifíquese con su usuario y contraseña. En caso de no disponer de una cuenta regístrese.

- ⊛ Acceda en el menú de usuario a la pestaña «Mis códigos» e introduzca el que aparece a continuación:

RASCAR PARA VISUALIZAR EL CÓDIGO

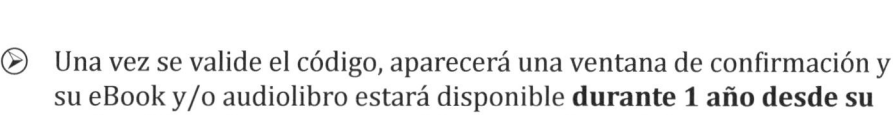

- ⊛ Una vez se valide el código, aparecerá una ventana de confirmación y su eBook y/o audiolibro estará disponible **durante 1 año desde su activación** en la pestaña «Mis libros» en el menú de usuario.

---

* Los audiolibros están disponibles en las ediciones más recientes de nuestras obras. Se excluyen expresamente las colecciones «Códigos comentados», «Biblioteca digital» y los productos de www.vademecumlegal.es.

No se admitirá la devolución si el código promocional ha sido manipulado y/o utilizado.

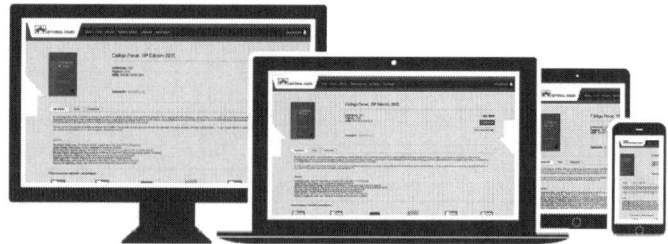

¡Gracias por confiar en nosotros!

La obra que acaba de adquirir incluye de forma gratuita la versión electrónica. Acceda a nuestra página web para aprovechar todas las funcionalidades de las que dispone en nuestro lector.

Funcionalidades eBook

Acceso desde cualquier dispositivo con conexión a internet

Idéntica visualización a la edición de papel

Navegación intuitiva

Tamaño del texto adaptable

Síguenos en: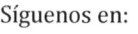

LEGISLACIÓN PENITENCIARIA
Y
CIRCULARES E INSTRUCCIONES

Contiene concordancias, legislación complementaria e índice analítico

LEGISLACIÓN PENITENCIARIA
Y
CIRCULARES E INSTRUCCIONES

Contiene concordancias, legislación complementaria e índice analítico

10.ª EDICIÓN 2026

(Edición actualizada a 20 de enero de 2026)

COLEX 2026

© Editorial Colex, S.L.
Calle Costa Rica, número 5, 3.º B (local comercial)
A Coruña, 15004, A Coruña (Galicia)
info@colex.es
www.colex.es

I.S.B.N.: 979-13-7011-589-0
Depósito Legal: C 106-2026

LEYENDA ICONOS

Texto modificado	Texto nuevo

ABREVIATURAS

CE	Constitución Española, de 27 de diciembre de 1978
CP	Código Penal (LO 10/1995, de 23 de noviembre)
LECr	Ley de Enjuiciamiento Criminal (RD. de 14 de septiembre de 1882)
LGPe	Ley General Penitenciaria (LO 1/1979, de 26 de septiembre)
RP	Reglamento Penitenciario (RD 190/1996, de 9 de febrero)
RP del 81	Reglamento Penitenciario de 1981 (RD. 1201/1981, de 8 de mayo)

Art./Arts.	Artículo /s
CGPJ	Consejo General del Poder Judicial
DA/ D.A./ DDAA	Disposición(es) Adicional(es)
DDT/D.DT.	Disposición Derogatorias
DF/D.F./ DDFF	Disposición(es) Final(es)
DT/ D.T./ DDTT	Disposición(es) Transitoria(s)
L	Ley
LO	Ley Orgánica
O	Orden
RD	Real Decreto
RDL	Real Decreto Ley
RDLeg	Real Decreto Legislativo
Rgto	Reglamento
ss	Siguientes

SUMARIO

I.
LEY ORGÁNICA 1/1979, DE 26 DE SEPTIEMBRE, GENERAL PENITENCIARIA

II.
REAL DECRETO 190/1996, DE 9 DE FEBRERO, POR EL QUE SE APRUEBA EL REGLAMENTO PENITENCIARIO

REGLAMENTO PENITENCIARIO

III.
REAL DECRETO 1201/1981, DE 8 DE MAYO, POR EL QUE SE APRUEBA EL REGLAMENTO PENITENCIARIO

LEGISLACIÓN COMPLEMENTARIA

JUZGADOS DE VIGILANCIA PENITENCIARIA

RELACIÓN LABORAL DE CARÁCTER ESPECIAL DE LOS PENADOS

PENAS DE TRABAJO EN BENEFICIO DE LA COMUNIDAD

DETENIDOS

ORGANIZACIÓN

FUNCIONARIOS

RÉGIMEN MILITAR

LEY ORGÁNICA 1/1979, DE 26 DE SEPTIEMBRE, GENERAL PENITENCIARIA

I.
LEY ORGÁNICA 1/1979, DE 26 DE SEPTIEMBRE, GENERAL PENITENCIARIA

–BOE n.º 239 de 5 de octubre de 1979–

DON JUAN CARLOS I, REY DE ESPAÑA

A todos los que la presente vieren y entendieren,
Sabed: Que las Cortes Generales han aprobado con el carácter de Orgánica y Yo vengo en sancionar la siguiente Ley:

TÍTULO PRELIMINAR

ART. 1.

Las instituciones penitenciarias reguladas en la presente Ley tienen como fin primordial la reeducación y la reinserción social de los sentenciados a penas y medidas penales privativas de libertad, así como la retención y custodia de detenidos, presos y penados.
Igualmente tienen a su cargo una labor asistencial y de ayuda para internos y liberados.

ART. 2.

La actividad penitenciaria se desarrollará con las garantías y dentro de los límites establecidos por la Ley, los reglamentos y las sentencias judiciales.

ART. 3.

La actividad penitenciaria se ejercerá respetando, en todo caso, la personalidad humana de los recluidos y los derechos e intereses jurídicos de los mismos no afectados por la condena, sin establecerse diferencia alguna por razón de raza, opiniones políticas, creencias religiosas, condición social o cualesquiera otras circunstancias de análoga naturaleza.
En consecuencia:
1. Los internos podrán ejercitar los derechos civiles, políticos, sociales, económicos y culturales, sin exclusión del derecho de sufragio, salvo que fuesen incompatibles con el objeto de su detención o el cumplimiento de la condena.
2. Se adoptarán las medidas necesarias para que los internos y sus familiares conserven sus derechos a las prestaciones de la Seguridad Social, adquiridos antes del ingreso en prisión.
3. En ningún caso se impedirá que los internos continúen los procedimientos que tuvieren pendientes en el momento de su ingreso en prisión y puedan entablar nuevas acciones.
4. La Administración penitenciaria velará por la vida, integridad y salud de los internos.
5. El interno tiene derecho a ser designado por su propio nombre.

Ver art. 4 RP.

Apdo. 1: ver arts. 13.2 y 23.1 CE.

Apdo. 2: ver RDLeg. 8/2015, de 30 de octubre, por el que se aprueba el texto refundido de la Ley General de la Seguridad Social.

Apdo. 4: ver art. 21.2, 36 y 43 de esta ley.

ART. 4.

1. Los internos deberán:

a) Permanecer en el establecimiento a disposición de la autoridad que hubiere decretado su internamiento o para cumplir las condenas que se les impongan, hasta el momento de su liberación.

b) Acatar las normas de régimen interior, reguladoras de la vida del establecimiento, cumpliendo las sanciones disciplinarias que le sean impuestas en el caso de infracción de aquéllas, y de conformidad con lo establecido en el artículo 44.

c) Mantener una normal actitud de respeto y consideración con los funcionarios de instituciones penitenciarias y autoridades judiciales o de otro orden, tanto dentro de los establecimientos penitenciarios como fuera de ellos con ocasión de traslado, conducciones o prácticas de diligencias.

d) Observar una conducta correcta con sus compañeros de internamiento.

2. Se procurará fomentar la colaboración de los internos en el tratamiento penitenciario con arreglo a las técnicas y métodos que les sean prescritos en función del diagnóstico individualizado.

Ver art. 5 RP.

ART. 5.

El régimen de prisión preventiva tiene por objeto retener al interno a disposición de la autoridad judicial. El principio de la presunción de inocencia presidirá el régimen penitenciario de los preventivos.

Ver art. 96-98 RP; art. 24.2 CE.

ART. 6.

Ningún interno será sometido a malos tratos de palabra u obra.

Ver art. 4.2. a) RP.

TÍTULO I
De los establecimientos y medios materiales

Ver art. 12 RP.

ART. 7.

Los establecimientos penitenciarios comprenderán:

a) Establecimientos de preventivos.

b) Establecimientos de cumplimiento de penas.

c) Establecimientos especiales.

Ver arts. 10-14 y 73-98 RP.

ART. 8.

1. Los establecimientos de preventivos son centros destinados a la retención y custodia de detenidos y presos. También podrán cumplirse penas y medidas penales privativas de libertad cuando el internamiento efectivo pendiente no exceda de seis meses.

2. En cada provincia podrá existir más de un establecimiento de esta naturaleza.

3. Cuando no existan establecimientos de preventivos para mujeres y jóvenes, ocuparán en los de hombres departamentos que constituyan unidades con absoluta separación y con organización y régimen propios.

Ver art. 96-98 RP.

ART. 9.

1. Los establecimientos de cumplimiento son centros destinados a la ejecución de las penas privativas de libertad. Se organizarán separadamente para hombres y mujeres y serán de dos tipos: de régimen ordinario y abierto.

2. Los jóvenes deberán cumplir separadamente de los adultos en establecimientos distintos o, en todo caso, en departamentos separados. A los efectos de esta Ley, se entiende por jóvenes las personas de uno u otro sexo que no hayan cumplido los 21 años. Excepcionalmente, y teniendo en cuenta la personalidad del interno, podrán permanecer en centros destinados a jóvenes quienes, habiendo cumplido veintiún años, no hayan alcanzado los veinticinco.

Ver arts. 99-109 RP.

Apdo. 2: ver arts. 173-174 RP.

ART. 10.

1. No obstante lo dispuesto en el número 1 del artículo anterior, existirán establecimientos de cumplimiento de régimen cerrado o departamentos especiales para los penados calificados de peligrosidad extrema o para casos de inadaptación a los regímenes ordinario y abierto, apreciados por causas objetivas en resolución motivada, a no ser que el estudio de la personalidad del sujeto denote la presencia de anomalías o deficiencias que deban determinar su destino al centro especial correspondiente.

2. También podrán ser destinados a estos establecimientos o departamentos especiales con carácter de excepción y absoluta separación de los penados, dando cuenta a la autoridad judicial correspondiente, aquellos internos preventivos en los que concurran las circunstancias expresadas en el número anterior, entendiéndose que la inadaptación se refiere al régimen propio de los establecimientos de preventivos.

3. El régimen de estos centros se caracterizará por una limitación de las actividades en común de los internos y por un mayor control y vigilancia sobre los mismos en la forma que reglamentariamente se determine.

La permanencia de los internos destinados a estos centros será por el tiempo necesario hasta tanto desaparezcan o disminuyan las razones o circunstancias que determinaron su ingreso.

Ver arts. 89-95; 102.5 RP.

ART. 11.

Los establecimientos especiales son aquellos en los que prevalece el carácter asistencial y serán de los siguientes tipos:

a) Centros hospitalarios.

b) Centros psiquiátricos.

c) Centros de rehabilitación social, para la ejecución de medidas penales, de conformidad con la legislación vigente en esta materia.

Ver art. 88 RP.

ART. 12.

1. La ubicación de los establecimientos será fijada por la Administración penitenciaria dentro de las áreas territoriales que se designen. En todo caso, se procurará que cada una cuente con el número suficiente de aquéllos para satisfacer las necesidades penitenciarias y evitar el desarraigo social de los penados.

2. Los establecimientos penitenciarios no deberán acoger más de 350 internos por unidad.

ART. 13.

Los establecimientos penitenciarios deberán contar en el conjunto de sus dependencias con servicios idóneos de dormitorios individuales, enfermerías, escuelas, biblioteca, instalaciones deportivas y recreativas, talleres, patios, peluquería, cocina, comedor, locutorios individualizados, departamento de información al exterior, salas anejas de relaciones familiares y, en general, todos aquellos que permitan desarrollar en ellos una vida de colectividad organizada y una adecuada clasificación de los internos, en relación con los fines que en cada caso les están atribuidos.

Ver art. 11, 13 y 14 (dormitorios), 207-215 (enfermería y asistencia sanitaria), 127 (bibliotecas); 118-131 (actividades educativas, socioculturales y deportivas); 298-306 (cocina, economato y cafeterías) del RP; Ver art. 53 de esta norma (salas anejas de relaciones familiares).

ART. 14.

La Administración penitenciaria velará para que los establecimientos sean dotados de los medios materiales y personales necesarios que aseguren el mantenimiento, desarrollo y cumplimiento de sus fines.

TÍTULO II
Del régimen penitenciario

CAPÍTULO I
Organización general

ART. 15.

1. El ingreso de un detenido, preso o penado, en cualquiera de los establecimientos penitenciarios se hará mediante mandamiento u orden de la autoridad competente, excepto en el supuesto de presentación voluntaria, que será inmediatamente comunicado a la autoridad judicial, quien resolverá lo procedente, y en los supuestos de estados de alarma, excepción o sitio en los que se estará a lo que dispongan las correspondientes leyes especiales.

2. A cada interno se le abrirá un expediente personal relativo a su situación procesal y penitenciaria del que tendrá derecho a ser informado, y para cada penado se formará un protocolo de personalidad.

> *Apdo. 1: ver arts. 15 y 16.3 RP.*
>
> *Apdo. 2: ver art. 18 RP.*

ART. 15 bis. Tratamientos de datos de carácter personal.

1. Admitido en el establecimiento un interno, se procederá a verificar su identidad personal, efectuando la reseña alfabética, dactilar y fotográfica, así como a la inscripción en el libro de ingresos y a la apertura de un expediente personal relativo a su situación procesal y penitenciaria, respecto del que se reconoce el derecho de acceso. Este derecho sólo se verá limitado de forma individualizada y fundamentada en concretas razones de seguridad o tratamiento.

2. El tratamiento de los datos personales de los internos se regirá por lo previsto en la Ley Orgánica de protección de datos personales tratados para fines de prevención, detección, investigación y enjuiciamiento de infracciones penales y de ejecución de sanciones penales. Los datos personales de categorías especiales que no figuren en el apartado anterior se podrán tratar con el consentimiento del interesado. Sólo se prescindirá de dicho consentimiento cuando sea estrictamente necesario y se efectúe con las garantías adecuadas para proteger el derecho a la protección de datos de los interesados, atendiendo al tipo de datos que se traten y a las finalidades de los distintos tratamientos dirigidos a la ejecución de la pena.

3. Igualmente se procederá al cacheo de su persona y al registro de sus efectos, retirándose los enseres y objetos no autorizados.

4. En el momento del ingreso se adoptarán las medidas de higiene personal necesarias, entregándose al interno las prendas de vestir adecuadas que precise, firmando el mismo su recepción.

> *Añadido por Ley Orgánica 7/2021, de 26 de mayo, de protección de datos personales tratados para fines de prevención, detección, investigación y enjuiciamiento de infracciones penales y de ejecución de sanciones penales. (Entrada en vigor 16/06/2021).*

ART. 16.

Cualquiera que sea el centro en el que tenga lugar el ingreso, se procederá, de manera inmediata, a una completa separación, teniendo en cuenta el sexo, emotividad, edad, antecedentes, estado físico y mental y, respecto de los penados, las exigencias del tratamiento.

En consecuencia:

a) Los hombres y las mujeres deberán estar separados, salvo en los supuestos excepcionales que reglamentariamente se determinen.

b) Los detenidos y presos estarán separados de los condenados y, en ambos casos, los primarios de los reincidentes.

c) Los jóvenes, sean detenidos, presos o penados, estarán separados de los adultos en las condiciones que se determinen reglamentariamente.

d) Los que presenten enfermedad o deficiencias físicas o mentales estarán separados de los que puedan seguir el régimen normal del establecimiento.

e) Los detenidos y presos por delitos dolosos estarán separados de los que lo estén por delitos de imprudencia.

Letra a): ver art. 168 RP.

Ver arts. 10.2, 11.1, 12.2, 76.2; 99 (separación de los internos); 168 (centros mixtos); 99.4 y 173-177 (internamiento de jóvenes) del RP; Ver arts. 63 y 64 de esta norma.

ART. 17.

1. La libertad de los detenidos, presos o penados sólo podrá ser acordada por la autoridad competente.

2. Los detenidos serán puestos en libertad por el Director del establecimiento si, transcurridas las 72 horas siguientes al momento del ingreso, no se hubiere recibido mandamiento u orden de prisión.

3. Para proceder a la excarcelación de los condenados será precisa la aprobación de la libertad definitiva por el Tribunal sentenciador o de la propuesta de libertad condicional por el Juez de Vigilancia.

4. En el momento de la excarcelación se entregará al liberado el saldo de su cuenta de peculio, los valores y efectos depositados a su nombre, así como una certificación del tiempo que estuvo privado de libertad y cualificación profesional obtenida durante su reclusión. Si careciese de medios económicos, se le facilitarán los necesarios para llegar a su residencia y subvenir a sus primeros gastos.

Apdo. 1: ver art. 22 RP.

Apdo. 2: ver art. 23 RP.

Apdo. 3: ver art. 24 RP.

Apdo. 4: ver arts. 317, 319-324 RP.

ART. 18.

Los traslados de los detenidos, presos y penados se efectuarán de forma que se respeten la dignidad y los derechos de los internos y la seguridad de la conducción.

Ver arts. 31-40 RP.

ART. 19.

1. Todos los internos se alojarán en celdas individuales. En caso de insuficiencia temporal de alojamiento o por indicación del médico o de los equipos de observación y tratamiento, se podrá recurrir a dependencias colectivas. En estos casos, los internos serán seleccionados adecuadamente.

2. Tanto las dependencias destinadas al alojamiento nocturno de los recluidos como aquellas en que se desarrolle la vida en común, deberán satisfacer las necesidades de la higiene y estar acondicionadas de manera que el volumen de espacio, ventilación, agua, alumbrado y calefacción se ajuste a las condiciones climáticas de la localidad.

3. Por razones de higiene se exigirá un cuidadoso aseo personal. A tal fin, la Administración facilitará gratuitamente a los internos los servicios y artículos de aseo diario necesarios.

Apdo. 1: ver arts. 13 y 90.2 RP.

Apdos. 2 y 3: ver art. 14 RP; Ver art. 36.1 de esta norma.

Apdo. 3: ver arts. 5.2.e), 18.2, 221, 222, 224, 225, 313 y 314 RP; Ver art. 38.4 de esta norma.

ART. 20.

1. El interno tiene derecho a vestir sus propias prendas, siempre que sean adecuadas, u optar por las que le facilite el establecimiento, que deberán ser correctas, adaptadas a las condiciones climatológicas y desprovistas de todo elemento que pueda afectar a la dignidad del interno.

2. En los supuestos de salida al exterior deberán vestir ropas que no denoten su condición de recluidos. Si carecieran de las adecuadas, se les procurará las necesarias.

Ver arts. 5.2.e), 18.2, 224, 313 y 314 RP.

ART. 21.

1. Todo interno dispondrá de la ropa necesaria para su cama y de mueble adecuado para guardar sus pertenencias.

2. La Administración proporcionará a los internos una alimentación controlada por el Médico, convenientemente preparada y que responda en cantidad y calidad a las normas dietéticas y de higiene, teniendo en cuenta su estado de salud, la naturaleza del trabajo y, en la medida de lo posible, sus convicciones filosóficas y religiosas. Los internos dispondrán, en circunstancias normales, de agua potable a todas las horas.

Apdo. 1: ver art. 14.2 RP.

Apdo. 2: ver art. 223 y 226 RP.

ART. 22.

1. Cuando el Reglamento no autorice al interno a conservar en su poder dinero, ropas, objetos de valor u otros que le pertenezcan, serán guardados en lugar seguro, previo el correspondiente resguardo, o enviados a personas autorizadas por el recluso para recibirlos.

2. El Director, a instancia del Médico, podrá ordenar por razones de higiene la inutilización de las ropas y efectos contaminados propiedad de los internos.

3. El Director, a instancia del interno o del Médico, y de conformidad con éste en todo caso, decidirá sobre el destino de los medicamentos que tuviere en su poder el interno en el momento del ingreso en el establecimiento o reciba del exterior, disponiendo cuáles puede conservar para su personal administración y cuáles deben quedar depositados en la enfermería, atendidas las necesidades del enfermo y las exigencias de la seguridad. Si a los internos les fueran intervenidos estupefacientes, se cumplirá lo previsto en las disposiciones legales.

Apdo. 1: ver art. 317 RP.

Apdo. 2: ver arts. 78 y 221-226 RP.

Apdo. 3: ver art. 213.4 RP.

ART. 23.

Los registros y cacheos en las personas de los internos, sus pertenencias y locales que ocupen, los recuentos, así como las requisas de las instalaciones del establecimiento, se efectuarán en los casos con las garantías y periodicidad que reglamentariamente se determinen y dentro del respeto a la dignidad de la persona.

Ver arts. 18.1, 65.1, 68, 93.1.2.ª RP.

ART. 24.

Se establecerán y estimularán, en la forma que se señale reglamentariamente, sistemas de participación de los internos en actividades o responsabilidades de orden educativo, recreativo, religioso, laboral, cultural o deportivo. En el desenvolvimiento de los servicios alimenticios y confección de racionados se procurará igualmente la participación de los internos.

Se permitirá a los internos la adquisición por su propia cuenta de productos alimenticios y de consumo dentro de los límites reglamentariamente fijados. La venta de dichos productos será gestionada directamente por la Administración penitenciaria o por Empresas concesionarias. Los precios se controlarán por la autoridad competente, y en ningún caso podrán ser superiores a los que rijan en la localidad en que se halle ubicado el establecimiento. Los internos participarán también en el control de calidad y precios de los productos vendidos en el centro.

Ver arts. 3.4, 4.2.c), 20, 55-61 y 118-131 RP.

ART. 25.

1. En todos los establecimientos penitenciarios regirá un horario, que será puntualmente cumplido.

2. El tiempo se distribuirá de manera que se garanticen ocho horas diarias para el descanso nocturno y queden atendidas las necesidades espirituales y físicas, las sesiones de tratamiento y las actividades formativas, laborales y culturales de los internos.

Ver arts. 55, 77, 78, 86.3, 87.4. 94.1.°, 179 RP.

CAPÍTULO II
Trabajo

ART. 26.

El trabajo será considerado como un derecho y como un deber del interno, siendo un elemento fundamental del tratamiento.

Sus condiciones serán:

a) No tendrá carácter aflictivo ni será aplicado como medida de corrección.

b) No atentará a la dignidad del interno.

c) Tendrá carácter formativo, creador o conservador de hábitos laborales, productivo o terapéutico, con el fin de preparar a los internos para las condiciones normales del trabajo libre.

d) Se organizará y planificará, atendiendo a las aptitudes y cualificación profesional, de manera que satisfaga las aspiraciones laborales de los recluidos en cuanto sean compatibles con la organización y seguridad del establecimiento.

e) Será facilitado por la Administración.

f) Gozará de la protección dispensada por la legislación vigente en materia de Seguridad Social.

g) No se supeditará al logro de intereses económicos por la Administración.

Ver arts. 4.2.f), 76.3, 103.3, 132 y 133 RP; Real Decreto 782/2001, de 6 de julio, por el que se regula la relación laboral de carácter especial de los penados que realicen actividades laborales en talleres penitenciarios y la protección de Seguridad Social de los sometidos a penas de trabajo en beneficio de la comunidad (BOE n.° 162, de 7 de julio de 2001).

ART. 27.

1. El trabajo que realicen los internos, dentro o fuera de los establecimientos, estará comprendido en alguna de las siguientes modalidades:

a) Las de formación profesional, a las que la Administración dará carácter preferente.

b) Las dedicadas al estudio y formación académica.

c) Las de producción de régimen laboral o mediante fórmulas cooperativas o similares de acuerdo con la legislación vigente.

d) Las ocupacionales que formen parte de un tratamiento.

e) Las prestaciones personales en servicios auxiliares comunes del establecimiento.

f) Las artesanales, intelectuales y artísticas.

2. Todo trabajo directamente productivo que realicen los internos será remunerado y se desarrollará en las condiciones de seguridad e higiene establecidas en la legislación vigente.

Ver art. 133 RP y Real Decreto 782/2001, de 6 de julio, por el que se regula la relación laboral de carácter especial de los penados que realicen actividades laborales en talleres penitenciarios y la protección de Seguridad Social de los sometidos a penas de trabajo en beneficio de la comunidad (BOE n.° 162, de 7 de julio de 2001).

Apdo. 1.c): ver art. 132 RP.

ART. 28.

El trabajo será compatible con las sesiones de tratamiento y con las necesidades de enseñanza en los niveles obligatorios. A tal fin, la Administración adoptará las medidas que reglamentariamente se determinen para asegurar la satisfacción de aquellos fines y garantizar la efectividad del resultado.

Ver arts. 122 y 123 RP.

ART. 29.

1. Todos los penados tendrán obligación de trabajar conforme a sus aptitudes físicas y mentales.

Quedarán exceptuados de esta obligación, sin perjuicio de poder disfrutar, en su caso, de los beneficios penitenciarios:

a) Los sometidos a tratamiento médico por causas de accidente o enfermedad hasta que sean dados de alta.

b) Los que padezcan incapacidad permanente para toda clase de trabajos.

c) Los mayores de sesenta y cinco años.

d) Los perceptores de prestaciones por jubilación.

e) Las mujeres embarazadas durante dieciséis semanas ininterrumpidas ampliables por parto múltiple hasta dieciocho semanas. El período de excepción se distribuirá a opción de la interesada siempre que seis semanas sean inmediatamente posteriores al parto.

f) Los internos que no puedan trabajar por razón de fuerza mayor.

2. Los sometidos a prisión preventiva podrán trabajar conforme a sus aptitudes e inclinaciones. La administración del establecimiento les facilitará los medios de ocupación de que disponga, permitiendo al interno procurarse a sus expensas otros, siempre que sean compatibles con las garantías procesales y la seguridad y el buen orden de aquél. Los que voluntariamente realicen cualquiera de los trabajos expresados en el artículo 27 lo harán en las condiciones y con los efectos y beneficios previstos en esta Ley. Todo interno deberá contribuir al buen orden, limpieza e higiene del establecimiento, siendo reglamentariamente determinados los trabajos organizados a dichos fines.

Modificado por Ley Orgánica 13/1995, de 18 de diciembre, sobre modificación de la Ley Orgánica General Penitenciaria. (BOE de 19-12-1995).

Apdo. 1: ver art. 133 RP.

Apdo. 2: ver art. 78.2 RP.

ART. 30.

Los bienes, productos o servicios obtenidos por el trabajo de los internos tendrán en igualdad de condiciones, carácter preferente en las adjudicaciones de suministros y obras de las Administraciones públicas.

Ver Ley 9/2017, de 8 de noviembre, de Contratos del Sector Público, por la que se transponen al ordenamiento jurídico español las Directivas del Parlamento Europeo y del Consejo 2014/23/UE y 2014/24/UE, de 26 de febrero de 2014 (BOE n.º 272, de 09/11/2017).

ART. 31.

1. La dirección y el control de las actividades desarrolladas en régimen laboral dentro de los establecimientos corresponderá a la Administración penitenciaria.

2. La Administración estimulará la participación de los internos en la organización y planificación del trabajo.

ART. 32.

Los internos podrán formar parte del Consejo Rector y de la Dirección o Gerencia de las cooperativas que se constituyan. La Administración adquirirá la cualidad de socio de aquéllas, contribuyendo a la consecución del correspondiente objeto social de conformidad con la legislación vigente.

ART. 33.

1. La Administración organizará y planificará el trabajo de carácter productivo en las condiciones siguientes:

a) Proporcionará trabajo suficiente para ocupar en días laborables a los internos, garantizando el descanso semanal.

b) La jornada de trabajo no podrá exceder de la máxima legal y se cuidará de que los horarios laborales permitan disponer de tiempo suficiente para la aplicación de los medios de tratamiento.

c) Velará por que la retribución sea conforme al rendimiento, categoría profesional y clase de actividad desempeñada.

d) Cuidará de que los internos contribuyan al sostenimiento de sus cargas familiares y al cumplimiento de sus restantes obligaciones, disponiendo el recluso de la cantidad sobrante en las condiciones que se establezcan reglamentariamente.

2. La retribución del trabajo de los internos sólo será embargable en las condiciones y con los requisitos establecidos para el salario del trabajador libre.

Ver arts. 132 y 133 RP; Ley 9/2017, de 8 de noviembre, de Contratos del Sector Público, por la que se transponen al ordenamiento jurídico español las Directivas del Parlamento Europeo y del Consejo 2014/23/UE y 2014/24/UE, de 26 de febrero de 2014 (BOE n.º 272, de 09/11/2017); RDLeg. 2/2015, de 23 de octubre, por el que se aprueba el texto refundido de la Ley del Estatuto de los Trabajadores. (BOE n.º 255, de 24/10/2015).

ART. 34.

Los internos, en cuanto trabajadores por cuenta ajena o socios cooperadores, asumirán individualmente la defensa de sus derechos e intereses laborales o cooperativos, que ejercitarán ante los organismos y tribunales competentes, previa reclamación o conciliación en vía administrativa y en la forma que reglamentariamente se determine.

ART. 35.

Los liberados que se hayan inscrito en la Oficina de Empleo dentro de los 15 días siguientes a su excarcelación y no hayan recibido una oferta de trabajo adecuada tendrán derecho a la prestación por desempleo en las condiciones que reglamentariamente se establezcan.

CAPÍTULO III
Asistencia sanitaria

Ver arts. 207-220 RP.

ART. 36.

1. En cada centro existirá al menos un Médico general con conocimientos psiquiátricos, encargado de cuidar de la salud física y mental de los internos y de vigilar las condiciones de higiene y salubridad en el establecimiento, el cual podrá, en su caso, solicitar la colaboración de especialistas. Igualmente habrá cuando menos un Ayudante Técnico Sanitario y se dispondrá de los servicios de un Médico Odontólogo y del personal auxiliar adecuado.

2. Además de los servicios médicos de los establecimientos, los internos podrán ser asistidos en las instituciones hospitalarias y asistenciales de carácter penitenciario y, en casos de necesidad o de urgencia, en otros centros hospitalarios.

3. Los internos podrán solicitar a su costa los servicios médicos de profesionales ajenos a las instituciones penitenciarias, excepto cuando razones de seguridad aconsejen limitar este derecho.

Apdo. 1: ver art. 209.1 RP; Ver art. 288 RP de 1981; Ver art. 19.2 de esta norma.

ART. 37.

Para la prestación de la asistencia sanitaria todos los establecimientos estarán dotados:

a) De una enfermería, que contará con un número suficiente de camas, y estará provista del material clínico, instrumental adecuado y productos farmacéuticos básicos para curas de urgencia e intervenciones dentales.

b) De una dependencia destinada a la observación psiquiátrica y a la atención de los toxicómanos.

c) De una unidad para enfermos contagiosos.

Ver art. 213 RP; art. 39 de esta norma.

ART. 38.

1. En los establecimientos o departamentos para mujeres existirá una dependencia dotada del material de obstetricia necesario para el tratamiento de las internas embarazadas y de las que acaben de dar a luz y se encuentren convalecientes, así como para atender aquellos partos cuya urgencia no permita que se realicen en hospitales civiles.

2. Las internas podrán tener en su compañía a los hijos que no hayan alcanzado los tres años de edad, siempre que acrediten debidamente su filiación. En aquellos centros donde se encuentren ingresadas internas con hijos existirá un local habilitado para guardería infantil.

La Administración penitenciaria celebrará los convenios precisos con entidades públicas y privadas con el fin de potenciar al máximo el desarrollo de la relación materno-filial y de la formación de la personalidad del niño dentro de la especial circunstancia determinada por el cumplimiento por la madre de la pena privativa de libertad.

3. Reglamentariamente se establecerá un régimen específico de visitas para los menores que no superen los diez años y no convivan con la madre en el centro penitenciario. Estas visitas se realizarán sin restricciones de ningún tipo en cuanto a frecuencia e intimidad y su duración y horario se ajustará a la organización regimental de los establecimientos.

4. En los establecimientos de mujeres se facilitará a las internas los artículos necesarios de uso normal para la higiene íntima.

Modificado por Ley Orgánica 13/1995, de 18 de diciembre, sobre modificación de la Ley Orgánica General Penitenciaria. (BOE de 19-12-1995).

Apdo. 1: ver art. 213.1 RP.

Apdo. 2: ver art. 17 RP.

Apdo. 3: ver art. 45.6 RP.

Apdo. 4: ver art. 222 RP.

ART. 39.

Los diagnósticos psiquiátricos que afecten a la situación penitenciaria de los internos deberán realizarse por un equipo técnico, integrado por un especialista en psiquiatría, un médico forense y el del establecimiento, acompañándose en todo caso informe del Equipo de Observación o de Tratamiento.

Ver art. 273.m) RP.

ART. 40.

La asistencia médica y sanitaria estará asegurada por el reconocimiento inicial de las ingresadas y los sucesivos que reglamentariamente se determinen.

CAPÍTULO IV
Régimen disciplinario

Ver arts. 231-262 RP.

ART. 41.

1. El régimen disciplinario de los establecimientos se dirigirá a garantizar la seguridad y conseguir una convivencia ordenada.

2. Ningún interno desempeñará servicio alguno que implique el ejercicio de facultades disciplinarias.

ART. 42.

1. Los internos no serán corregidos disciplinariamente sino en los casos establecidos en el Reglamento y con las sanciones expresamente previstas en esta Ley.

Las infracciones disciplinarias se clasificarán en faltas muy graves, graves y leves.

2. No podrán imponerse otras sanciones que:

a) Aislamiento en celda, que no podrá exceder de catorce días.

b) Aislamiento de hasta siete fines de semana.

c) Privación de permisos de salida por un tiempo que no podrá ser superior a dos meses.

d) Limitación de las comunicaciones orales al mínimo de tiempo previsto reglamentariamente, durante un mes como máximo.

e) Privación de paseos y actos recreativos comunes, en cuanto sea compatible con la salud física y mental, hasta un mes como máximo.

f) Amonestación.

3. En los casos de repetición de la infracción, las sanciones podrán incrementarse en la mitad de su máximo.

4. La sanción de aislamiento en celda sólo será de aplicación en los casos en que se manifieste una evidente agresividad o violencia por parte del interno, o cuando éste reiterada y gravemente altere la normal convivencia en el centro. En todo caso, la celda en que se cumple la sanción deberá ser de análogas características que las restantes del establecimiento.

5. Al culpable de dos o más faltas se le impondrán las sanciones correspondientes a todas ellas para su cumplimiento simultáneo si fuera posible, y, no siéndolo, se cumplirán por orden de su respectiva gravedad, pero el máximo de su cumplimiento no podrá exceder nunca del triplo del tiempo correspondiente a la más grave, ni de cuarenta y dos días consecutivos en caso de aislamiento en celda.

6. Las sanciones podrán ser reducidas por decisión del órgano colegiado correspondiente o a propuesta del equipo técnico, y, cuando se advierta que hubo error en la aplicación de un correctivo se procederá a una nueva calificación, o, en su caso, a levantar inmediatamente el castigo.

Apdo. 1: ver arts. 233 RP y 108 (faltas muy graves), 109 (faltas graves) y 110 (faltas leves) del anterior RP del 81 (RD 1201/1981, de 8 de mayo).

Apdo. 2: ver art. 233 RP.

Apdo. 3: ver art. 235 RP.

Apdo. 6: ver art. 256.1 RP.

ART. 43.

1. La sanción de aislamiento se cumplirá con informe del médico del establecimiento, quien vigilará diariamente al interno mientras permanezca en esa situación, informando al director sobre su estado de salud física y mental y, en su caso, sobre la necesidad de suspender o modificar la sanción impuesta.

2. En los casos de enfermedad del sancionado, y siempre que las circunstancias lo aconsejen, se suspenderá la efectividad de la sanción que consista en internamiento en celda de aislamiento, hasta que el interno sea dado de alta o el correspondiente órgano colegiado lo estime oportuno, respectivamente.

3. No se aplicará esta sanción a las mujeres gestantes y a las mujeres hasta seis meses después de la terminación del embarazo, a las madres lactantes y a las que tuvieran hijos consigo.

4. El aislamiento se cumplirá en el compartimento que habitualmente ocupe el interno, y en los supuestos de que lo comparta con otros o por su propia seguridad o por el buen orden del establecimiento, pasará a uno individual de semejantes medidas y condiciones.

Apdo. 1: ver art. 232.2, 233, 236.2 y 3, 253, 254 y 255 RP.

Apdo. 2: ver art. 255.1 RP.

Ver art. 44.3 de esta norma.

ART. 44.

1. Las sanciones disciplinarias serán impuestas por el correspondiente órgano colegiado cuya organización y composición serán determinadas en el Reglamento.

2. Ningún interno será sancionado sin ser previamente informado de la infracción que se le atribuya y sin que se le haya permitido presentar su defensa, verbal o escrita.

3. La interposición de recurso contra resoluciones sancionadoras suspenderá la efectividad de la sanción, salvo cuando por tratarse de un acto de indisciplina grave la corrección no pueda demorarse. Los recursos contra resoluciones que impongan la sanción de aislamiento en celda serán de tramitación urgente y preferente.

Apdo. 3: ver art. 252.2 RP; ver art. 124 RP de 1981; ver art. 50.2 de esta ley.

ART. 45.

1. Sólo podrán utilizarse, con autorización del director, aquellos medios coercitivos que se establezcan reglamentariamente en los casos siguientes:

a) Para impedir actos de evasión o de violencia de los internos.

b) Para evitar daños de los internos a sí mismos, a otras personas o cosas.

c) Para vencer la resistencia activa o pasiva de los internos a las órdenes del personal penitenciario en el ejercicio de su cargo.

2. Cuando, ante la urgencia de la situación, se tuviere que hacer uso de tales medios se comunicará inmediatamente al director, el cual lo pondrá en conocimiento del Juez de Vigilancia.

3. El uso de las medidas coercitivas estará dirigido exclusivamente al restablecimiento de la normalidad y sólo subsistirá el tiempo estrictamente necesario.

4. En el desempeño de sus funciones de vigilancia los funcionarios de instituciones penitenciarias no podrán utilizar armas de fuego.

Ver art. 72 RP.

CAPÍTULO V
Recompensas

ART. 46.

Los actos que pongan de relieve buena conducta, espíritu de trabajo y sentido de responsabilidad en el comportamiento personal y en las actividades organizadas del establecimiento serán estimulados mediante un sistema de recompensas reglamentariamente determinado.

Ver arts. 263 y 264 RP.

CAPÍTULO VI
Permisos de salida

ART. 47.

1. En caso de fallecimiento o enfermedad grave de los padres, cónyuge, hijos, hermanos y otras personas íntimamente vinculadas con los internos, alumbramiento de la esposa, así como por importantes y comprobados motivos, con las medidas de seguridad adecuadas, se concederán permisos de salida, salvo que concurran circunstancias excepcionales.

2. Igualmente se podrán conceder permisos de salida hasta de siete días como preparación para la vida en libertad, previo informe del equipo técnico, hasta un total de treinta y seis o cuarenta y ocho días por año a los condenados de segundo o tercer grado, respectivamente, siempre que hayan extinguido la cuarta parte de la condena y no observen mala conducta.

Apdo. 1: ver art. 155 RP.

Apdo. 2: ver art. 154 RP.

Ver art. 280.2.12.ª RP.

ART. 48.

Los permisos a que se refiere el artículo anterior podrán ser concedidos asimismo a internos preventivos con la aprobación, en cada caso, de la autoridad judicial correspondiente.

CAPÍTULO VII
Información, quejas y recursos

ART. 49.

Los internos recibirán a su ingreso información escrita sobre el régimen del establecimiento, sus derechos y deberes, las normas disciplinarias y los medios para formular peticiones, quejas o recursos. A quienes no pueden entender la información por el procedimiento indicado, les será facilitada por otro medio adecuado.

Ver arts. 21 y 52 RP.

ART. 50.

1. Los internos tienen derecho a formular peticiones y quejas relativas a su tratamiento o al régimen del establecimiento ante el director o persona que lo represente, a fin de que tome las medidas oportunas o, en su caso, las haga llegar a las autoridades u Organismos competentes. Si fueren hechas por escrito, podrán presentarse en pliego cerrado, que se entregará bajo recibo.

2. Si los internos interpusieren alguno de los recursos previstos en esta Ley, los presentarán asimismo ante el director del establecimiento, quien los hará llegar a la autoridad judicial, entregando una copia sellada de los mismos al recurrente.

Apdo. 2: ver art. 44.3 de esta ley.

Ver arts. 53 y 54 RP.

CAPÍTULO VIII
Comunicaciones y visitas

Ver arts. 41-49 RP.

ART. 51.

1. Los internos estarán autorizados para comunicar periódicamente, de forma oral y escrita, en su propia lengua, con sus familiares, amigos y representantes acreditados de Organismos e instituciones de cooperación penitenciaria, salvo en los casos de incomunicación judicial.

Estas comunicaciones se celebrarán de manera que se respete al máximo la intimidad y no tendrán más restricciones, en cuanto a las personas y al modo, que las impuestas por razones de seguridad, de interés de tratamiento y del buen orden del establecimiento.

2. Las comunicaciones de los internos con el Abogado defensor o con el Abogado expresamente llamado en relación con asuntos penales y con los Procuradores que los representen, se celebrarán en departamentos apropiados y no podrán ser suspendidas o intervenidas salvo por orden de la autoridad judicial y en los supuestos de terrorismo.

3. En los mismos departamentos podrán ser autorizados los internos a comunicar con profesionales acreditados en lo relacionado con su actividad, con los asistentes sociales y con sacerdotes o ministros de su religión, cuya presencia haya sido reclamada previamente. Estas comunicaciones podrán ser intervenidas en la forma que se establezca reglamentariamente.

4. Las comunicaciones previstas en este artículo podrán efectuarse telefónicamente en los casos y con las garantías que se determinen en el Reglamento.

5. Las comunicaciones orales y escritas previstas en este artículo podrán ser suspendidas o intervenidas motivadamente por el director del establecimiento, dando cuenta a la autoridad judicial competente.

Ver arts. 43 y 44 RP.

ART. 52.

1. En los casos de defunción, enfermedad o accidente grave del interno, el director informará al familiar más próximo o a la persona designada por aquél.

2. Igualmente se informará al interno del fallecimiento o enfermedad grave de un pariente próximo o de persona íntimamente vinculada con aquél.

3. Todo interno tiene derecho a comunicar inmediatamente a su familia y Abogado su detención, así como a comunicar su traslado a otro establecimiento en el momento de ingresar en el mismo.

Ver arts. 216 y 280.2.11.ª RP.

ART. 53.

Los establecimientos dispondrán de locales anejos especialmente adecuados para las visitas familiares o de allegados íntimos de aquellos internos que no puedan obtener permisos de salida.

Estas visitas se concederán con sujeción a lo dispuesto en el número 1, párrafo 2, del artículo 51, y en los casos, con los requisitos y periodicidad que reglamentariamente se determinen.

Ver art. 45 RP.

CAPÍTULO IX
Asistencia religiosa

ART. 54.

La Administración garantizará la libertad religiosa de los internos y facilitará los medios para que dicha libertad pueda ejercitarse.

Ver art. 230 RP.

CAPÍTULO X
Instrucción y educación

ART. 55.

1. En cada establecimiento existirá una escuela en la que se desarrollará la instrucción de los internos, y en especial, de los analfabetos y jóvenes.

2. Las enseñanzas que se impartan en los establecimientos se ajustarán en lo posible a la legislación vigente en materia de educación y formación profesional.

3. La Administración penitenciaria fomentará el interés de los internos por el estudio y dará las máximas facilidades para que aquellos que no puedan seguir los cursos en el exterior lo hagan por correspondencia, radio o televisión.

Ver arts. 122 y 123 RP.

ART. 56.

1. La Administración organizará las actividades educativas, culturales y profesionales de acuerdo con el sistema oficial, de manera que los internos puedan alcanzar las titulaciones correspondientes.

2. Para que los internos puedan acceder al servicio público de la educación universitaria será necesario que la Administración penitenciaria suscriba, previos los informes de ámbito educativo que se estimen pertinentes, los oportunos convenios con universidades públicas. Dichos convenios garantizarán que la enseñanza se imparte en las condiciones y con el rigor y la calidad inherentes a este tipo de estudios, adaptando, en lo que sea preciso, la metodología pedagógica a las especiales circunstancias que concurren en el ámbito penitenciario. La alteración del régimen y estructura de la enseñanza o de la asistencia educativa a los internos prevista en los convenios aludidos, así como cualesquiera otras modificaciones, prórrogas o extensión de aquéllos a nuevas partes firmantes o sujetos, deberán ser autorizados por la Administración penitenciaria.

En atención a la movilidad de la población reclusa y a la naturaleza no presencial de los estudios a los que se refiere este artículo, los convenios aludidos en el párrafo anterior se suscribirán, preferentemente, con la Universidad Nacional de Educación a Distancia. No obstante, las Administraciones penitenciarias competentes podrán celebrar convenios con universidades de su ámbito en los términos establecidos en el párrafo anterior.

Modificado por Ley Orgánica 6/2003, de 30 de junio, de modificación de la Ley Orgánica 1/1979, de 26 de septiembre, General Penitenciaria. (BOE de 01-07-2003).

Ver arts. 118 y ss. RP.

ART. 57.

En cada establecimiento existirá una biblioteca provista de libros adecuados a las necesidades culturales y profesionales de los internos, quienes además podrán utilizar los libros facilitados por el servicio de bibliotecas ambulantes establecido por la Administración o entidades particulares con el mismo fin.

Ver art. 127 RP.

ART. 58.

Los internos tienen derecho a disponer de libros, periódicos y revistas de libre circulación en el exterior, con las limitaciones que, en casos concretos, aconsejen las exigencias del tratamiento individualizado, previa resolución motivada del equipo de observación y tratamiento del establecimiento. Asimismo estarán informados a través de audiciones radiofónicas, televisivas y otras análogas.

Ver art. 128 RP.

TÍTULO III
Del tratamiento

ART. 59.

1. El tratamiento penitenciario consiste en el conjunto de actividades directamente dirigidas a la consecución de la reeducación y reinserción social de los penados.

2. El tratamiento pretende hacer del interno una persona con la intención y la capacidad de vivir respetando la Ley penal, así como de subvenir a sus necesidades. A tal fin, se procurará, en la medida de lo posible, desarrollar en ellos una actitud de respeto a sí mismos y de responsabilidad individual y social con respecto a su familia, al prójimo y a la sociedad en general.

Ver arts. 2 y 3 RP.

ART. 60.

1. Los servicios encargados del tratamiento se esforzarán por conocer y tratar todas las peculiaridades de personalidad y ambiente del penado que puedan ser un obstáculo para las finalidades indicadas en el artículo anterior.

2. Para ello, deberán utilizarse, en tanto sea posible, todos los métodos de tratamiento y los medios que, respetando siempre los derechos constitucionales no afectados por la condena, puedan facilitar la obtención de dichas finalidades.

Ver arts. 4.1 y 110 RP.

ART. 61.

1. Se fomentará que el interno participe en la planificación y ejecución de su tratamiento y colaborará para, en el futuro, ser capaz de llevar, con conciencia social, una vida sin delitos.

2. Serán estimulados, en cuanto sea posible, el interés y la colaboración de los internos en su propio tratamiento. La satisfacción de sus intereses personales será tenida en cuenta en la medida compatible con las finalidades del mismo.

Ver arts. 20 y 112 RP.

ART. 62.

El tratamiento se inspirará en los siguientes principios:

a) Estará basado en el estudio científico de la constitución, el temperamento, el carácter, las aptitudes y las actitudes del sujeto a tratar, así como de su sistema dinámico-motivacional y del aspecto evolutivo de su personalidad, conducente a un enjuiciamiento global de la misma, que se recogerá en el protocolo del interno.

b) Guardará relación directa con un diagnóstico de personalidad criminal y con un juicio pronóstico inicial, que serán emitidos tomando como base una consideración ponderada del enjuiciamiento global a que se refiere el apartado anterior, así como el resumen de su actividad delictiva y de todos los datos ambientales, ya sean individuales, familiares o sociales, del sujeto.

c) Será individualizado, consistiendo en la variable utilización de métodos médico-biológicos, psiquiátricos, psicológicos, pedagógicos y sociales, en relación a la personalidad del interno.

d) En general será complejo, exigiendo la integración de varios de los métodos citados en una dirección de conjunto y en el marco del régimen adecuado.

e) Será programado, fijándose el plan general que deberá seguirse en su ejecución, la intensidad mayor o menor en la aplicación de cada método de tratamiento y la distribución de los quehaceres concretos integrantes del mismo entre los diversos especialistas y educadores.

f) Será de carácter continuo y dinámico, dependiente de las incidencias en la evolución de la personalidad del interno durante el cumplimiento de la condena.

Ver arts. 110-117 RP.

ART. 63.

Para la individualización del tratamiento, tras la adecuada observación de cada penado, se realizará su clasificación, destinándose al establecimiento cuyo régimen sea más adecuado al tratamiento que se le haya señalado, y, en su caso, al grupo o sección más idóneo dentro de aquél. La clasificación debe tomar en cuenta no sólo la personalidad y el historial individual, familiar, social y delictivo del interno, sino también la duración de la pena y medidas penales en su caso, el medio a que probablemente retornará y los recursos, facilidades y dificultades existentes en cada caso y momento para el buen éxito del tratamiento.

Ver arts. 100-109 RP.

ART. 64.

1. La observación de los preventivos se limitará a recoger la mayor información posible sobre cada uno de ellos a través de datos documentales y de entrevistas, y mediante la observación directa del comportamiento, estableciendo sobre estas bases la separación o clasificación interior en grupos a que hace referencia el artículo 16, y todo ello en cuanto sea compatible con la presunción de inocencia.

2. Una vez recaída sentencia condenatoria, se completará la información anterior con un estudio científico de la personalidad del observado, formulando en base a dichos estudios e informaciones una determinación del tipo criminológico, un diagnóstico de capacidad criminal y de adaptabilidad social y la propuesta razonada de grado de tratamiento y de destino al tipo de establecimiento que corresponda.

Ver art. 20.3 RP.

ART. 65.

1. La evolución en el tratamiento determinará una nueva clasificación del interno, con la consiguiente propuesta de traslado al establecimiento del régimen que corresponda, o, dentro del mismo, el pase de una sección a otra de diferente régimen.

2. La progresión en el tratamiento dependerá de la modificación de aquellos sectores o rasgos de la personalidad directamente relacionados con la actividad delictiva; se manifestará en la conducta global del interno y entrañará un acrecentamiento de la confianza depositada en el mismo y la atribución de responsabilidades, cada vez más importantes, que implicarán una mayor libertad.

3. La regresión de grado procederá cuando se aprecie en el interno, en relación al tratamiento, una evolución desfavorable de su personalidad.

4. Cada seis meses como máximo, los internos deberán ser estudiados individualmente para reconsiderar su anterior clasificación, tomándose la decisión que corresponda, que deberá ser notificada al interesado.

Cuando un mismo equipo reitere por segunda vez la calificación de primer grado, el interno podrá solicitar que su próxima propuesta de clasificación se haga en la Central de Observación. El mismo derecho le corresponderá cuando, encontrándose en segundo grado y concurriendo la misma circunstancia, haya alcanzado la mitad del cumplimiento de la condena.

Ver arts. 110-117 RP.

ART. 66.

1. Para grupos determinados de internos, cuyo tratamiento lo requiera, se podrán organizar en los centros correspondientes programas basados en el principio de comunidad terapéutica.

2. Se concederá especial atención a la organización en los establecimientos de cumplimiento de cuantas sesiones de asesoramiento psicopedagógico y de psicoterapia de grupo

se juzguen convenientes dada la programación del tratamiento y los criterios de selección usados en estos métodos así como a la realización de terapia de comportamiento y de procedimientos tendentes a modificar el sistema de actitudes del interno cuando sean desfavorables o negativos, todo ello con absoluto respeto a la personalidad del mismo.

3. En el programa de tratamiento se integrará también la formación y el perfeccionamiento profesional de aquellos sujetos cuya readaptación lo requiera, realizándose con asesoramiento psicológico continuo durante el proceso formativo y previa la orientación personal correspondiente.

Ver art. 115 RP.

ART. 66 bis.

1. La Administración penitenciaria elaborará programas específicos para las personas internas que hayan sido condenadas por delitos relacionados con la violencia contra la infancia y adolescencia, al objeto de desarrollar en ellos una actitud de respeto hacia los derechos de niños, niñas y adolescentes, en los términos que se determinen reglamentariamente.

2. Las Juntas de Tratamiento valorarán, en las progresiones de grado, concesión de permisos y concesión de la libertad condicional, el seguimiento y aprovechamiento de dichos programas específicos por parte de las personas internas a que se refiere el apartado anterior.

Añadido por Ley Orgánica 8/2021, de 4 de junio, de protección integral a la infancia y la adolescencia frente a la violencia. (Entrada en vigor 25/06/2021).

ART. 67.

Concluido el tratamiento o próxima la libertad del interno, se emitirá un informe pronóstico final, en el que se manifestarán los resultados conseguidos por el tratamiento y un juicio de probabilidad sobre el comportamiento futuro del sujeto en libertad, que, en su caso, se tendrá en cuenta en el expediente para la concesión de la libertad condicional.

Ver art. 195.c) RP.

ART. 68.

1. En los centros especiales el tratamiento se armonizará con la finalidad específica de cada una de estas instituciones.

2. En los establecimientos para jóvenes menores de 21 años, al concluir el tratamiento con la emisión del juicio pronóstico final, se procurará la evaluación del resultado del mismo a través de los datos que proporcionen los servicios centrales correspondientes.

ART. 69.

1. Las tareas de observación, clasificación y tratamiento las realizarán los equipos cualificados de especialistas, cuya composición y funciones se determinarán en el Estatuto Orgánico de Funcionarios. Dichos equipos contarán con la colaboración del número de educadores necesarios, dadas las peculiaridades de los grupos de internos tratados.

2. A los fines de obtener la recuperación social de los internos en regímenes ordinario y abierto se podrá solicitar la colaboración y participación de los ciudadanos y de instituciones o asociaciones públicas o privadas ocupadas en la resocialización de los reclusos.

ART. 70.

1. Para el debido asesoramiento en materia de observación, clasificación y tratamiento de los internos, existirá una Central Penitenciaria de Observación, donde actuará un equipo técnico de especialistas con los fines siguientes:

a) Completar la labor de los Equipos de Observación y de Tratamiento en sus tareas específicas.

b) Resolver las dudas y consultas de carácter técnico que se formulen por el centro directivo.

c) Realizar una labor de investigación criminológica.

d) Participar en las tareas docentes de la Escuela de Estudios Penitenciarios.

2. Por dicha central pasarán los internos cuya clasificación resulte difícil o dudosa para los equipos de los establecimientos o los grupos o tipos de aquellos cuyas peculiaridades convenga investigar a juicio del Centro directivo.

Ver arts. 105.3 y 109 RP.

ART. 71.

1. El fin primordial del régimen de los establecimientos de cumplimiento es lograr en los mismos el ambiente adecuado para el éxito del tratamiento; en consecuencia, las funciones regimentales deben ser consideradas como medios y no como finalidades en sí mismas.

2. Las actividades integrantes del tratamiento y del régimen, aunque regidas por un principio de especialización, deben estar debidamente coordinadas. La Dirección del establecimiento organizará los distintos servicios de modo que los miembros del personal alcancen la necesaria comprensión de sus correspondientes funciones y responsabilidades para lograr la indispensable coordinación.

ART. 72.

1. Las penas privativas de libertad se ejecutarán según el sistema de individualización científica, separado en grados, el último de los cuales será el de libertad condicional, conforme determina el Código Penal.

2. Los grados segundo y tercero se cumplirán respectivamente en establecimientos de régimen ordinario y de régimen abierto. Los clasificados en primer grado serán destinados a los establecimientos de régimen cerrado, de acuerdo con lo previsto en el número 1 del artículo 10 de esta Ley.

3. Siempre que de la observación y clasificación correspondiente de un interno resulte estar en condiciones para ello, podrá ser situado inicialmente en grado superior, salvo el de libertad condicional, sin tener que pasar necesariamente por los que le preceden.

4. En ningún caso se mantendrá a un interno en un grado inferior cuando por la evolución de su tratamiento se haga merecedor a su progresión.

5. La clasificación o progresión al tercer grado de tratamiento requerirá, además de los requisitos previstos por el Código Penal, que el penado haya satisfecho la responsabilidad civil derivada del delito, considerando a tales efectos la conducta efectivamente observada en orden a restituir lo sustraído, reparar el daño e indemnizar los perjuicios materiales y morales; las condiciones personales y patrimoniales del culpable, a efectos de valorar su capacidad real, presente y futura para satisfacer la responsabilidad civil que le correspondiera; las garantías que permitan asegurar la satisfacción futura; la estimación del enriquecimiento que el culpable hubiera obtenido por la comisión del delito y, en su caso, el daño o entorpecimiento producido al servicio público, así como la naturaleza de los daños y perjuicios causados por el delito, el número de perjudicados y su condición.

Singularmente, se aplicará esta norma cuando el interno hubiera sido condenado por la comisión de alguno de los siguientes delitos:

a) Delitos contra el patrimonio y contra el orden socioeconómico que hubieran revestido notoria gravedad y hubieran perjudicado a una generalidad de personas.

b) Delitos contra los derechos de los trabajadores.

c) Delitos contra la Hacienda Pública y contra la Seguridad Social.

d) Delitos contra la Administración pública comprendidos en los capítulos V al IX del título XIX del libro II del Código Penal.

6. Del mismo modo, la clasificación o progresión al tercer grado de tratamiento penitenciario de personas condenadas por delitos de terrorismo de la sección segunda del capítulo V del título XXII del libro II del Código Penal o cometidos en el seno de organizaciones criminales, requerirá, además de los requisitos previstos por el Código Penal y la satisfacción de la responsabilidad civil con sus rentas y patrimonio presentes y futuros en los términos del apartado anterior, que muestren signos inequívocos de haber abandonado los fines y los medios terroristas, y además hayan colaborado activamente con las autoridades, bien para impedir la producción de otros delitos por parte de la banda armada, organización o grupo terrorista, bien para atenuar los efectos de su delito, bien para la identificación, captura y procesamiento de responsables de delitos terroristas, para obtener pruebas o para impedir la actuación o el desarrollo de las organizaciones o asociaciones a las que haya pertenecido o con las que haya colaborado, lo que podrá acreditarse mediante una decla-

ración expresa de repudio de sus actividades delictivas y de abandono de la violencia y una petición expresa de perdón a las víctimas de su delito, así como por los informes técnicos que acrediten que el preso está realmente desvinculado de la organización terrorista y del entorno y actividades de asociaciones y colectivos ilegales que la rodean y su colaboración con las autoridades.

Modificado por Ley Orgánica 7/2003, de 30 de junio, de medidas de reforma para el cumplimiento ínte-gro y efectivo de las penas. (BOE de 01-07-2003).

Ver arts. 74 y 101 RP.

TÍTULO IV
De la asistencia pospenitenciaria

ART. 73.

1. El condenado que haya cumplido su pena y el que de algún otro modo haya extinguido su responsabilidad penal deben ser plenamente reintegrados en el ejercicio de sus derechos como ciudadanos.

2. Los antecedentes no podrán ser en ningún caso motivo de discriminación social o jurídica.

ART. 74.

El Ministerio de Justicia, a través de la Comisión de Asistencia Social, organismo depen-diente de la Dirección General de Instituciones Penitenciarias, cuya estructura y funciones se determinarán en el Reglamento Orgánico de dicho Departamento, prestará a los inter-nos, a los liberados condicionales o definitivos y a los familiares de unos y otros la asistencia social necesaria.

ART. 75.

1. El personal asistencial de la Comisión de Asistencia Social estará constituido por fun-cionarios que pasarán a prestar sus servicios en el citado órgano, con exclusión de cuales-quiera otras actividades que no sean las estrictamente asistenciales.

2. La Comisión de Asistencia Social colaborará de forma permanente con las entidades dedicadas especialmente a la asistencia de los internos y al tratamiento de los excarcelados existentes en el lugar donde radiquen los establecimientos penitenciarios.

TÍTULO V
Del Juez de Vigilancia

ART. 76.

1. El Juez de Vigilancia tendrá atribuciones para hacer cumplir la pena impuesta, resolver los recursos referentes a las modificaciones que pueda experimentar con arreglo a lo pres-crito en las Leyes y Reglamentos, salvaguardar los derechos de los internos y corregir los abusos y desviaciones que en el cumplimiento de los preceptos del régimen penitenciario puedan producirse.

2. Corresponde especialmente al Juez de Vigilancia:

a) Adoptar todas la decisiones necesarias para que los pronunciamientos de las resolu-ciones en orden a las penas privativas de libertad se lleven a cabo, asumiendo las funciones que corresponderían a los Jueces y Tribunales sentenciadores.

b) Resolver sobre las propuestas de libertad condicional de los penados y acordar las revocaciones que procedan.

c) Aprobar las propuestas que formulen los establecimientos sobre beneficios peniten-ciarios que puedan suponer acortamiento de la condena.

d) Aprobar las sanciones de aislamiento en celda de duración superior a catorce días.

e) Resolver por vía de recurso las reclamaciones que formulen los internos sobre sancio-nes disciplinarias.

f) Resolver en base a los estudios de los Equipos de Observación y de Tratamiento, y en su caso de la Central de Observación, los recursos referentes a la clasificación inicial y a progresiones y regresiones de grado.

g) Acordar lo que proceda sobre las peticiones o quejas que los internos formulen en relación con el régimen y el tratamiento penitenciario en cuanto afecte a lo derechos fundamentales o a los derechos y beneficio penitenciarios de aquéllos.

h) Realizar las visitas a los establecimientos penitenciarios que prevé la Ley de Enjuiciamiento Criminal, pudiendo el Juez Central de Vigilancia Penitenciaria recabar para el ejercicio de dicha función el auxilio judicial de los Jueces de Vigilancia Penitenciaria del lugar en el que radique el establecimiento que ha de ser visitado.

i) Autorizar los permisos de salida cuya duración sea superior a dos días, excepto de los clasificados en tercer grado.

j) Conocer del paso a los establecimientos de régimen cerrado de los reclusos a propuesta del Director del establecimiento.

Modificado por Ley Orgánica 5/2003, de 27 de mayo, por la que se modifica la Ley Orgánica 6/1985, de 1 de julio, del Poder Judicial, la Ley Orgánica 1/1979, de 26 de septiembre, General Penitenciaria, y la Ley 38/1988, de 28 de diciembre, de Demarcación y de Planta Judicial. (BOE de 28-05-2003).

Apdo. 1: ver art. 54 RP.

Apdo. 2.a): ver art. 201.2 RP.

Apdo. 2.b): ver arts. 192 a 201 RP.

Apdo. 2.c): ver arts. 202 a 206 RP.

Apdo. 2.d): ver art. 236.3 RP.

Apdo. 2.e): ver art. 24 RP.

Apdo. 2.f): ver art. 95.2 RP.

Apdo. 2.g): ver art. 97.2 RP.

Apdo. 2.h): ver art. 526 LECr

Apdo. 2.i): ver arts. 114.5, 155.4 y 161.2 RP.

ART. 77.

Los Jueces de Vigilancia podrán dirigirse a la Dirección General de Instituciones Penitenciarias formulando propuestas referentes a la organización y desarrollo de los servicios de vigilancia, a la ordenación de la convivencia interior en los establecimientos, a la organización y actividades de los talleres, escuela, asistencia médica y religiosa, y en general a las actividades regimentales, económico-administrativas y de tratamiento penitenciario en sentido estricto.

ART. 78.

1. En lo que respecta a las cuestiones orgánicas referentes a los Jueces de Vigilancia y a los procedimientos de su actuación, se estará a lo dispuesto en las Leyes correspondientes.

2. Los Jueces de Vigilancia tendrán su residencia en el territorio en que radiquen los establecimientos penitenciarios sometidos a su jurisdicción.

Ver D.T. 1.ª de esta norma.

TÍTULO VI
De los funcionarios

ART. 79.

Corresponde a la Dirección General de Instituciones Penitenciarias del Ministerio de Justicia la dirección, organización e inspección de las instituciones que se regulan en la presente Ley, salvo respecto de las Comunidades Autónomas que hayan asumido en sus respectivos Estatutos la ejecución de la legislación penitenciaria y consiguiente gestión de la actividad penitenciaria.

ART. 80.

1. Para el desempeño de las funciones que le están encomendadas la Administración penitenciaria contará con el personal necesario y debidamente cualificado.

2. Los funcionarios penitenciarios tendrán la condición de funcionarios públicos, con los derechos, deberes e incompatibilidades regulados por la legislación general de funcionarios civiles de la Administración del Estado.

En el ejercicio de sus funciones se atenderá al principio de imparcialidad política, de conformidad con las normas constitucionales.

3. La selección y, en su caso, el ascenso de los funcionarios penitenciarios se ajustarán a los mismos procedimientos establecidos en el Estatuto de la Función Pública.

4. Antes de iniciar su actividad, los funcionarios penitenciarios deberán recibir la formación específica, tanto teórica como práctica, en el centro oficial adecuado que reglamentariamente se determine.

DISPOSICIONES TRANSITORIAS

D.T. 1.ª

Hasta que se dicten las normas referidas en el artículo 78, el Juez de Vigilancia se atendrá a los artículos 526, 985, 987, 990 y concordantes de la Ley de Enjuiciamiento Criminal.

D.T. 2.ª

En el desarrollo reglamentario de la presente Ley se tendrán en cuenta las previsiones que, con relación a la Administración penitenciaria, puedan incluir los Estatutos de Autonomía que adopten las distintas nacionalidades y regiones.

DISPOSICIONES FINALES

D.F. 1.ª

Los derechos reconocidos a los internos en esta Ley podrán ser suspendidos parcial y temporalmente por acuerdos de los Ministerios de Justicia e Interior en los supuestos de graves alteraciones del orden en un centro, que obliguen a la autoridad penitenciaria a requerir la intervención de los Cuerpos de Seguridad del Estado:

1. Desde el momento en que intervengan dichas fuerzas asumirá la dirección del establecimiento penitenciario en cuanto a custodia, vigilancia y restauración del orden el jefe de las mismas, sin perjuicio de continuar la autoridad penitenciaria en la dirección de las actividades de tratamiento, procedimiento administrativo en relación con las autoridades judiciales, régimen económico-administrativo y funciones asistenciales.

2. Independientemente del supuesto considerado en el número anterior, los Ministerios de Justicia e Interior podrán acordar, por razones de seguridad pública, que la custodia y la vigilancia interior de un establecimiento cerrado o de un departamento especial de éste corresponda a los Cuerpos de la Seguridad del Estado.

3. En los supuestos comprendidos en los dos párrafos anteriores se dará cuenta inmediata del acuerdo adoptado por los Ministerios de Justicia e Interior a la Comisión de Justicia del Congreso de los Diputados a los efectos de que adopte la resolución que reglamentariamente proceda.

Ver arts. 64 y 72.5 RP.

D.F. 2.ª

En el plazo máximo de un año el Gobierno aprobará el Reglamento que desarrolle la presente Ley, continuando entre tanto en vigor el Reglamento de los Servicios de Prisiones aprobado por Decreto de 2 de febrero de 1956 y modificado por Decretos 2705/1964, de 27 de julio; 162/1968, de 25 de enero; 1372/1970, de 30 de abril, y Real Decreto 2273/1977, de 29 de julio, en lo que no se oponga a los preceptos de la Ley General Penitenciaria.

Por tanto,
Mando a todos los españoles, particulares y autoridades, que guarden y hagan guardar la presente Ley Orgánica.

Dada en Madrid a veintiséis de septiembre de mil novecientos setenta y nueve.

JUAN CARLOS R.

El Presidente del Gobierno,

ADOLFO SUÁREZ GONZÁLEZ

LEY ORGÁNICA 190/1996, DE 9 DE FEBRERO, POR EL QUE SE APRUEBA EL REGLAMENTO PENITENCIARIO

II.
REAL DECRETO 190/1996, DE 9 DE FEBRERO, POR EL QUE SE APRUEBA EL REGLAMENTO PENITENCIARIO

–BOE n.º 40 de 15 de febrero de 1996–

PREÁMBULO

I

El presente Real Decreto aprueba el Reglamento Penitenciario de desarrollo y ejecución de la Ley Orgánica 1/1979, de 26 de septiembre, General penitenciaria (LOGP), que opera una reforma completa de la normativa reglamentaria penitenciaria de 1981.

La necesidad de abordar una reforma completa del Reglamento Penitenciario aprobado por Real Decreto 1201/1981, de 8 de mayo, ya se ponía de manifiesto en el preámbulo del Real Decreto 787/1984, de 26 de marzo, por el que se efectuó la modificación parcial de mayor envergadura del mismo. Desde aquel momento hasta el presente las razones que llevaron a pensar la necesidad de desarrollar un nuevo Reglamento Penitenciario capaz de extraer las potencialidades más innovadoras de la LOGP, no sólo no han desaparecido sino que se han incrementado.

Es en el aspecto de la ejecución del tratamiento -conforme al principio de individualización científica que impregna la LOGP- donde se encuentra el potencial más innovador para que la Administración Penitenciaria pueda mejorar el cumplimiento de la misión de preparación de los reclusos para la vida en libertad que tiene encomendada, cuya consecución exige ampliar la oferta de actividades y de programas específicos para los reclusos, potenciando las prestaciones dirigidas a paliar, en lo posible, las carencias y problemas que presentan los internos y, en definitiva, evitando que la estancia de los internos en los centros penitenciarios constituya un tiempo ocioso y perdido.

Asimismo, la reciente reforma de nuestra legislación penal mediante la promulgación de la Ley Orgánica 10/1995, de 23 de noviembre, del Código Penal, y la modificación introducida en el artículo 38 de la LOGP mediante la Ley Orgánica 13/1995, de 18 de diciembre, que exige la regulación de las unidades de madres y de las visitas de convivencia familiar, aconsejan no demorar por más tiempo la aprobación de un nuevo Reglamento que proporcione a la Administración el instrumento normativo adecuado para afrontar la política exigida por el actual momento penitenciario y dar respuesta a los nuevos retos planteados.

Lo hasta aquí señalado justificaría sin más el esfuerzo que implica la elaboración de un nuevo Reglamento Penitenciario. Sin embargo, existen otras razones que hacen necesaria la fijación de este nuevo marco reglamentario. La sociedad española ha sufrido una importantísima transformación en los últimos quince años, transformación de la que no ha quedado exenta la realidad penitenciaria.

La situación actual es muy distinta de la existente en 1981, no sólo por el notable incremento de la población reclusa -que ha exigido un importante esfuerzo para dotar a la Administración de nuevas infraestructuras y para adaptar los modelos de gestión de los centros-, sino también por las variaciones sustanciales producidas en su composición (mayor presencia de mujeres y de reclusos extranjeros, envejecimiento de la población reclusa), por la variación del perfil sociológico de los mismos como consecuencia del predominio de la criminalidad urbana y suburbana y de la irrupción del fenómeno de la delincuencia organizada, que generan grupos minoritarios de reclusos con un alto potencial de desestabilización de la seguridad y el buen orden de los establecimientos penitenciarios.

La aparición de nuevas patologías con especial incidencia entre la población reclusa (drogadicción, SIDA, ...), así como la universalización de la prestación sanitaria exigen una completa remodelación de la normativa reglamentaria de una de las prestaciones básicas de la Administración penitenciaria como es la prestación sanitaria. En este ámbito, al igual que ocurre en materia educativa o en el campo de la asistencia social, la normativa reglamentaria, previa a la entrada en vigor de las Leyes básicas reguladoras de cada uno de estos sectores -Ley General de Sanidad de 1986, Ley de Ordenación General del Sistema Educativo de 1990- debe ser adaptada a los principios establecidos en la mismas, así como a la efectiva asunción de competencias por diversas Comunidades Autónomas.

A su vez, las modificaciones de las formas de contratación, del marco estatutario de la función pública, del régimen jurídico de la Administración y del procedimiento administrativo, materias reguladas en Leyes posteriores al Reglamento Penitenciario de 1981, y que resultan, lógicamente, de directa aplicación a la actividad penitenciaria, exigen también una profunda reordenación de las materias afectadas consolidando los avances establecidos en las mismas bajo el criterio de «normalización» de las instituciones penitenciarias, en el sentido de no definir marcos específicos salvo en aquellas cuestiones que por la singularidad de la actividad así lo exijan, rompiendo de esta forma la dinámica de «marginalización» a la que inconscientemente se ven sometidas las instituciones penitenciarias y que tantas veces ha sido denunciada por la doctrina y los tribunales.

Por otro lado, la importante exégesis jurisprudencial de la LOGP, constituye un valiosísimo caudal que se ha pretendido incorporar al nuevo texto dotando de rango normativo la fecunda doctrina establecida, especialmente la determinada por el Tribunal Constitucional.

El desarrollo de las nuevas tecnologías y la progresiva socialización de su uso tampoco ha sido un proceso del que haya quedado exenta la institución penitenciaria. Por ello, resulta precisa la integración de la normativa referente al uso de ficheros informáticos, así como a la utilización de estas tecnologías por los propios internos.

El progresivo cambio de mentalidad, hábitos y costumbres de la sociedad española también ha repercutido de forma evidente en el entramado penitenciario exigiendo la flexibilización de determinadas reglas, en especial en el ámbito de las comunicaciones de los internos.

Por último, el nuevo Reglamento Penitenciario incorpora a su texto los avances que han ido produciéndose en el campo de la intervención y tratamiento de los internos, consolidando una concepción del tratamiento más acorde a los actuales planteamientos de la dogmática jurídica y de las ciencias de la conducta, haciendo hincapié en el componente resocializador más que en el concepto clínico del mismo. Por ello, el Reglamento opta por una concepción amplia del tratamiento que no sólo incluye las actividades terapéutico-asistenciales, sino también las actividades formativas, educativas, laborales, socioculturales, recreativas y deportivas, concibiendo la reinserción del interno como un proceso de formación integral de su personalidad, dotándole de instrumentos eficientes para su propia emancipación.

En este campo también se incorporan al Reglamento las experiencias tratamentales generadas por la práctica penitenciaria, así como otras surgidas en el derecho comparado.

II

Las principales novedades del extenso contenido del Reglamento Penitenciario que se aprueba por este Real Decreto se dirigen a los siguientes objetivos:

a) Profundizar el principio de individualización científica en la ejecución del tratamiento penitenciario. Para ello se implanta la aplicación de modelos individualizados de intervención para los presos preventivos (que representan en torno al 20 por 100 de la población reclusa), en cuanto sea compatible con el principio constitucional de presunción de inocencia. Con esta medida se evita que la estancia en prisión de una parte importante de la población reclusa sólo tenga fines custodiales, al tiempo que se amplía la oferta de actividades educativas, formativas, socioculturales, deportivas y medios de ayuda que se programen para propiciar que su estancia en prisión sirva para paliar, en lo posible, las carencias detectadas.

En esta misma línea, la regulación de las formas especiales de ejecución (Título VII), de las salidas programadas (artículo 114) y de los programas de actuación especializada (artículos 116 y 117) proporcionan los medios necesarios para adaptar el tratamiento a las necesidades individuales de cada interno, cuyo programa podrá combinar, incluso, elementos de los diferentes grados de clasificación, en las condiciones establecidas en el artículo 100.2, que introduce el principio de flexibilidad.

Dentro de las formas especiales de ejecución se crean los Centros de Inserción Social y se regulan con detalle las unidades dependientes y las unidades extrapenitenciarias, como instrumentos para el tratamiento de colectivos específicos de reclusos que permiten utilizar los recursos extrapenitenciarios existentes en la sociedad a la que se encomienda su gestión por vía de las entidades colaboradoras (artículo 62).

El desarrollo de las unidades de madres y de los departamentos mixtos -éstos últimos con carácter excepcional- extiende el principio constitucional de protección a la familia al ámbito penitenciario, para paliar, en lo posible, la desestructuración de los grupos familiares que tengan varios miembros en prisión y para proporcionar la asistencia especializada necesaria a los niños menores de tres años que convivan en prisión con sus madres, en consonancia con la reciente modificación del artículo 38 de la LOGP.

b) La utilización generalizada de los instrumentos de diseño y ejecución del tratamiento implica una mayor potenciación y diversificación de la oferta de actividades, para evitar que dichos instrumentos queden vacíos de contenido, dinamizándose la vida de los centros penitenciarios que, sin perjuicio de sus funciones custodiales, se configuran como un auténtico servicio público dirigido a la resocialización de los reclusos.

c) Apertura de las prisiones a la sociedad -que formula crecientes demandas de participación y se implica, cada vez más, en la actividad penitenciaria- para potenciar la acción de la Administración con los recursos existentes en la sociedad y para fortalecer los vínculos entre los delincuentes y sus familias y la comunidad, en línea con las conclusiones de las Naciones Unidas en su reunión de Tokio de diciembre de 1990.

El Reglamento, no sólo contiene un variado elenco de contactos con el exterior (permisos de salida, comunicaciones especiales, potenciación del régimen abierto, tratamiento extrapenitenciario), sino que favorece decididamente la colaboración de entidades públicas y privadas dedicadas a la asistencia de los reclusos.

d) En materia de régimen penitenciario, el Reglamento efectúa una redefinición del régimen cerrado (capítulo IV del Título III) estableciendo dos modalidades de vida: Departamentos especiales de control directo para los internos extremadamente peligrosos y módulos o centros de régimen cerrado para los reclusos manifiestamente inadaptados a los regímenes comunes, cuyo destino se efectúa mediante resolución motivada fundada en causas objetivas.

En cualquier caso, en ambas modalidades de vida se realizan actividades programadas para atender las necesidades de tratamiento e incentivar su adaptación al régimen ordinario y sus limitaciones regimentales son menos severas que las fijadas para el régimen de cumplimiento de la sanción de aislamiento en celda, por entenderse que el régimen cerrado, aunque contribuye al mantenimiento de la seguridad y del buen orden regimental, no tiene naturaleza sancionadora, sino que se fundamenta en razones de clasificación penitenciaria en primer grado.

Por lo que se refiere al Estatuto jurídico de los reclusos, el Reglamento Penitenciario regula con amplitud sus derechos y deberes, así como su acceso a las prestaciones de las Administraciones públicas.

En esta materia, se ha procurado incorporar la mayoría de las recomendaciones del Consejo de Europa relativas a los reclusos extranjeros -que no pueden ser discriminados por razón de su nacionalidad- y a las actividades educativas y prestaciones sanitarias.

Destaca la nueva regulación de materias que afectan al derecho a la intimidad de los reclusos como la protección de los datos de carácter personal contenidos en los ficheros penitenciarios y la recepción de la doctrina del Tribunal Constitucional sobre comunicaciones con los abogados defensores y sobre la forma de realizar los cacheos personales.

En materia disciplinaria, se han mantenido las faltas tipificadas en los artículos 108, 109 y 110 y las sanciones establecidas en el artículo 111, así como la determinación de los actos de indisciplina grave del primer párrafo del artículo 124, todos ellos del Reglamento Penitenciario aprobado por Real Decreto 1201/1981, de 8 de mayo, en la redacción dada por el Real Decreto 787/1984, de 26 de marzo, por no haberse modificado la LOGP en estas materias. No obstante, se ha regulado detalladamente un procedimiento sancionador con las debidas garantías, en sintonía con la doctrina constitucional y con las observaciones formuladas por los Jueces de Vigilancia. Por otra parte, se especifican las manifestaciones del principio de

II

oportunidad en materia disciplinaria mediante la regulación de los mecanismos de aplazamiento, suspensión de la efectividad y reducción o revocación de las sanciones impuestas.

En otro orden de cosas, se aborda la regulación pendiente de la relación laboral especial penitenciaria, dentro de la cual se encuadra exclusivamente el trabajo productivo por cuenta ajena de los internos por ser la única modalidad de trabajo penitenciario que posee las notas típicas de la relación laboral.

En cuanto al control de la actividad penitenciaria, destaca la intervención del Ministerio Fiscal en numerosas materias y una mayor comunicación con la Jurisdicción de Vigilancia.

III

En los aspectos estructurales, para mejorar la gestión el Reglamento regula los nuevos modelos del sistema prestacional de la Administración penitenciaria -con especial incidencia en la asistencia sanitaria- y de organización de los centros penitenciarios.

La Administración penitenciaria no puede hacer frente por sí sola a las múltiples prestaciones que una concepción integral de la salud implica, y, correspondiendo a los servicios de salud una responsabilidad global de asistencia sanitaria, es preciso articular cauces de colaboración basados en un principio de corresponsabilidad entre la Administración penitenciaria y las Administraciones sanitarias competentes, conforme al cual pueda hacerse efectivo el principio de universalización de la asistencia, garantizándose unos niveles óptimos de utilización de los recursos y el derecho efectivo a la protección de la salud de los internos, ajustado a una asistencia integrada, a la promoción y prevención, equidad y superación de las desigualdades.

En este sentido, en el capítulo I del Título IX se garantiza el derecho de los internos a una asistencia sanitaria orientada tanto a la prevención como a la curación y rehabilitación y se regula la corresponsabilidad de la Administración penitenciaria y de las Administraciones sanitarias, que se articulará mediante la formalización de los correspondientes convenios de colaboración que contemplen los protocolos, planes, procedimientos y responsabilidades financieras.

Con este mismo objetivo de optimizar la utilización de los recursos extrapenitenciarios, se reordenan la acción social y los servicios sociales penitenciarios, que se coordinan con las redes públicas de asistencia social de las Administraciones públicas.

Finalmente, el Título XI contiene el nuevo modelo organizativo de los centros penitenciarios, que sólo resulta aplicable a las Comunidades Autónomas con competencias ejecutivas en materia penitenciaria como derecho supletorio. Su finalidad básica consiste en racionalizar y desconcentrar las funciones que se realizan en los establecimientos penitenciarios (tratamiento, régimen, potestad disciplinaria y gestión económica) entre órganos colegiados especializados para adecuar la gestión a la nueva realidad de los establecimientos polivalentes y, en general, para dinamizar la gestión penitenciaria potenciando la participación de los empleados públicos.

En su virtud, en ejercicio de las competencias atribuidas en los artículos 97 y 149.1.6.ª de la Constitución, a propuesta del Ministro de Justicia e Interior, previo informe favorable del Consejo General del Poder Judicial, con la aprobación del Ministro para las Administraciones Públicas, de acuerdo con el Consejo de Estado y previa deliberación del Consejo de Ministros, en su reunión del día 9 de febrero de 1996,

DISPONGO:

ART. Único. Aprobación del Reglamento.

Se aprueba el Reglamento Penitenciario, en desarrollo y ejecución de la Ley Orgánica 1/1979, de 26 de septiembre, General Penitenciaria, cuyo texto se inserta a continuación.

DISPOSICIONES ADICIONALES

D.A. 1.ª Depósitos municipales de detenidos a disposición judicial.

1. La Administración penitenciaria competente entregará a los Ayuntamientos de los municipios cabeza de partido judicial en que no exista establecimiento penitenciario, para gastos de alimentación y estancia de los detenidos y mantenimiento de las instalaciones, una cantidad por detenido y día, que se determinará por Orden del Ministro de Justicia e Interior o resolución autonómica equivalente.

2. Los Ayuntamientos rendirán cuentas mensualmente, a través de los centros penitenciarios ubicados en la capital de la provincia, al Ministerio de Justicia e Interior o al órgano correspondiente de la Comunidad Autónoma mediante certificación acreditativa del número por día de detenidos y presos a disposición judicial o penados a arresto de fin de semana, con expresión de sus circunstancias personales, expedida por el secretario de la corporación municipal o por el encargado del depósito, con el visto bueno del Alcalde. Con dicha certificación se acompañará necesariamente copia certificada de las órdenes de detención, prisión, traslado o libertad dictadas por las autoridades judiciales.

D.A. 2.ª Viviendas penitenciarias.

1. Las viviendas, residencias y dependencias anejas de los distintos centros y establecimientos penitenciarios son bienes inmuebles de dominio público afectados al uso público de casa-habitación de los directivos, funcionarios y personal laboral de plantilla de instituciones penitenciarias con destino definitivo en los correspondientes centros penitenciarios, que estarán excluidas de arrendamiento conforme a lo establecido en el artículo 5 de la Ley de Arrendamientos Urbanos.

2. En razón de las necesidades de la Administración penitenciaria, estos bienes inmuebles demaniales podrán desafectarse por los procedimientos legalmente establecidos para su integración en el Patrimonio del Estado o de la Comunidad Autónoma correspondiente y su eventual enajenación, así como destinarse a un uso público distinto.

3. Los recursos derivados de los cánones de uso de las viviendas, residencias y dependencias destinadas a funcionarios y personal laboral de plantilla penitenciarios tendrán la naturaleza de ingresos públicos, que se ingresarán en el Tesoro Público para su posterior incorporación, mediante generaciones de crédito, a aquéllos conceptos presupuestarios del Presupuesto de gastos de la Administración penitenciaria correspondiente que contribuyan al mejor cumplimiento de los fines de la actividad penitenciaria establecidos en el artículo 2 del Reglamento Penitenciario.

4. Por Orden del Ministro de Justicia e Interior o resolución autonómica equivalente se regularán los órganos gestores, los sistemas de adjudicación, las obligaciones y derechos de los usuarios y de la Administración penitenciaria, las causas de extinción de la cesión de uso y el procedimiento de desahucio administrativo para la ejecución forzosa de las resoluciones de desalojo.

Ver Orden INT/1472/2009, de 28 de mayo, por la que se regula la cesión de uso de viviendas para el personal funcionario y laboral de Instituciones Penitenciarias.

D.A. 3.ª Condecoraciones penitenciarias.

1. Los empleados públicos destinados en el ámbito de la Administración penitenciaria podrán ser premiados, previo expediente instruido al efecto para acreditar los méritos contraídos, con las siguientes recompensas, que se anotarán en sus expedientes personales y se acreditarán mediante diploma expedido a nombre del interesado por la autoridad que las conceda:

a) Mención honorífica, por la realización de actuaciones relevantes en el desempeño de las tareas asignadas, así como por la satisfactoria prestación de servicios en instituciones penitenciarias durante períodos prolongados de tiempo.

La mención honorífica se concederá por resolución de la Secretaría de Estado de Asuntos Penitenciarios.

b) Medalla de Oro al Mérito Penitenciario, por la realización de servicios en el ámbito penitenciario, relacionados o no con los cometidos del puesto de trabajo, que revistan una extraordinaria relevancia y denoten un alto espíritu de servicio.

Esta condecoración se otorgará por Orden del Ministro de Justicia e Interior y confiere a su titular el tratamiento de excelentísimo señor.

c) Medalla de Plata al Mérito Penitenciario, por la prestación de servicios de especial relevancia relacionados con la actividad penitenciaria de forma continuada que denoten superior iniciativa y dedicación.

d) Medalla de Bronce al Mérito Penitenciario, por la prestación de servicios relevantes relacionados con la actividad penitenciaria que denoten una especial iniciativa y dedicación sin que concurran los superiores merecimientos a que se refieren los párrafos a) y b).

Las condecoraciones de los párrafos c) y d) se otorgarán por resolución de la Secretaría de Estado de Asuntos Penitenciarios.

2. Las instituciones, corporaciones, fundaciones, asociaciones y empresas, públicas o privadas, y, en su caso, los particulares, que se hayan distinguido en su colaboración con la Administración penitenciaria, en cualquiera de las manifestaciones de la actividad penitenciaria, podrán ser recompensadas con las siguientes condecoraciones, que se acreditarán mediante diploma expedido a nombre de la entidad o persona premiada por la autoridad que las conceda:

a) Medalla de Oro al Mérito Social Penitenciario, por la realización de servicios de extraordinaria relevancia, creación de entidades colaboradoras en la reinserción y resocialización de los reclusos o por el extraordinario apoyo prestado a la Administración penitenciaria en el desempeño de las funciones que tiene asignadas, así como por su contribución extraordinaria a la mejora de la actividad penitenciaria en cualquiera de sus manifestaciones.

La concesión de la Medalla de Oro al Mérito Social Penitenciario se efectuará por Orden del Ministro de Justicia e Interior.

b) Medalla de Plata al Mérito Social Penitenciario, por la realización de importantes servicios en el ámbito penitenciario, así como por su importante contribución a la mejora de la actividad penitenciaria en cualquiera de sus manifestaciones.

c) Medalla de Bronce al Mérito Social Penitenciario, cuando concurran méritos semejantes a los establecidos en los párrafos a) y b) sin los extraordinarios y especiales merecimientos que en las mismas se indican.

Las condecoraciones de los párrafos b) y c) se otorgarán por resolución de la Secretaría de Estado de Asuntos Penitenciarios.

3. Por resolución de la Secretaría de Estado de Asuntos Penitenciarios se convocará anualmente el Premio Nacional «Victoria Kent». En dicha resolución se determinarán las bases del Premio y se designará el jurado encargado de su concesión, que deberá valorar los méritos extraordinarios de las entidades o particulares que concurran al mismo en materia de defensa, en el ámbito penitenciario, de los derechos humanos o de las tareas de reinserción y resocialización de los reclusos de extraordinaria relevancia, así como en el fomento de la investigación multidisciplinar penitenciaria.

4. Con carácter anual, la Secretaría General de Instituciones Penitenciarias convocará la concesión del Premio Nacional Concepción Arenal de Periodismo Penitenciario a la persona o medio de comunicación que destaque por su especial dedicación al medio penitenciario, manifestada a través de una trayectoria sostenida en el tiempo o mediante la realización de uno o varios trabajos de investigación periodística de contrastada calidad informativa.

De acuerdo con la orden ministerial que regule las bases de este premio, para la selección del beneficiario de la misma se aplicarán los criterios de rigor informativo; interés divulgativo; visibilización de políticas y logros reeducativos o de reinserción social de las personas privadas de libertad; y profundidad y complejidad del análisis de la realidad penitenciaria que se hubiera llevado a cabo.

El premio se otorgará por resolución de la persona titular de la Secretaría General de Instituciones Penitenciarias.

Apdo. 4 se añade por Real Decreto 268/2022, de 12 de abril, por el que se modifica el Real Decreto 190/1996, de 9 de febrero, por el que se aprueba el Reglamento Penitenciario. (BOE de 13/04/2022).

Apdo. 3: ver Orden INT/1100/2017, de 8 de noviembre, por la que se aprueban las bases reguladoras para la concesión del Premio Nacional Victoria Kent, para el fomento de la investigación multidisciplinar en materia penitenciaria.

D.A. 4.ª Disposiciones orgánicas.

1. En el ámbito de la Administración General del Estado, por centro directivo se entiende el órgano de la Administración penitenciaria con rango igual o superior a Dirección General que tenga atribuidas las competencias correspondientes.

2. El nivel de los órganos unipersonales regulados en el Reglamento Penitenciario será el que se determine en la correspondiente relación de puestos de trabajo.

3. En la relación de puestos de trabajo de la Administración Penitenciaria General del Estado se creará el puesto de Coordinador Territorial, con el número de dotaciones, características y contenido que se determine en la misma.

DISPOSICIONES TRANSITORIAS

D.T. 1.ª Redención de penas por el trabajo y normas de derecho transitorio.

1. Continuarán aplicándose después de la fecha de entrada en vigor del Reglamento Penitenciario que se aprueba por este Real Decreto los artículos 65 a 73 del Reglamento de los Servicios de Prisiones, aprobado por Decreto de 2 de febrero de 1956, y las disposiciones complementarias dictadas hasta dicha fecha por la Administración penitenciaria correspondiente en materia de redención de penas por el trabajo, a los únicos efectos siguientes:

a) Para determinar la ley penal más favorable para el reo, conforme a lo establecido en las disposiciones transitorias primera, segunda, tercera y cuarta de la Ley Orgánica 10/1995, de 23 de noviembre, del Código Penal.

b) Para el cumplimiento de las penas impuestas y que se ejecuten conforme al Código Penal que se deroga por la Ley Orgánica 10/1995, de 23 de noviembre, del Código Penal, en aplicación de lo previsto en las citadas disposiciones transitorias de dicha Ley Orgánica.

2. Cuando en aplicación de las citadas disposiciones transitorias de la Ley Orgánica 10/1995, de 23 de noviembre, del Código Penal, los Jueces o Tribunales no hubiesen acordado la revisión de la sentencia por considerar más favorable la liquidación efectuada conforme al Código Penal derogado y, como consecuencia de la pérdida por el interno del beneficio de la redención de penas por el trabajo, resulte que la pena que se está ejecutando pueda ser de duración superior a la que le correspondería por la citada Ley Orgánica 10/1995, el Director del centro penitenciario, de oficio o a solicitud del interno, lo pondrá en conocimiento del Juez o Tribunal.

3. En ningún caso resultarán aplicables las disposiciones sobre redención de penas por el trabajo a quienes se les apliquen las disposiciones de la Ley Orgánica 10/1995, de 23 de noviembre, del Código Penal.

4. Cuando un penado deba cumplir dos o más penas privativas de libertad, unas de las cuales se deban ejecutar conforme a las normas del Código Penal derogado y otras con arreglo a la Ley Orgánica 10/1995, de 23 de noviembre, del Código Penal, comenzará el cumplimiento por las penas cuya ejecución deba regirse por el Código derogado, aplicándose, entre éstas, el criterio de prelación fijado en el artículo 70.1 del mismo.

Cumplidas todas éstas, se iniciará la ejecución de las penas impuestas o revisadas al amparo de la Ley Orgánica 10/1995, de 23 de noviembre, del Código Penal, aplicándose entre las mismas el criterio de prelación del artículo 75 de dicho Cuerpo legal. En ningún caso resultará de aplicación a estas penas el beneficio de la redención de penas por el trabajo.

Fijado el orden de cumplimiento conforme a lo dispuesto en los dos párrafos anteriores, el Director del centro lo pondrá en conocimiento del Juez de Vigilancia correspondiente a los efectos oportunos.

5. Para computar las tres cuartas partes de la condena u otros plazos con efectos legales, se aplicarán las siguientes reglas:

1.ª Se sumarán todas las penas de prisión, con independencia de que correspondan a uno u otro Código, de tal manera que la suma de las mismas será considerada como una sola pena. De la suma parcial de las penas cuya ejecución se rija por el Código derogado se rebajarán los días de redención concedidos al interno.

2.ª En los casos en que el interno esté condenado a varias penas, de las cuales unas se rijan por el Código derogado y otras por la Ley Orgánica 10/1995, de 23 de noviembre, del Código Penal, y resultasen de aplicación las reglas penales de acumulación de condenas previstas en el artículo 70.2 del Código derogado o en el artículo 76.2 de la citada Ley Orgánica 10/1995, para la ejecución de la pena resultante se estará a lo que disponga el Juez o Tribunal, en orden al sometimiento de la ejecución a las normas de uno u otro Código.

D.T. 2.ª Adecuación de las normas de régimen interior.

1. En el plazo de tres meses, a partir de la fecha de entrada en vigor del Reglamento Penitenciario que se aprueba por este Real Decreto, los Consejos de Dirección de los centros penitenciarios procederán a adecuar las normas de régimen interior del centro correspondiente a los preceptos contenidos en el mismo, continuando en vigor las normas de régimen interior anteriores hasta que se produzca la indicada adecuación.

2. Las nuevas normas de régimen interior, una vez adecuadas por el Consejo de Dirección, se remitirán al centro directivo de la Administración penitenciaria correspondiente para su aprobación.

D.T. 3.ª Servicios, unidades y puestos de trabajo de los centros penitenciarios.

El contenido de los artículos 277 a 324; 328 a 332 y 334 a 343 del Reglamento Penitenciario aprobado por Real Decreto 1201/1981, de 8 de mayo, se mantendrá vigente, con rango de resolución del centro directivo de la Administración penitenciaria correspondiente, en lo que no se oponga a lo establecido en el Reglamento Penitenciario que se aprueba por este Real Decreto, hasta que por el centro directivo correspondiente se dicte la resolución que establezca la nueva regulación de la organización de los servicios y unidades de los centros penitenciarios, así como las funciones de cada uno de los puestos de trabajo de los mismos.

D.T. 4.ª Refundición de circulares, instrucciones y órdenes de servicio.

1. Se procederá a la refundición, armonización y adecuación a lo dispuesto en el Reglamento Penitenciario que se aprueba por este Real Decreto de las circulares, instrucciones y órdenes de servicio dictadas por los órganos directivos de la Secretaría de Estado de Asuntos Penitenciarios antes de la entrada en vigor del mismo. Dichas circulares, instrucciones y órdenes de servicio conservarán su vigencia, en lo que no se opongan a lo dispuesto en el citado Reglamento, a partir de su entrada en vigor y hasta que se produzca la mencionada refundición, en cuyo momento se aplicarán íntegramente.

2. Las circulares, instrucciones y órdenes de servicio se publicarán de forma regular en el Boletín de Información del Ministerio de Justicia e Interior o Boletín autonómico equivalente, conforme a lo dispuesto en el artículo 37.10 de la Ley 30/1992, de 26 de noviembre, de Régimen Jurídico de las Administraciones Públicas y del Procedimiento Administrativo Común.

D.T. 5.ª Régimen transitorio de los procedimientos.

1. Los procedimientos ya iniciados antes de la entrada en vigor del Reglamento Penitenciario que se aprueba por este Real Decreto, se regirán por la normativa procedimental anterior, sin que les resulten de aplicación las normas procedimentales contenidas en el mismo.

2. En los supuestos de procedimientos disciplinarios penitenciarios iniciados antes de entrar en vigor el citado Reglamento en los que no se haya dictado la resolución de imposición de la sanción en el momento de su entrada en vigor, el órgano competente para imponerla podrá aplicar las normas contenidas en el capítulo II del Título X del mismo en cuanto resulten más favorables al infractor.

3. Los preceptos procedimentales contenidos en las normas de régimen interior y en las circulares, instrucciones y órdenes de servicio anteriores continuarán aplicándose, en lo que no se oponga a lo establecido en el citado Reglamento, hasta que se produzca la adecuación a que se refiere la disposición transitoria segunda y la refundición, armonización y adecuación indicadas en la disposición transitoria cuarta.

4. Los procedimientos iniciados después de la entrada en vigor del Reglamento Penitenciario aprobado por este Real Decreto, se regirán, en todo caso, por las normas procedimentales contenidas en el mismo y, en lo que no resulte incompatible con dichas normas, por las contenidas en las normas de régimen interior, circulares, instrucciones y órdenes de servicio anteriores, hasta que se produzca la adecuación, refundición y armonización a que se refieren las disposiciones transitorias segunda y cuarta.

DISPOSICIONES DEROGATORIAS

D.DT. Única. Derogación normativa.

1. Quedan derogadas todas las normas de igual o inferior rango en lo que contradigan o se opongan a lo dispuesto en el presente Real Decreto y en el Reglamento Penitenciario que se aprueba por el mismo.

2. Quedan derogadas expresamente las siguientes disposiciones:

a) Todos los preceptos del Reglamento de los Servicios de Prisiones, aprobado por Decreto de 2 de febrero de 1956, declarados vigentes por el Real Decreto 1201/1981, de 8 de mayo, por el que se aprueba el Reglamento Penitenciario, sin perjuicio de lo establecido en la disposición transitoria primera.

b) El Real Decreto 1201/1981, de 8 de mayo, por el que se aprueba el Reglamento Penitenciario, así como el Real Decreto 787/1984, de 28 de marzo, que modificó el anterior, salvo los preceptos que se indican en el apartado siguiente.

c) El Real Decreto 2715/1986, de 12 de diciembre, sobre dotación de medios económicos a los municipios para mantenimiento del Servicio de Depósito de Detenidos a Disposición Judicial.

d) El Real Decreto 319/1988, de 30 de marzo, sobre asistencia hospitalaria extrapenitenciaria a internos.

3. No obstante lo dispuesto en el párrafo b) del apartado anterior, se mantiene la vigencia de los artículos 108, 109, 110 y 111 y del primer párrafo del artículo 124 del Reglamento Penitenciario aprobado por Real Decreto 1201/1981, de 8 de mayo, en la redacción dada por el Real Decreto 787/1984, de 26 de marzo, relativos a las faltas o infracciones de los internos, a las sanciones disciplinarias y a los actos de indisciplina grave cuya sanción puede ser inmediatamente ejecutada.

Incluida la corrección de errores del Real Decreto 190/1996, de 9 de febrero, por el que se aprueba el Reglamento Penitenciario. (BOE de 08-05-1996).

DISPOSICIONES FINALES

D.F. Única. Desarrollo y entrada en vigor.

1. Se autoriza al Ministro de Justicia e Interior a dictar cuantas disposiciones de aplicación y desarrollo del Reglamento Penitenciario que se aprueba por este Real Decreto sean necesarias, sin perjuicio de las habilitaciones específicas de desarrollo conferidas a la Secretaría de Estado de Asuntos Penitenciarios y al centro directivo correspondiente en otros preceptos del mismo.

2. El presente Real Decreto y el Reglamento Penitenciario que aprueba, entrarán en vigor, previa completa publicación en el «Boletín Oficial del Estado», el día 25 de mayo de 1996.

Dado en Madrid a 9 de febrero de 1996.
JUAN CARLOS R.

El Ministro de Justicia e Interior,
JUAN ALBERTO BELLOCH JULBE

REGLAMENTO PENITENCIARIO

TÍTULO I
Disposiciones generales

CAPÍTULO I
Ambito de aplicación y principios generales

ART. 1. Ámbito objetivo y subjetivo de aplicación.

1. El presente Reglamento de desarrollo de la Ley Orgánica 1/1979, de 26 de septiembre, General Penitenciaria, regula la ejecución de las penas y medidas de seguridad privativas de libertad, así como el régimen de los detenidos a disposición judicial y de los presos preventivos, siendo de aplicación directa en todo el territorio del Estado.

2. No obstante, en aquellas Comunidades Autónomas que ejerzan competencias de ejecución de la legislación penitenciaria estatal, en virtud de su potestad de autoorganización, será de aplicación supletoria lo dispuesto en aquellos preceptos de los Títulos XI y XII que regulen cuestiones organizativas o relativas al régimen económico-administrativo de los establecimientos penitenciarios, así como aquellas disposiciones contenidas en otros Títulos que regulen aspectos de la misma naturaleza.

3. El presente Reglamento se aplicará con carácter supletorio a los establecimientos penitenciarios militares.

ART. 2. Fines de la actividad penitenciaria.

La actividad penitenciaria tiene como fin primordial la reeducación y reinserción social de los sentenciados a penas y medidas de seguridad privativas de libertad, así como la retención y custodia de los detenidos, presos y penados y la asistencia social de los internos, liberados y de sus familiares.

Ver art. 59 LGPe.

ART. 3. Principios.

1. La actividad penitenciaria se desarrollará con las garantías y dentro de los límites establecidos por la Constitución y la ley.

2. Los derechos de los internos sólo podrán ser restringidos cuando lo dispongan las leyes.

3. Principio inspirador del cumplimiento de las penas y medidas de seguridad privativas de libertad será la consideración de que el interno es sujeto de derecho y no se halla excluido de la sociedad, sino que continúa formando parte de la misma. En consecuencia, la vida en prisión debe tomar como referencia la vida en libertad, reduciendo al máximo los efectos nocivos del internamiento, favoreciendo los vínculos sociales, la colaboración y participación de las entidades públicas y privadas y el acceso a las prestaciones públicas.

4. En cuanto sea compatible con su situación procesal, los presos preventivos podrán acceder a las actividades educativas, formativas, deportivas y culturales que se celebren en el centro penitenciario, en las mismas condiciones que los penados.

5. Los órganos directivos de la Administración penitenciaria podrán dirigir las actividades de sus órganos jerárquicamente dependientes mediante circulares, instrucciones y órdenes de servicio.

Apdo. 4: ver art. 24 LGPe.

Ver art. 59 LGPe.

CAPÍTULO II
De los derechos y deberes de los internos

ART. 4. Derechos.

1. La actividad penitenciaria se ejercerá respetando la personalidad de los internos y los derechos e intereses legítimos de los mismos no afectados por la condena, sin que pueda prevalecer discriminación alguna por razón de raza, sexo, religión, opinión, nacionalidad o cualquier otra condición o circunstancia personal o social.

2. En consecuencia, los internos tendrán los siguientes derechos:

a) Derecho a que la Administración penitenciaria vele por sus vidas, su integridad y su salud, sin que puedan, en ningún caso, ser sometidos a torturas, a malos tratos de palabra o de obra, ni ser objeto de un rigor innecesario en la aplicación de las normas.

b) Derecho a que se preserve su dignidad, así como su intimidad, sin perjuicio de las medidas exigidas por la ordenada vida en prisión. En este sentido, tienen derecho a ser designados por su propio nombre y a que su condición sea reservada frente a terceros.

c) Derecho al ejercicio de los derechos civiles, políticos, sociales, económicos y culturales, salvo cuando fuesen incompatibles con el objeto de su detención o el cumplimiento de la condena.

d) Derecho de los penados al tratamiento penitenciario y a las medidas que se les programen con el fin de asegurar el éxito del mismo.

e) Derecho a las relaciones con el exterior previstas en la legislación.

f) Derecho a un trabajo remunerado, dentro de las disponibilidades de la Administración penitenciaria.

g) Derecho a acceder y disfrutar de las prestaciones públicas que pudieran corresponderles.

h) Derecho a los beneficios penitenciarios previstos en la legislación.

i) Derecho a participar en las actividades del centro.

j) Derecho a formular peticiones y quejas ante las autoridades penitenciarias, judiciales, Defensor del Pueblo y Ministerio Fiscal, así como a dirigirse a las autoridades competentes y a utilizar los medios de defensa de sus derechos e intereses legítimos a que se refiere el capítulo V del Título II de este Reglamento.

k) Derecho a recibir información personal y actualizada de su situación procesal y penitenciaria.

3. Estos derechos y otros que puedan derivarse de la normativa penitenciaria, se podrán ejercer a través de las tecnologías de la información y comunicación, en función de las posibilidades materiales y técnicas de cada centro penitenciario. En el ejercicio de dichos derechos mediante el uso de las tecnologías de la información y comunicación, se deberán respetar en todo caso los principios vigentes en cada momento en materia de seguridad digital y protección de datos, así como las normas de régimen interior del centro penitenciario.

Apdo. 3 se añade por Real Decreto 268/2022, de 12 de abril, por el que se modifica el Real Decreto 190/1996, de 9 de febrero, por el que se aprueba el Reglamento Penitenciario. (BOE de 13/04/2022).

Ver art. 3 LGPe.

Apdo. 1: ver art. 60 LGPe.

Apdo. 2.a): ver art. 6 3 LGPe.

Apdo. 2.b): ver Real Decreto 1836/2008, de 8 de noviembre, por el que se establecen criterios para la aplicación de la integración de las extintas escala masculina y femenina del Cuerpo de Ayudantes de Instituciones Penitenciarias.

Apdo. 2.c): ver art. 24 LGPe.

Apdo. 2.f): ver art. 26 LGPe.

ART. 5. Deberes.

1. El interno se incorpora a una comunidad que le vincula de forma especialmente estrecha, por lo que se le podrá exigir una colaboración activa y un comportamiento solidario en el cumplimiento de sus obligaciones.

2. En consecuencia, el interno deberá:

a) Permanecer en el establecimiento hasta el momento de su liberación, a disposición de la autoridad judicial o para cumplir las condenas de privación de libertad que se le impongan.

b) Acatar las normas de régimen interior y las órdenes que reciba del personal penitenciario en el ejercicio legítimo de sus atribuciones.

c) Colaborar activamente en la consecución de una convivencia ordenada dentro del centro y mantener una actitud de respeto y consideración hacia las autoridades, los funcionarios, trabajadores, colaboradores de instituciones penitenciarias, reclusos y demás personas, tanto dentro como fuera del establecimiento cuando hubiese salido del mismo por causa justificada.

d) Utilizar adecuadamente los medios materiales que se pongan a su disposición y las instalaciones del establecimiento.

e) Observar una adecuada higiene y aseo personal, corrección en el vestir y acatar las medidas higiénicas y sanitarias establecidas a estos efectos.

f) Realizar las prestaciones personales obligatorias impuestas por la Administración penitenciaria para el buen orden y limpieza de los establecimientos.

g) Participar en las actividades formativas, educativas y laborales definidas en función de sus carencias para la preparación de la vida en libertad.

Ver art. 4 LGPe.

Apdo. 2.e): ver arts. 19.3 y 20 LGPe.

CAPÍTULO III
Protección de los datos de carácter personal de los ficheros penitenciarios

ART. 6. Limitación del uso de la informática penitenciaria.

1. Ninguna decisión de la Administración penitenciaria que implique la apreciación del comportamiento humano de los reclusos podrá fundamentarse, exclusivamente, en un tratamiento automatizado de datos o informaciones que ofrezcan una definición del perfil o de la personalidad del interno.

2. La recogida, tratamiento automatizado y cesión de los datos de carácter personal de los reclusos contenidos en los ficheros se efectuará de acuerdo con lo establecido en la legislación sobre protección de datos de carácter personal y sus normas de desarrollo.

3. Las autoridades penitenciarias responsables de los ficheros informáticos penitenciarios adoptarán las medidas de índole técnica y organizativa necesarias para garantizar la seguridad de los datos de carácter personal en ellos contenidos, así como para evitar su alteración, pérdida, tratamiento o acceso no autorizado, y estarán obligadas, junto con quienes intervengan en cualquier fase del tratamiento automatizado de este tipo de datos, a guardar secreto profesional sobre los mismos, incluso después de que haya finalizado su relación con la Administración penitenciaria.

4. La Administración penitenciaria podrá establecer ficheros de internos que tengan como finalidad garantizar la seguridad y el buen orden del establecimiento, así como la integridad de los internos. En ningún caso la inclusión en dicho fichero determinará por sí misma un régimen de vida distinto de aquél que reglamentariamente corresponda.

Modificado por Real Decreto 419/2011, de 25 de marzo, por el que se modifica el Reglamento Penitenciario, aprobado por el Real Decreto 190/1996, de 9 de febrero. (BOE de 26-03-2011).

ART. 7. Recogida y cesión de datos de carácter personal de los internos.

1. Cuando los datos de carácter personal de los reclusos se recojan para el ejercicio de las funciones propias de la Administración penitenciaria no será preciso el consentimiento del interno afectado, salvo en los supuestos recogidos en el artículo 15 bis de la Ley Orgánica 1/1979, de 26 de septiembre.

2. Tampoco será preciso el consentimiento del recluso afectado para ceder a otras Administraciones públicas, en el ámbito de sus respectivas competencias, los datos de carácter personal contenidos en los ficheros informáticos penitenciarios que resulten necesarios para que éstas pueden ejercer sus funciones respecto de los internos en materia de servicios sociales, Seguridad Social, custodia de menores u otras análogas.

3. También se podrán ceder datos de carácter personal contenidos en los ficheros informáticos penitenciarios sin previo consentimiento del afectado cuando la cesión tenga por destinatarios al Defensor del Pueblo o institución análoga de las Comunidades Autónomas que ejerzan competencias ejecutivas en materia penitenciaria, al Ministerio Fiscal o a los Jueces o Tribunales, en el ejercicio de las funciones que tienen atribuidas, así como cuando se trate de cesión de datos de carácter personal relativos a la salud de los reclusos por motivos de urgencia o para realizar estudios epidemiológicos.

4. La cesión de datos a los que se refieren los apartados 2 y 3 de este artículo se hará siempre de acuerdo con lo previsto en la Ley Orgánica 7/2021, de 26 de mayo, de protección de datos personales tratados para fines de prevención, detección, investigación y enjuiciamiento de infracciones penales y de ejecución de sanciones penales.

5. Las transferencias internacionales de datos de carácter personal contenidos en los ficheros informáticos penitenciarios se efectuarán en los supuestos de prestación de auxilio judicial, de acuerdo con lo establecido en los tratados o convenios en los que sea parte España o en la normativa de la Unión Europea que sea de aplicación.

Modificado por Real Decreto 268/2022, de 12 de abril, por el que se modifica el Real Decreto 190/1996, de 9 de febrero, por el que se aprueba el Reglamento Penitenciario. (BOE de 13/04/2022).

ART. 8. Datos penitenciarios especialmente protegidos.

1. No obstante lo dispuesto en el artículo anterior, los datos de carácter personal de los reclusos relativos a opiniones políticas, a convicciones religiosas o filosóficas, al origen racial y étnico, a la salud o a la vida sexual, que hayan sido recabados para formular los modelos individualizados de ejecución o los programas de tratamiento penitenciarios, sólo podrán ser cedidos o difundidos a otras personas con el consentimiento expreso y por escrito del recluso afectado o cuando por razones de interés general así lo disponga una Ley.

2. Cuando se soliciten de la Administración Penitenciaria este tipo de datos especialmente protegidos por medio de representante del recluso, deberá exigirse, en todo caso, poder especial y bastante otorgado por el mismo en el que conste expresamente su consentimiento para que su representante pueda tener acceso a dichos datos personales del recluso.

ART. 9. Rectificación y conservación de los datos.

1. Los reclusos podrán solicitar de la Administración penitenciaria la rectificación de sus datos de carácter personal contenidos en los ficheros informáticos penitenciarios que resulten inexactos o incompletos. De la rectificación efectuada se informará al interesado en el plazo máximo de dos meses desde su solicitud, así como al cesionario o cesionarios, en el supuesto de que los datos incorrectos hubiesen sido objeto de cesión previa.

2. Los datos de carácter personal de los reclusos contenidos en los ficheros informáticos penitenciarios no serán cancelados cuando, ponderados los intereses en presencia, concurran razones de interés público, de seguridad y de protección de los derechos y libertades de terceros, así como cuando posean un valor intrínseco de carácter histórico y estadístico a efectos de investigación.

CAPÍTULO IV
Establecimientos penitenciarios

Ver arts. 7, 16 LGPe.

ART. 10. Concepto.

1. A efectos de este Reglamento, por establecimiento o centro se entiende una entidad arquitectónica, administrativa y funcional con organización propia.

2. Los establecimientos estarán formados por unidades, módulos y departamentos que faciliten la distribución y separación de los internos.

ART. 11. Dependencias y servicios.

1. Los establecimientos penitenciarios contarán con el conjunto de dependencias y servicios que se consideren necesarios para permitir una convivencia ordenada y una adecuada separación de los internos, respetando en todo caso lo dispuesto en el artículo 13 de la Ley Orgánica General Penitenciaria.

2. Igualmente, contarán con locales adecuados para el desarrollo de las distintas actividades encomendadas al personal penitenciario del establecimiento.

ART. 12. Establecimientos polivalentes.

1. Se entiende por establecimiento polivalente aquel que cumple los diversos fines previstos en los artículos 7 a 11 de la Ley Orgánica General Penitenciaria.

2. En los establecimientos polivalentes se deberá cuidar de que cada uno de los departamentos, módulos o unidades que los integren tengan garantizados, en igualdad de condiciones, los servicios generales y las prestaciones adecuadas a los fines específicos a que vengan destinados y a los generales del sistema penitenciario, y, en especial, el de la separación entre penados y preventivos.

ART. 13. El principio celular.

1. El sistema penitenciario estará orientado por el principio celular, de manera que cada interno disponga de una celda, salvo que sus dimensiones y condiciones de habitabilidad permitan, preservando la intimidad, alojar a más de una persona, en cuyo caso se podrá autorizar compartir celda a petición del interno, siempre que no existan razones de tratamiento, médicas, de orden o seguridad que lo desaconsejen.

2. Temporalmente, cuando la población penitenciaria supere el número de plazas individuales disponibles, se podrá albergar a más de un interno por celda.

3. En los establecimientos especiales y de régimen abierto podrán existir dormitorios colectivos, previa selección adecuada de los internos que los ocupen.

Ver art. 13, 19 LGPe.

ART. 14. Habitabilidad.

1. Las celdas y dormitorios colectivos deben contar con el espacio, luz, ventilación natural y mobiliario suficientes para hacerlos habitables, así como de servicios higiénicos.

2. Todo interno dispondrá de la ropa necesaria para su cama y uso personal y de un lugar adecuado para guardar sus pertenencias, aunque se encuentre compartiendo celda con otros.

3. La Administración velará para que en la distribución de los espacios y en la ornamentación de los edificios se cumplan los criterios generales de habitabilidad y comodidad.

Ver art. 13, 19 LGPe.

Apdo. 2: ver art. 21.1 LGPe.

TÍTULO II
De la organización general

CAPÍTULO I
Del ingreso en un establecimiento penitenciario

ART. 15. Ingreso.

1. El ingreso de una persona en prisión en calidad de detenido, preso o penado se efectuará mediante orden judicial de detención, mandamiento de prisión o sentencia firme de la autoridad judicial competente, salvo lo dispuesto en los dos apartados siguientes.

2. En el supuesto de que la orden de detención proceda de la Policía Judicial, en la misma deberán constar expresamente los siguientes extremos:

a) Datos identificativos del detenido.

b) Delito imputado.

c) Que se halla a disposición judicial.

d) Hora y día de vencimiento del plazo máximo de detención.

La Dirección del centro podrá denegar motivadamente el ingreso cuando en la orden de detención que se entregue no consten expresamente los citados extremos.

3. Cuando la detención hubiese sido acordada por el Ministerio Fiscal, en la orden constarán los datos de identificación de las diligencias de investigación y el momento de vencimiento del plazo máximo de detención.

4. En los supuestos a que se refieren los dos apartados anteriores, admitido el ingreso, la Dirección del centro procederá conforme a lo dispuesto en el artículo 23.

5. Los internos extranjeros tienen derecho a que se ponga en conocimiento de las autoridades diplomáticas o consulares correspondientes su ingreso en prisión. A tal fin, en el momento del ingreso, incluido el voluntario a que se refiere el artículo siguiente, se les informará de forma comprensible, a ser posible en su propio idioma, de este derecho, recabando por escrito su autorización para proceder, en su caso, a tal comunicación.

6. Una vez admitido un recluso dentro de un establecimiento, se procurará que el procedimiento de ingreso se lleve a cabo con la máxima intimidad posible, a fin de reducir los efectos negativos que pueden originar los primeros momentos en una prisión.

Ver art. 15.1 LGPe.

ART. 16. Presentación voluntaria en un centro penitenciario.

1. No obstante lo dispuesto en el artículo anterior, podrá ser admitido en un establecimiento penitenciario quien se presente voluntariamente.

2. En todo caso, la presentación voluntaria del interno se hará constar expresamente en su expediente penitenciario personal, debiéndose facilitar a éste certificación acreditativa de tal extremo, si lo solicitara.

3. En los casos de ingresos voluntarios, el Director del centro recabará del Juez o Tribunal, dentro de las veinticuatro horas siguientes al ingreso, el correspondiente mandamiento, así como, en su caso, el testimonio de sentencia y liquidación de condena. Cuando se trate de internos evadidos que decidiesen voluntariamente reingresar en un establecimiento distinto del originario, se solicitará del establecimiento del que se hubiesen evadido los datos necesarios de su expediente personal, sin perjuicio de lo que se determine en torno a su destino o traslado.

4. Si, transcurrido el plazo de las setenta y dos horas siguientes al ingreso, no se hubiese recibido en el centro la documentación que legalice el mismo, se procederá a la excarcelación del ingresado.

Apdo. 16.3: ver art. 15.1 LGPe.

ART. 17. Internas con hijos menores.

1. La Dirección del establecimiento admitirá a los hijos menores de tres años que acompañen a sus madres en el momento del ingreso. Cuando éstas soliciten mantenerlos en su compañía dentro de la prisión, deberá acreditarse debidamente la filiación y que dicha situación no entraña riesgo para los menores, poniendo en conocimiento del Ministerio Fiscal la decisión adoptada a los efectos oportunos.

2. Las internas que tuviesen en el exterior hijos menores de tres años bajo su patria potestad podrán solicitar del Consejo de Dirección autorización para que éstos permanezcan en su compañía en el interior del centro penitenciario, que se concederá siempre que se acredite debidamente la filiación y que tal situación no entraña riesgo para los menores. A tal fin, se recabará la opinión del Ministerio Fiscal, a quien se le notificará la decisión adoptada.

3. Admitido el ingreso de los niños en prisión, deberán ser reconocidos por el Médico del establecimiento y, si éste no dispusiese otra cosa, pasarán a ocupar con sus madres la habitación que se les asigne dentro de la unidad de madres.

4. En los posibles conflictos que surjan entre los derechos del niño y los de la madre originados por el internamiento en un establecimiento Penitenciario, deben primar los derechos de aquél, que, en todo caso, deben quedar debidamente preservados en el modelo individualizado de intervención penitenciaria que se diseñe para la madre.

5. La Administración Penitenciaria dispondrá para los menores y sus madres de unidades de madres, que contarán con local habilitado para guardería infantil y estarán separadas

arquitectónicamente del resto de los departamentos, a fin de facilitar las especificidades regimentales, médico-sanitarias y de salidas que la presencia de los menores en el centro hiciesen necesarias.

6. La Administración Penitenciaria fomentará la colaboración y participación de las instituciones públicas y privadas de asistencia al menor en las unidades de madres o en las unidades dependientes creadas al efecto para internas clasificadas en tercer grado que tengan en su compañía hijos menores de tres años. A tal fin, celebrará los convenios precisos para potenciar al máximo el desarrollo de la relación materno-filial y de la formación de la personalidad de los niños.

Ver art. 38.2 LGPe.

ART. 18. Identificación.

1. Admitido en el establecimiento un recluso, se procederá a verificar su identidad personal, efectuando la reseña alfabética, dactilar y fotográfica, así como a la inscripción en el libro de ingresos y la apertura de un expediente personal relativo a su situación procesal y penitenciaria de la que tendrá derecho a ser informado. Igualmente, se procederá al cacheo de su persona y al registro de sus efectos, retirándose los enseres y objetos no autorizados.

2. En el momento del ingreso se adoptarán las medidas de higiene personal necesarias, entregándose al recluso las prendas de vestir adecuadas que precise, firmando el mismo su recepción.

Ver art. 15.2 LGPe.

Apdo. 1: ver art. 23 LGPe.

Apdo. 2: ver arts. 19.3, 20 LGPe.

ART. 19. Incomunicación.

1. Si en la orden o mandamiento de ingreso se dispusiera la incomunicación del detenido o preso, una vez cumplimentado lo establecido en el artículo anterior, pasará a ocupar una celda individual en el departamento que el Director disponga y será reconocido por el Médico y atendido exclusivamente por los funcionarios encargados de aquél. Únicamente podrá comunicar con las personas que tengan expresa autorización del Juez.

2. Cuando la orden de incomunicación no especifique nada al respecto, el Director del establecimiento penitenciario recabará la autorización del Juez de Instrucción para que el interno incomunicado pueda disponer de aparatos de radio o televisión, prensa escrita o recibir correspondencia.

3. Mientras permanezca en situación de incomunicación, el Director del establecimiento adoptará las medidas necesarias para dar cumplimiento a las normas contenidas en las Leyes procesales.

4. Una vez levantada judicialmente la incomunicación a que se refieren los apartados anteriores, se llevará a cabo lo establecido en el artículo siguiente.

ART. 20. Modelos de intervención y programas de tratamiento.

1. Los detenidos y presos ocuparán una celda en el departamento de ingresos, donde deberán ser examinados por el Médico a la mayor brevedad posible. Igualmente, serán entrevistados por el Trabajador Social y por el Educador, a fin de detectar las áreas carenciales y necesidades del interno, y, si el Médico no dispusiese otra cosa, pasarán al departamento que les corresponda. Dichos profesionales emitirán informe sobre la propuesta de separación interior, conforme a lo dispuesto en el artículo 99, o de traslado a otro centro, así como acerca de la planificación educativa, sociocultural y deportiva y de actividades de desarrollo personal. Respetando el principio de presunción de inocencia, la Junta de Tratamiento, de acuerdo con dicho informe, valorará aspectos tales como ocupación laboral, formación cultural y profesional o medidas de ayuda, a fin de elaborar el modelo individualizado de intervención.

2. Los penados, tras ser reconocidos por el Médico si se trata de nuevos ingresos, permanecerán en el departamento de ingresos el tiempo suficiente para que por parte del Psicólogo, del Jurista, del Trabajador Social y del Educador se formule propuesta de inclusión en uno de los grupos de separación interior y se ordene por el Director el traslado al departa-

mento que corresponda, previo informe médico. Por la Junta de Tratamiento, previo informe del Equipo Técnico, se contrastarán los datos del protocolo y se formulará un programa individualizado de tratamiento sobre aspectos tales como ocupación laboral, formación cultural y profesional, aplicación de medidas de ayuda, tratamiento y las que hubieran de tenerse en cuenta para el momento de la liberación.

3. La estancia de preventivos o penados en el departamento de ingresos será, como máximo, de cinco días y sólo podrá prolongarse por motivos de orden sanitario o para preservar su seguridad. De la prolongación se dará cuenta al Juez de Vigilancia correspondiente.

Ver art. 20, 24 LGPe.

Apdo. 3: ver art. 64 LGPe.

ART. 21. Información.

Al ingresar, el interno debe ser informado de sus derechos y de sus obligaciones, así como de los procedimientos para hacerlos efectivos, en los términos establecidos en el capítulo V de este Título.

Ver art. 49 LGPe.

CAPÍTULO II
De la libertad y excarcelación

Sección 1.ª De los detenidos y presos

ART. 22. Libertad.

1. La libertad de los detenidos y presos sólo podrá ser acordada por mandamiento de la autoridad competente librado al Director del establecimiento, sin perjuicio de lo dispuesto en el artículo siguiente.

2. Recibido en el centro el mandamiento de libertad, el Director o quien reglamentariamente le sustituya dará orden escrita y firmada al Jefe de Servicios para que sea cumplimentada por funcionarios a sus órdenes.

3. Antes de que el Director extienda la orden de libertad a que se refiere el apartado anterior, el funcionario encargado de la Oficina de Régimen procederá a realizar una completa revisión del expediente personal del interno, a fin de comprobar que procede su libertad por no estar sujeto a otras responsabilidades.

4. El funcionario encargado del servicio o, en su defecto, el que designe el Jefe de Servicios procederá a realizar la identificación de quien haya de ser liberado, cotejando las huellas dactilares y comprobando los datos de filiación, y le acompañará, posteriormente, hasta la salida del centro penitenciario.

5. En el expediente personal del detenido o preso se extenderá la oportuna diligencia del mandamiento de libertad, expidiéndose y remitiéndose certificaciones de la misma a la autoridad judicial de que dependa el interno.

Ver art. 17 LGPe.

ART. 23. Excarcelación de detenidos.

1. Cuando no se hubiere recibido orden o mandamiento de libertad o de prisión expedido por la autoridad competente, los detenidos serán excarcelados por el Director del establecimiento o quien reglamentariamente le sustituya, al vencimiento del plazo máximo de detención o transcurridas las setenta y dos horas siguientes al momento del ingreso.

2. En los supuestos a que se refieren los apartados 2 y 3 del artículo 15 de este Reglamento, el Director del establecimiento o quien haga sus veces comunicará el ingreso, por el medio más rápido disponible que deje constancia de la recepción de la comunicación, a la autoridad judicial a cuya disposición se encuentre el detenido, dentro de las veinticuatro horas siguientes a su ingreso.

3. Remitida la comunicación a que se refiere el apartado anterior, si en el plazo máximo de setenta y dos horas desde su ingreso o desde su detención no se hubiese recibido orden

o mandamiento judicial, se procederá a excarcelar al interno, comunicándolo por el mismo medio a la autoridad que ordenó el ingreso y a la autoridad judicial a cuya disposición hubiese sido puesto.

Ver art. 17 LGPe.

Sección 2.ª De los penados

ART. 24. Libertad.

1. Para poder proceder a la liberación de los condenados a penas privativas de libertad será necesaria la aprobación de la libertad definitiva por el Tribunal sentenciador o del expediente de libertad condicional por el Juez de Vigilancia.

2. Con una antelación mínima de dos meses al cumplimiento de la condena, el Director del establecimiento formulará al Tribunal sentenciador una propuesta de libertad definitiva para el día en que el penado deje previsiblemente extinguida su condena, con arreglo a la liquidación practicada en la sentencia.

3. Si quince días antes de la fecha propuesta para la libertad definitiva no se hubiese recibido respuesta, el Director del establecimiento reiterará la propuesta al Tribunal sentenciador, significándole que, de no recibirse orden expresa en contrario, se procederá a liberar al recluso en la fecha propuesta.

4. Las propuestas de libertad definitiva de los liberados condicionales se formularán por el Director del centro a que estén adscritos, teniendo en cuenta lo dispuesto en los apartados anteriores.

5. En el expediente personal del penado se extenderá la oportuna diligencia de libertad definitiva, tanto si la liberación tiene lugar en el centro como si la última parte de la condena se ha cumplido en situación de libertad condicional, expidiéndose y remitiéndose certificaciones de libertad definitiva al Tribunal sentenciador y al Juez de Vigilancia.

Ver art. 17, 76.2.e) LGPe.

ART. 25. Libertad por aplicación de medidas de gracia.

Cuando la liberación definitiva de los penados se produzca por aplicación de medidas de gracia, el Director del centro se abstendrá, en todo caso, de poner en libertad a los penados sin haber recibido orden o mandamiento por escrito del Tribunal sentenciador.

ART. 26. Penados extranjeros sometidos a medida de expulsión posterior al cumplimiento de la condena.

En el caso de que el penado fuese un extranjero sujeto a medida de expulsión posterior al cumplimiento de la condena, conforme a lo dispuesto en la legislación de extranjería, el Director notificará, con una antelación de tres meses o en el momento de formular la propuesta de libertad definitiva a que se refiere el artículo 24.2, la fecha previsible de extinción de la condena a la autoridad competente, para que provea lo necesario con arreglo a lo dispuesto en la legislación vigente.

ART. 27. Sustitución de penas impuestas a extranjeros por medidas de expulsión.

También se notificará al Ministerio Fiscal la fecha previsible de extinción de la condena en los supuestos legales de sustitución de la pena por medida de expulsión del territorio nacional y, en todo caso, cuando se trate de penados extranjeros que extingan condenas inferiores a seis años de privación de libertad.

ART. 28. Ejecución de la orden de libertad por la Oficina de Régimen.

1. Una vez recibida la orden de libertad definitiva o condicional, se cumplimentará en la misma forma, en lo que atañe a la Oficina de Régimen, que la establecida para los detenidos y presos en el artículo 22.3.

2. Comprobado por la Oficina de Régimen que el penado no está sujeto a otras responsabilidades, se procederá como se indica en el artículo 22.4 para detenidos y presos.

ART. 29. Retención de penados con otras responsabilidades pendientes.

1. Los Directores de los establecimientos retendrán a los penados que, habiendo extinguido una condena, tengan alguna otra pendiente de cumplimiento, informando a aquéllos de la causa de la retención.

2. Cuando la retención lo sea por tener pendiente otra causa en que se haya decretado prisión provisional, el Director lo comunicará a la autoridad judicial competente y al centro directivo para el traslado que, en su caso, proceda.

Sección 3.ª Certificación y ayudas a la excarcelación

ART. 30. Certificación y ayudas.

1. En el momento de la excarcelación de detenidos, presos o penados, se expedirá y entregará al liberado certificación acreditativa del tiempo que estuvo privado de libertad o de la situación de libertad condicional en su caso, así como, si lo solicita el interno o debe proseguir su tratamiento médico, informe sobre su situación sanitaria y propuesta terapéutica. En dicho informe médico no constará referencia alguna que indique que ha sido expedido en un centro penitenciario.

2. Si el interno careciese de medios económicos, la Administración penitenciaria le facilitará los necesarios para llegar a su residencia y subvenir a sus primeros gastos.

CAPÍTULO III
Conducciones y traslados

Ver art. 18 LGPe.

Sección 1.ª Competencias

ART. 31. Competencia para ordenar traslados y desplazamientos.

1. Conforme a lo establecido en el artículo 79 de la Ley Orgánica General Penitenciaria, el centro directivo tiene competencia exclusiva para decidir, con carácter ordinario o extraordinario, la clasificación y destino de los reclusos en los distintos establecimientos penitenciarios, sin perjuicio de las atribuciones de los Jueces de Vigilancia en materia de clasificación por vía de recurso.

2. Dicho centro directivo ordenará los traslados correspondientes en base a las propuestas formuladas al efecto por las Juntas de Tratamiento o, en su caso, por el Director o el Consejo de Dirección, así como los desplazamientos de los detenidos y presos que le sean requeridos por las autoridades competentes.

3. Los traslados se notificarán, si se trata de penados, al Juez de Vigilancia, y, si se trata de detenidos y presos a las autoridades a cuya disposición se encuentren.

ART. 32. Competencia para realizar las conducciones.

Las órdenes de conducción de los reclusos, dictadas por el centro directivo, se llevarán a cabo por las Fuerzas y Cuerpos de Seguridad del Estado que tengan a su cargo este cometido, sin perjuicio, en su caso, de las competencias de los Cuerpos de Policía de las Comunidades Autónomas.

Sección 2.ª Cumplimiento de las órdenes de autoridades judiciales y gubernativas

ART. 33. Desplazamientos de internos.

1. Las salidas de los internos para la práctica de diligencias o para la celebración de juicio oral se hará previa orden de la autoridad judicial dirigida al Director del establecimiento.

2. Las autoridades judiciales o gubernativas recabarán del centro directivo, con una antelación mínima de treinta días, la conducción oportuna del interno, cuando estuviere recluido en el centro penitenciario ubicado en otra provincia, y del Director del establecimiento, si se trata de una misma provincia o localidad.

3. Recibida la comunicación a que hace referencia el apartado 2, el centro directivo o el Director del centro en su caso, recabarán la realización de la conducción del órgano correspondiente.

4. Una vez asistido a juicio o celebrada la diligencia judicial, el Director del establecimiento propondrá el traslado del interno al lugar de procedencia, salvo que tuviese conocimiento de la existencia de otros señalamientos pendientes o fuese preceptiva su clasificación siendo previsible su destino al propio centro.

Incluida la corrección de errores del Real Decreto 190/1996, de 9 de febrero, por el que se aprueba el Reglamento Penitenciario. (BOE de 08-05-1996).

ART. 34. Desplazamientos de penados.

En el caso de que una autoridad judicial interese el traslado de un penado que no esté a su disposición para la práctica de diligencias, la Dirección del establecimiento lo pondrá en conocimiento del Juez de Vigilancia.

Sección 3.ª Desplazamientos a hospitales no penitenciarios

ART. 35. Consulta o ingreso en hospitales no penitenciarios.

1. La salida de internos para consulta o ingreso, en su caso, en centros hospitalarios no penitenciarios será acordada por el centro directivo.

2. Acordada la conducción, el Director del establecimiento solicitará al Gobernador civil o, en su caso, órgano autonómico competente, la fuerza pública que deba realizar la conducción y encargarse de la posterior custodia del interno en el centro hospitalario no penitenciario, sin perjuicio de lo dispuesto en el artículo 155.4.

3. En caso de urgencia, según dictamen médico, el Director procederá a la conducción e ingreso en el centro hospitalario, dando cuenta seguidamente al centro directivo.

Sección 4.ª Medios y forma de la conducción

ART. 36. Forma y medios.

1. Los desplazamientos de detenidos, presos y penados se efectuarán de forma que se respete su dignidad y derechos y se garantice la seguridad de su conducción.

2. Se llevarán a cabo por el medio de transporte más idóneo, generalmente por carretera, en vehículos adecuados y bajo custodia de la fuerza pública.

3. Excepcionalmente y sólo en casos de urgencia o necesidad perentoria, podrá disponerse el traslado de internos a cargo de los funcionarios de instituciones penitenciarias que el Director del establecimiento designe entre los que se hallen de servicio.

4. Cuando se trate de traslados en ambulancia, ya sea para ingreso en un hospital o por traslado a otro establecimiento, el interno irá acompañado, en su caso, del personal sanitario penitenciario necesario que el Director designe.

Apdo. 2: ver Orden INT/2573/2015, de 30 de noviembre, por la que se determinan las especificaciones técnicas que deben reunir los vehículos destinados a la conducción de detenidos, presos y penados.

ART. 37. Supuestos especiales.

1. Los penados clasificados en tercer grado y los clasificados en segundo grado que disfruten de permisos ordinarios, podrán realizar, previa autorización del centro directivo, los desplazamientos por sus propios medios sin vigilancia. Cuando se trate de comparecencias ante órganos judiciales, se recabará la autorización del Juzgado o Tribunal requirente. En estos casos, la Administración podrá facilitar a los internos los billetes en el medio de transporte adecuado.

2. Los niños serán entregados a los familiares que estén en el exterior para que se encarguen de su traslado y, de no ser posible, viajarán junto con sus madres en vehículos idóneos y estarán acompañados por personal o colaboradores de instituciones penitenciarias. En cualquier caso, se procurará no herir la sensibilidad de los menores.

ART. 38. Entrega a la fuerza pública.

1. La entrega de los internos a los efectivos de las Fuerzas de Seguridad se hará mediante acta suscrita por el Jefe de la escolta, en la que se indicará la hora de salida y una referencia a la orden que disponga la conducción, indicando, cuando se estime preciso, el grado de peligrosidad del interno, de lo que también se dará cuenta, si fuera necesario, a la autoridad que hubiese recabado la conducción.

2. El Jefe de la fuerza conductora, al hacerse cargo de los internos para su traslado a otro centro penitenciario, lo hará también mediante recibo de sus expedientes personales y equipajes, que entregará, con las mismas formalidades, en el establecimiento de destino.

3. El establecimiento de origen proporcionará a los internos conducidos racionado en frío.

4. Por el centro de origen se acompañará el expediente médico del interno haciendo constar, en su caso, la atención sanitaria que deba recibir.

Sección 5.ª Tránsitos e incidencias

ART. 39. Tránsitos.

1. Cuando los conducidos tengan que pernoctar, en condición de tránsitos en un centro penitenciario, serán alojados, siempre que sea posible, en celdas o dependencias destinadas al efecto, con separación del resto de la población reclusa.

2. De igual modo, cuando por causa de fuerza mayor no pudiera la conducción llegar a su destino, el Jefe de la fuerza conductora podrá instar, mediante petición escrita, la admisión de los reclusos en el centro penitenciario más próximo, cuyo Director dará cuenta de dicha circunstancia al centro directivo y a la autoridad judicial que recabó el traslado del recluso.

ART. 40. Incidencias.

1. Si por razón de enfermedad del interno u otra causa justificada no pudiera hacerse cargo del mismo la fuerza conductora, ni hubiera sido factible avisar de la incidencia con antelación suficiente, se hará entrega de escrito justificativo al Jefe de la fuerza por parte del establecimiento, dándose cuenta seguidamente en la forma expresada en el artículo anterior.

2. Desaparecida la causa que motivó la demora, el Director del centro realizará las gestiones precisas para que se lleve a cabo la conducción suspendida.

CAPÍTULO IV
Relaciones con el exterior

Sección 1.ª Comunicaciones y visitas

Ver art. 51-53 LGPe.

ART. 41. Reglas generales.

1. Los internos tienen derecho a comunicar periódicamente, de forma oral y escrita, en su propia lengua, con sus familiares, amigos y representantes acreditados de organismos e instituciones de cooperación penitenciaria, salvo en los casos de incomunicación judicial.

2. Con arreglo a lo dispuesto en el artículo 51 de la Ley Orgánica General Penitenciaria, estas comunicaciones se celebrarán de manera que se respete al máximo la intimidad y no tendrán más restricciones, en cuanto a las personas y al modo, que las impuestas por razones de seguridad, de interés del tratamiento y del buen orden del establecimiento.

3. Todo interno tiene derecho a comunicar inmediatamente a su familia y abogado su ingreso en un centro penitenciario, así como su traslado a otro establecimiento en el momento del ingreso.

4. Las comunicaciones ordinarias y extraordinarias que se efectúen durante las visitas que reciba el interno, se anotarán en un libro de registro, en el que se hará constar el día y hora de la comunicación, el nombre del interno, y el nombre, domicilio y reseña del documento oficial de identidad de los visitantes, así como la relación de éstos con el interno.

5. Las visitas de los familiares al interno enfermo se regularán por lo dispuesto en los artículos 216 y 217 de este Reglamento.

6. Además de las comunicaciones ordinarias señaladas en el horario de este servicio, se podrán conceder otras de carácter extraordinario como recompensa y por urgentes e importantes motivos debidamente justificados en cada caso.

7. Las comunicaciones y visitas se organizarán de forma que satisfagan las necesidades especiales de los reclusos extranjeros, a los que se aplicarán, en igualdad de condiciones con los nacionales, las reglas generales establecidas en este artículo.

8. Las comunicaciones reguladas en esta sección podrán llevarse a cabo mediante el uso de tecnologías de la información y comunicación y sistemas de videoconferencia, en función de las posibilidades materiales y técnicas de cada centro penitenciario. Estas comunicaciones se llevarán a cabo conforme a los principios vigentes en cada momento en materia de seguridad digital y protección de datos.

Apdo. 8 se añade por Real Decreto 268/2022, de 12 de abril, por el que se modifica el Real Decreto 190/1996, de 9 de febrero, por el que se aprueba el Reglamento Penitenciario. (BOE de 13/04/2022).

ART. 42. Comunicaciones orales.

Las comunicaciones orales de los internos se ajustarán a las siguientes normas:

1.ª El Consejo de Dirección fijará, preferentemente durante los fines de semana, los días en que puedan comunicar los internos, de manera que tengan, como mínimo, dos comunicaciones a la semana, y cuantas permita el horario de trabajo los penados clasificados en tercer grado.

2.ª El horario destinado a este servicio será suficiente para permitir una comunicación de veinte minutos de duración como mínimo, no pudiendo comunicar más de cuatro personas simultáneamente con el mismo interno.

3.ª Si las circunstancias del establecimiento lo permitieran, se podrá autorizar a los internos a que acumulen en una sola visita semanal el tiempo que hubiera correspondido normalmente a dos de dichas visitas.

4.ª Las dificultades en los desplazamientos de los familiares se tendrán en cuenta en la organización de las visitas.

5.ª Los familiares deberán acreditar el parentesco con los internos y los visitantes que no sean familiares habrán de obtener autorización del Director del establecimiento para poder comunicar.

ART. 43. Restricciones e intervenciones.

1. Cuando, a tenor de lo establecido en el artículo 51 de la Ley Orgánica General Penitenciaria, las comunicaciones orales deban ser restringidas en cuanto a las personas, intervenidas o denegadas, el Director del establecimiento, con informe previo de la Junta de Tratamiento si la restricción, intervención o denegación se fundamenta en el tratamiento, lo acordará así en resolución motivada, que se notificará al interno, dando cuenta al Juez de Vigilancia en el caso de penados o a la autoridad judicial de la que dependa si se trata de detenidos o presos.

2. En los casos de intervención, los comunicantes que no vayan a expresarse en castellano o en la lengua cooficial de la respectiva Comunidad Autónoma, advertirán de ello con anterioridad al Director del centro, que adoptará las medidas oportunas para que la comunicación pueda intervenirse adecuadamente.

Ver art. 51 LGPe.

ART. 44. Suspensión de comunicaciones orales.

1. El Jefe de Servicios podrá ordenar la suspensión de las comunicaciones orales, por propia iniciativa o a propuesta del funcionario encargado del servicio, en los siguientes casos:

a) Cuando existan razones fundadas para creer que los comunicantes puedan estar preparando alguna actuación delictiva o que atente contra la convivencia o la seguridad del establecimiento, o que estén propagando noticias falsas que perjudiquen o puedan perjudicar gravemente a la seguridad o al buen orden del establecimiento.

b) Cuando los comunicantes no observen un comportamiento correcto.

2. El Jefe de Servicios dará cuenta inmediata de la suspensión al Director del centro y éste, a su vez, si ratifica la medida en resolución motivada, deberá dar cuenta al Juez de Vigilancia en el mismo día o al día siguiente.

Ver art. 51 LGPe.

ART. 45. Comunicaciones íntimas, familiares y de convivencia.

1. Todos los establecimientos penitenciarios dispondrán de locales especialmente adecuados para las visitas familiares o de allegados de aquellos internos que no disfruten de permisos ordinarios de salida.

2. Los Consejos de Dirección establecerán los horarios de celebración de estas visitas.

3. Los familiares o allegados que acudan a visitar a los internos en las comunicaciones previstas en este artículo no podrán ser portadores de bolsos o paquetes, ni llevar consigo a menores cuando se trate de comunicaciones íntimas.

4. Previa solicitud del interno, se concederá una comunicación íntima al mes como mínimo, cuya duración no será superior a tres horas ni inferior a una, salvo que razones de orden o de seguridad del establecimiento lo impidan.

5. Previa solicitud del interesado, se concederá, una vez al mes como mínimo, una comunicación con sus familiares y allegados, que se celebrará en locales adecuados y cuya duración no será superior a tres horas ni inferior a una.

6. Se concederán, previa solicitud del interesado, visitas de convivencia a los internos con su cónyuge o persona ligada por semejante relación de afectividad e hijos que no superen los diez años de edad. Estas comunicaciones, que serán compatibles con las previstas en el artículo 42 y en los apartados 4 y 5 de este artículo, se celebrarán en locales o recintos adecuados y su duración máxima será de seis horas.

7. En las comunicaciones previstas en los apartados anteriores se respetará al máximo la intimidad de los comunicantes. Los cacheos con desnudo integral de los visitantes únicamente podrán llevarse a cabo por las razones y en la forma establecidas en el artículo 68 debidamente motivadas. En caso de que el visitante se niegue a realizar el cacheo, la comunicación no se llevará a cabo, sin perjuicio de las medidas que pudieran adoptarse por si los hechos pudieran ser constitutivos de delito.

Apdo. 6: ver art. 38.3 LGPe.

Ver art. 53 LGPe.

ART. 46. Comunicaciones escritas.

La correspondencia de los internos se ajustará a las siguientes normas:

1.ª No se establecerán limitaciones en cuanto al número de cartas o telegramas que puedan recibir y remitir los internos, salvo cuando hayan de ser intervenidas por las mismas razones que las comunicaciones orales. En este caso, el número de las que puedan escribir semanalmente será el indicado en la norma 1.ª del artículo 42.

2.ª Toda la correspondencia que los internos expidan, salvo en los supuestos de intervención, se depositará en sobre cerrado donde conste siempre el nombre y apellidos del remitente y se registrará en el libro correspondiente.

3.ª Las cartas que expidan los internos cuyo peso o volumen excedan de lo normal y que induzcan a sospecha podrán ser devueltas al remitente por el funcionario encargado del registro para que en su presencia sean introducidas en otro sobre, que será facilitado por la Administración. En la misma forma se procederá cuando existan dudas respecto a la identidad del remitente.

4.ª La correspondencia que reciban los internos, después de ser registrada en el libro correspondiente, será entregada a los destinatarios por el funcionario encargado de este servicio o por el de la dependencia donde se encuentre el interno, previa apertura por el funcionario en presencia del destinatario a fin de comprobar que no contiene objetos prohibidos.

5.ª En los casos en que, por razones de seguridad, del buen orden del establecimiento o del interés del tratamiento, el Director acuerde la intervención de las comunicaciones escritas, esta decisión se comunicará a los internos afectados y también a la autoridad judicial de que dependa si se trata de detenidos o presos, o al Juez de Vigilancia si se trata de penados. Cuando el idioma utilizado no pueda ser traducido en el establecimiento, se remitirá el escrito al centro directivo para su traducción y curso posterior.

6.ª Las comunicaciones escritas entre los internos y su Abogado defensor o Procurador sólo podrán ser intervenidas por orden de la autoridad judicial.

No obstante, cuando los internos tengan intervenidas las comunicaciones ordinarias y se dirijan por escrito a alguna persona manifestando que es su Abogado defensor o Procurador, dicha correspondencia se podrá intervenir, salvo cuando haya constancia expresa en el expediente del interno de que dicha persona es su Abogado o Procurador, así como de la dirección del mismo.

7.ª La correspondencia entre los internos de distintos centros penitenciarios podrá ser intervenida mediante resolución motivada del Director y se cursará a través de la Dirección del establecimiento de origen. Efectuada dicha intervención se notificará al interno y se pondrá en conocimiento del Juez de Vigilancia. Estas intervenciones se limitarán exclusivamente a la correspondencia entre internos sin que afecte al resto de las comunicaciones escritas.

ART. 47. Comunicaciones telefónicas.

1. Podrá autorizarse la comunicación telefónica de los internos en los siguientes casos:

a) Cuando los familiares residan en localidades alejadas o no puedan desplazarse para visitar al interno.

b) Cuando el interno haya de comunicar algún asunto importante a sus familiares, al Abogado defensor o a otras personas.

2. El interno que, concurriendo los requisitos del apartado anterior, desee comunicar telefónicamente con otra persona, lo solicitará al Director del establecimiento.

3. El Director, previa comprobación de los mencionados requisitos, autorizará, en su caso, la comunicación y señalará la hora en que deba celebrarse.

4. Las comunicaciones telefónicas se efectuarán, en función de las circunstancias de cada establecimiento, garantizando una frecuencia mínima de cinco llamadas por semana; su duración vendrá determinada en las normas de régimen interior del centro penitenciario, no siendo inferior a cinco minutos. El importe de la llamada será satisfecho por el interno, salvo cuando se trate de la comunicación prevista en el artículo 41.3 de este reglamento.

5. Salvo casos excepcionales, libremente apreciados por el Director del establecimiento, no se permitirán llamadas desde el exterior a los internos.

6. Las comunicaciones telefónicas entre internos de distintos establecimientos podrán ser intervenidas mediante resolución motivada del Director en la forma y con los efectos previstos en la norma 7.ª del artículo 46.

Apdo. 4 se modifica por Real Decreto 268/2022, de 12 de abril, por el que se modifica el Real Decreto 190/1996, de 9 de febrero, por el que se aprueba el Reglamento Penitenciario. (BOE de 13/04/2022).

ART. 48. Comunicaciones con Abogados y Procuradores.

1. Las comunicaciones de los internos con sus Abogados defensores y con los Procuradores que los representen se celebrarán de acuerdo con las siguientes reglas:

1.ª Se identificará al comunicante mediante la presentación del documento oficial que le acredite como Abogado o Procurador en ejercicio.

2.ª El comunicante habrá de presentar además un volante de su respectivo Colegio, en el que conste expresamente su condición de defensor o de representante del interno en las causas que se siguieran contra el mismo o como consecuencia de las cuales estuviera cumpliendo condena. En los supuestos de terrorismo o de internos pertenecientes a bandas o grupos armados, el volante deberá ser expedido por la autoridad judicial que conozca de las correspondientes causas, sin perjuicio de lo dispuesto en el artículo 520 de la Ley de Enjuiciamiento Criminal.

3.ª Estas comunicaciones se registrarán por orden cronológico en el libro correspondiente, consignándose el nombre y apellidos de los comunicantes del interno, el número de la causa y el tiempo de duración de la visita y se celebrarán en locutorios especiales, en los que quede asegurado que el control del funcionario encargado del servicio sea solamente visual.

2. En las mismas condiciones señaladas en el apartado anterior, se autorizará la comunicación de los Abogados y Procuradores cuando, antes de personarse en la causa como defensores o representantes, hayan sido llamados expresamente por los internos a través de la Dirección del establecimiento o por los familiares de aquéllos, debiendo acreditarse dicho extremo mediante la presentación del volante del Colegio en el que conste tal circunstancia.

3. Las comunicaciones de los internos con el Abogado defensor o con el Abogado expresamente llamado en relación con asuntos penales, así como con los Procuradores que los representen, no podrán ser suspendidas o intervenidas, en ningún caso, por decisión administrativa. La suspensión o la intervención de estas comunicaciones sólo podrá realizarse previa orden expresa de la autoridad judicial.

4. Las comunicaciones con otros Letrados que no sean los mencionados en los apartados anteriores, cuya visita haya sido requerida por el interno, se celebrarán en los mismos locutorios especiales y se ajustarán a las normas generales del artículo 41. En el caso de que dichos letrados presenten autorización de la autoridad judicial correspondiente si el interno fuera un preventivo o del Juez de Vigilancia si se tratase de un penado, la comunicación se concederá en las condiciones prescritas en los anteriores apartados de este artículo.

ART. 49. Comunicaciones con autoridades o profesionales.

1. La comunicación de las autoridades judiciales o de los miembros del Ministerio Fiscal con los internos se verificará a la hora que aquéllos estimen pertinente y en locales adecuados. Para la notificación de las resoluciones judiciales se autorizará la comunicación con cualesquiera funcionarios de la Administración de Justicia, que deberán acreditar su condición de tales y que son enviados por la autoridad judicial de la que dependen.

2. Las comunicaciones orales y escritas de los internos con el Defensor del Pueblo o sus Adjuntos o delegados o con instituciones análogas de las Comunidades Autónomas, Autoridades judiciales y miembros del Ministerio Fiscal no podrán ser suspendidas, ni ser objeto de intervención o restricción administrativa de ningún tipo.

3. Los internos extranjeros podrán comunicar, en locales apropiados, con los representantes diplomáticos o consulares de su país, o con las personas que las respectivas Embajadas o Consulados indiquen, previa autorización del Director del Establecimiento, y con aplicación en todo caso de las normas generales establecidas sobre número de comunicaciones y requisitos de las mismas en el artículo 41.

4. A los súbditos de países que no tengan representante diplomático o consular, así como a los refugiados y a los apátridas, les serán concedidas comunicaciones en las mismas condiciones con el representante del Estado que se haya hecho cargo de sus intereses o con la Autoridad nacional o internacional que tenga por misión protegerlos, o con las personas en quienes aquéllos deleguen.

5. Los Notarios, Médicos, Ministros de Culto y otros profesionales acreditados, cuya presencia haya sido solicitada por algún interno por conducto de la Dirección del Establecimiento para la realización de las funciones propias de su respectiva profesión, podrán ser autorizados para comunicar con aquél en local apropiado.

Sección 2.ª Recepción de paquetes y encargos

ART. 50. Paquetes y encargos.

1. En todos los Establecimientos existirá una dependencia para la recogida, control y registro de los paquetes destinados a los internos o que éstos envíen al exterior. El Consejo de Dirección acordará los días y horas de recepción y recogida de paquetes, tanto de entrada como de salida.

2. Todos los paquetes deberán ser entregados personalmente en la dependencia habilitada al efecto.

3. La recepción de paquetes dirigidos a los internos se llevará a cabo previa comprobación por el funcionario del documento de identidad de quien lo deposita, a quien se pedirá relación detallada del contenido, registrando en el Libro correspondiente tanto el nombre del interno destinatario como el nombre, domicilio y número del documento de identidad de quien lo entrega. Una vez practicada la anotación, se procederá a un minucioso registro de todos los elementos integrantes de su contenido, así como a controlar las condiciones higiénicas de los objetos que reciba el interno y demás elementos. De la misma forma se controlará el contenido de los paquetes de salida antes de entregarlos al destinatario en el exterior. En ambos casos, se procederá, respecto de los objetos no autorizados, en la forma prescrita en el artículo siguiente.

4. Una vez distribuidos en las diferentes dependencias, el funcionario encargado de este servicio procederá a hacer entrega de los paquetes o envíos a los internos, que firmarán el recibí correspondiente.

5. El número de paquetes que pueden recibir los internos es de dos al mes, salvo en los Establecimientos o departamentos de régimen cerrado, que será de uno al mes. El peso de cada paquete no excederá de cinco kilogramos, no computándose dentro de dicho peso máximo los libros y publicaciones, ni tampoco la ropa.

ART. 51. Artículos y objetos no autorizados.

1. Se consideran artículos u objetos no autorizados todos aquellos que puedan suponer un peligro para la seguridad, la ordenada convivencia o la salud, las drogas tóxicas, estupefacientes y sustancias psicotrópicas salvo prescripción facultativa, los que contengan alcohol y los productos alimenticios, así como los que exijan para su control una manipulación que implique riesgo de deterioro y los expresamente prohibidos por las normas de régimen interior del Establecimiento.

2. Los artículos u objetos cuya entrada no se autorice deberán ser recogidos de inmediato por el remitente, salvo que se descubran cuando éste ya no se encuentre en las inmediaciones del Establecimiento, en cuyo caso, se notificará esta circunstancia al remitente en el domicilio que conste en el Libro correspondiente. Los artículos u objetos intervenidos quedarán almacenados hasta que sean reclamados, destruyéndose los productos perecederos.

3. Transcurrido un plazo de tres meses desde su recepción, se colocará una relación de tales artículos u objetos en el tablón de anuncios al público, invitando a que los mismos sean retirados, con la advertencia de que, transcurridos quince días desde la publicación, se procederá a su destrucción, salvo lo dispuesto para los objetos de valor en el artículo 317 de este Reglamento.

4. Las drogas tóxicas, estupefacientes y sustancias psicotrópicas ocupadas se remitirán a la Autoridad sanitaria competente, notificándolo a la Autoridad judicial correspondiente.

CAPÍTULO V
Información, quejas y recursos

ART. 52. Información.

1. Los internos recibirán a su ingreso información escrita sobre sus derechos y deberes, el régimen del Establecimiento, las normas disciplinarias y los medios para formular peticiones, quejas y recursos. Con este fin, se les entregará un ejemplar de la cartilla o folleto informativo general y de las normas de régimen interior del Centro penitenciario de que se trate, que el Centro Directivo de la Administración Penitenciaria correspondiente editará necesariamente en castellano y en la lengua cooficial de la Comunidad Autónoma donde radique el Centro penitenciario.

2. A los internos extranjeros se les informará, además, de la posibilidad de solicitar la aplicación de tratados o convenios internacionales suscritos por España para el traslado a otros países de personas condenadas, así como de la sustitución de las penas impuestas o a imponer por la medida de expulsión del territorio nacional, en los casos y con las condiciones previstas por las leyes. Igualmente, se les facilitará la dirección y el número de teléfono de la representación diplomática acreditada en España del país correspondiente.

3. A estos efectos, el mencionado Centro Directivo procurará editar folletos de referencia en aquellos idiomas de grupos significativos de internos extranjeros en los Establecimientos españoles. A los extranjeros que desconozcan los idiomas en que se encuentre editado el folleto se les hará una traducción oral de su contenido por los funcionarios o internos que conozcan la lengua del interesado y, si fuese necesario, se recabará la colaboración de los servicios consulares del Estado a que aquél pertenezca.

4. En todo caso, a aquellos internos españoles o extranjeros que no puedan entender la información proporcionada por escrito, les será facilitada la misma por otro medio adecuado.

5. En el departamento de ingresos y en la Biblioteca de cada Establecimiento habrá, a disposición de los internos, varios ejemplares de la Ley Orgánica General Penitenciaria, del Reglamento Penitenciario y de las normas de régimen interior del Centro. La Administración procurará proporcionar a los internos extranjeros textos de la Ley Orgánica General Penitenciaria y de su Reglamento de desarrollo en la lengua propia de su país de origen, a cuyo fin recabará la colaboración de las autoridades diplomáticas correspondientes.

Ver art. 49 LGPe.

ART. 53. Peticiones y quejas ante la Administración penitenciaria.

1. Todo interno tiene derecho a formular, verbalmente o por escrito, peticiones y quejas sobre materias que sean competencia de la Administración Penitenciaria, pudiendo presentarlas, si así lo prefiere el interesado, en sobre cerrado, que se entregará bajo recibo.

2. Dichas peticiones y quejas podrán ser formuladas ante el funcionario encargado de la dependencia que al interno corresponda, ante el Jefe de Servicios o ante el Director del Centro o quien legalmente le sustituya. El Director o quien éste determine habrán de adoptar las medidas oportunas o recabar los informes que estimen convenientes y, en todo caso, hacer llegar aquéllas a las Autoridades u organismos competentes para resolverlas.

3. Las peticiones y quejas que formulen los internos quedarán registradas y las resoluciones que se adopten al respecto se notificarán por escrito a los interesados, con expresión de los recursos que procedan, plazos para interponerlos y órganos ante los que se han de presentar.

4. Asimismo, los internos podrán dirigir peticiones y quejas al Defensor del Pueblo, que no podrán ser objeto de censura de ningún tipo.

Ver art. 50 LGPe.

ART. 54. Quejas y recursos ante el Juez de Vigilancia.

1. Con independencia de lo dispuesto en el artículo anterior, los internos podrán formular directamente las peticiones o quejas o interponer recursos ante el Juez de Vigilancia Penitenciaria en los supuestos a que se refiere el artículo 76 de la Ley Orgánica General Penitenciaria.

2. Se entregará al interno o a su representante recibo o copia simple fechada y sellada de las quejas o recursos que formule.

3. Cuando el escrito de queja o de recurso se presente ante cualquier oficina de Registro de la Administración Penitenciaria, una vez entregado al interno o a su representante el correspondiente recibo o copia simple fechada y sellada, se remitirá, sin dilación y en todo caso en el plazo máximo de tres días, al Juez de Vigilancia Penitenciaria correspondiente.

Ver art. 50, 76.1 LGPe.

CAPÍTULO VI
Participación de los internos en las actividades de los establecimientos

Ver art. 24 LGPe.

ART. 55. Áreas de participación.

1. Los internos participarán en la organización del horario y de las actividades de orden educativo, recreativo, religioso, laboral, cultural o deportivo.

2. También se procurará la participación de los internos en el desenvolvimiento de los servicios alimentarios y de confección de racionados, de acuerdo con el artículo 24 de la Ley Orgánica General Penitenciaria y de lo que se establezca en las normas de desarrollo de este Reglamento.

3. El Consejo de Dirección, mediante resolución motivada, podrá ampliar la participación de los internos en otras áreas regimentales diferentes de las mencionadas en el apartado 1 de este artículo.

4. La participación de los internos en estas actividades en los Establecimientos de cumplimiento de régimen abierto y de régimen ordinario y en los de preventivos, se efectuará a través de Comisiones ajustándose a las normas que desarrollan los siguientes artículos.

Ver art. 25 LGPe.

ART. 56. Participación en régimen abierto.

1. En los Establecimientos de cumplimiento de régimen abierto podrán formarse tantas Comisiones cuantas sean las áreas de actividades que los Consejos de Dirección acuerden que deben participar los internos. En todo caso se constituirán tres Comisiones: La primera para la programación y desarrollo de las actividades educativas, culturales y religiosas; la segunda para las actividades recreativas y deportivas, y la tercera para las actividades laborales.

2. Cada Comisión estará integrada, al menos, por tres internos actuando como Presidente y Secretario de la misma los miembros que designe la propia Comisión en su primera reunión.

3. A las reuniones que celebren las Comisiones asistirá el Educador o empleado público que tenga a su cargo las actividades cuya programación y desarrollo vaya a ser objeto de estudio.

4. La elección de los internos que hayan de integrar las distintas Comisiones se llevará a cabo anualmente o, en su caso, cuando se incumpla el requisito previsto en el apartado 2 anterior.

5. Podrán presentarse como candidatos y participar como electores todos los internos clasificados en tercer grado de tratamiento.

6. La convocatoria y recepción de las candidaturas corresponderá al Consejo de Dirección del Establecimiento.

7. Cada interno elegirá dos de los candidatos presentados para cada uno de los órganos de participación.

8. La mesa que reciba los votos estará compuesta por el interno de más edad y el más joven, y presidida por uno de los Educadores del Establecimiento.

9. Del resultado de la votación se levantará acta, que se expondrá en el tablón de anuncios del Establecimiento.

ART. 57. Participación en régimen ordinario.

1. En los Establecimientos de preventivos y en los de cumplimiento ordinarios, las Comisiones serán las determinadas aplicando lo dispuesto en el artículo 56.1, debiendo estar compuestas, al menos, por un representante de cada una de las unidades de clasificación del Establecimiento, sin que en ningún caso el número de miembros pueda ser inferior a tres, ateniéndose en cuanto a la designación de Presidente y Secretario a lo establecido en el apartado 2 del artículo anterior. A sus reuniones asistirá el Educador o empleado público encargado de las actividades sobre las que vayan a tratar.

2. El Consejo de Dirección del Establecimiento anunciará la renovación de las Comisiones de internos que participen en las distintas actividades en períodos de un año o cuando una Comisión resulte con menos de tres internos miembros.

3. En cada una de las unidades de clasificación se instará a que los internos que deseen participar en el desarrollo de las actividades previstas lo comuniquen al funcionario encargado del departamento con la debida antelación.

4. El día señalado por el Consejo de Dirección se formará la mesa, que estará compuesta por el interno de más edad y el más joven y presidida por un funcionario de la unidad.

5. Los componentes de la mesa pasarán por las celdas del departamento recogiendo los votos de los internos, procediendo con posterioridad al recuento de los mismos y al anuncio de los resultados.

6. Todos los internos integrantes de cada unidad de clasificación podrán participar en la elección y podrán presentarse para ser elegidos en la misma, siempre que no hayan resultado elegidos en el plazo anterior de un año.

7. No podrán ser elegidos aquellos internos que tengan sanciones disciplinarias por faltas muy graves o graves sin cancelar.

ART. 58. Situaciones excepcionales.

1. Si ninguno de los internos que deseen participar en las Comisiones resultase elegido por más de un quince por ciento de los internos de la unidad, los Consejos de Dirección procederán a sortear entre los mismos para la designación de quienes hayan de colaborar en el desarrollo de las actividades durante el período de tiempo siguiente hasta una nueva convocatoria.

2. En caso de alteración del orden, los Consejos de Dirección podrán acordar suspender el proceso, así como cuando se tenga conocimiento de la existencia de irregularidades en la elección.

ART. 59. Comisiones sectoriales.

Cuando se trate de organizar la participación de los internos en una actividad sectorial que no afecte a la totalidad del Establecimiento, el Consejo de Dirección podrá limitar dicha participación a los internos afectados por la misma.

ART. 60. Organización de actividades.

Los internos, a través de sus representantes, podrán de acuerdo con las normas de régimen interior, organizar por sí mismos las actividades mencionadas o colaborar en su organización con los funcionarios encargados del área correspondiente.

ART. 61. Sugerencias.

1. Igualmente, podrán presentar los representantes de los internos toda clase de sugerencias, que deberán ser elevadas por el funcionario receptor al Director del Establecimiento.

2. La participación de los internos, a través de la correspondiente Comisión, en la programación y ejecución de las actividades laborales, se ajustará a lo previsto en el Capítulo IV del Título V de este Reglamento.

CAPÍTULO VII
De la participación y colaboración de las Organizaciones no gubernamentales

ART. 62. Entidades colaboradoras.

1. Las instituciones y asociaciones públicas y privadas dedicadas a la asistencia de los reclusos deberán presentar, para su aprobación por el Centro Directivo, la correspondiente solicitud de colaboración junto con el programa concreto de intervención penitenciaria que deseen desarrollar, en el que deberán constar expresamente los objetivos a alcanzar, su duración temporal, el colectivo de reclusos objeto de la intervención, la relación nominativa del voluntariado que vaya a participar en la ejecución del programa, así como los medios materiales y, en su caso, personales a utilizar y los indicadores y parámetros de evaluación del impacto y de los resultados del programa.

2. Aprobada la solicitud y el programa de colaboración por el Centro Directivo, previo informe de la Junta de Tratamiento del Centro penitenciario correspondiente, la institución o asociación colaboradora deberá inscribirse, para poder actuar, en el Registro Especial de Entidades Colaboradoras gestionado por el Centro Directivo, sin perjuicio, en su caso, de su previa constitución e inscripción en el Registro Público de Asociaciones correspondiente. La inscripción en el Registro Especial tendrá carácter meramente declarativo.

3. Finalizada la ejecución del programa de colaboración, la institución o asociación colaboradora elaborará un estudio de evaluación del impacto y resultados del programa que, junto con el informe de la Junta de Tratamiento del Establecimiento, se remitirán por el Director al Centro Directivo.

4. La Administración Penitenciaria fomentará, especialmente, la colaboración de las instituciones y asociaciones dedicadas a la resocialización y ayuda de los reclusos extranjeros, facilitando la cooperación de las entidades sociales del país de origen del recluso, a través de las Autoridades consulares correspondientes.

CAPÍTULO VIII
De la seguridad de los Establecimientos

Sección 1.ª Seguridad exterior

ART. 63. Competencia.

1. La seguridad exterior de los Establecimientos corresponde a las Fuerzas y Cuerpos de Seguridad del Estado o, en su caso, a los Cuerpos de Policía de las Comunidades Autónomas, los que, sin perjuicio de que se rijan por las normas de los Cuerpos respectivos, en materia de seguridad exterior de los Centros penitenciarios recibirán indicaciones de los Directores de los mismos.

2. Una vez practicado el relevo, el Jefe de la guardia exterior deberá presentarse al Director o funcionario que le sustituya para informarle de las incidencias del servicio. De igual forma procederá cuando durante el servicio se produzca algún hecho que, por su importancia, deba ser puesto inmediatamente en conocimiento del Director del Establecimiento.

Sección 2.ª Seguridad interior

ART. 64. Competencia.

La seguridad interior de los Establecimientos corresponde, salvo en los casos previstos en la disposición final primera de la Ley Orgánica General Penitenciaria, a los funcionarios de los Cuerpos de Instituciones Penitenciarias, con arreglo a los cometidos propios de cada uno y a la distribución de los servicios acordada por el Director del Establecimiento.

Ver D.F. 1.ª LGPe.

ART. 65. Medidas de seguridad interior.

1. Las actuaciones encaminadas a garantizar la seguridad interior de los establecimientos consistirán en la observación de los internos, los recuentos de población reclusa, los registros, los cacheos, las requisas, los controles, los cambios de celda, la asignación adecuada de destinos y las actividades y cautelas propias de las salidas tanto fuera de los módulos como fuera del establecimiento.

2. La intensidad de las medidas señaladas en el apartado anterior se ajustará a la potencial peligrosidad de los internos a que se apliquen, particularmente en los supuestos de internos pertenecientes a grupos terroristas, de delincuencia organizada o de peligrosidad extrema, respetándose, en todo caso, los principios a que se refiere el artículo 71.

3. Al fin señalado en el apartado anterior, la Administración penitenciaria podrá constituir grupos especializados de funcionarios.

Modificado por Real Decreto 419/2011, de 25 de marzo, por el que se modifica el Reglamento Penitenciario, aprobado por el Real Decreto 190/1996, de 9 de febrero. (BOE de 26-03-2011).

Apdo. 1: ver art. 23 LGPe.

ART. 66. Observación de los internos.

La observación de los internos estará encaminada al conocimiento de su comportamiento habitual y de sus actividades y movimientos dentro y fuera del departamento asignado, así como de sus relaciones con los demás internos y del influjo beneficioso o nocivo que, en su caso, ejercieren sobre los mismos. Si en dicha observación se detectaran hechos o circunstancias que pudieran ser relevantes para la seguridad del Establecimiento o el tratamiento de los internos, se elevarán los oportunos informes.

ART. 67. Recuentos.

1. Se realizarán diariamente los recuentos ordinarios de control de la población reclusa en los momentos de la jornada regimental que coincidan con los relevos del personal de vigilancia, que se fijen en el horario aprobado por el Consejo de Dirección del Establecimiento penitenciario.

2. También se efectuarán los recuentos extraordinarios que se ordenen por el Jefe de Servicios, comunicándolo a la Dirección, teniendo en cuenta la situación existente en el Centro o departamento en que se haya de practicar la medida, así como el comportamiento de los reclusos afectados por la misma.

3. Los recuentos ordinarios y extraordinarios se practicarán de forma que se garantice su rapidez y fiabilidad y sus resultados se reflejarán en parte escrito suscrito por los funcionarios que los hubiesen efectuado, que se dirigirá al Jefe de Servicios.

Ver art. 23 LGPe.

ART. 68. Registros, cacheos y requisas.

1. Se llevarán a cabo registros y cacheos de las personas, ropas y enseres de los internos y requisas de las puertas, ventanas, suelos, paredes y techos de las celdas o dormitorios, así como de los locales y dependencias de uso común.

2. Por motivos de seguridad concretos y específicos, cuando existan razones individuales y contrastadas que hagan pensar que el interno oculta en su cuerpo algún objeto peligroso o sustancia susceptible de causar daño a la salud o integridad física de las personas o de alterar la seguridad o convivencia ordenada del Establecimiento, se podrá realizar cacheo con desnudo integral con autorización del Jefe de Servicios.

3. El cacheo con desnudo integral se efectuará por funcionarios del mismo sexo que el interno, en lugar cerrado sin la presencia de otros internos y preservando, en todo lo posible, la intimidad.

4. Si el resultado del cacheo con desnudo integral fuese infructuoso y persistiese la sospecha, se podrá solicitar por el Director a la Autoridad judicial competente la autorización para la aplicación de otros medios de control adecuados.

5. De los registros, requisas, cacheos y controles citados se formulará parte escrito, que deberá especificar los cacheos con desnudo integral efectuados, firmado por los funcionarios que lo hayan efectuado y dirigido al Jefe de Servicios.

Ver art. 23 LGPe.

Apdo. 3: ver Real Decreto 1836/2008, de 8 de noviembre, por el que se establecen criterios para la aplicación de la integración de las extintas escalas masculina y femenina del Cuerpo de Ayudantes de Instituciones Penitenciarias.

ART. 69. Otros registros y controles.

Se procederá al registro y control de las personas autorizadas a comunicar con los internos, así como de quienes tengan acceso al interior de los Establecimientos para realizar algún trabajo o gestión dentro de los mismos, salvo en las visitas oficiales de las Autoridades. Asimismo, se efectuará un registro y control de los vehículos que entren o salgan del Establecimiento y de los paquetes y encargos que reciban o remitan los internos, conforme a lo establecido en el artículo 50 de este Reglamento.

ART. 70. Intervenciones.

1. Se intervendrá el dinero, alhajas, u objetos de valor no autorizados, así como los objetos que se entiendan peligrosos para la seguridad o convivencia ordenada o de ilícita procedencia.

2. Tratándose de objetos peligrosos o prohibidos se procederá a su retirada, de la que se dejará constancia por escrito, salvo en los casos en que deban ser remitidos a la Autoridad judicial competente, así como cuando se trate de objetos de valor, en cuyo caso se les dará el destino previsto en el artículo 317 de este Reglamento.

ART. 71. Principios generales.

1. Las medidas de seguridad se regirán por los principios de necesidad y proporcionalidad y se llevarán siempre a cabo con el respeto debido a la dignidad y a los derechos fundamentales, especialmente las que se practiquen directamente sobre las personas. Ante la opción de utilizar medios de igual eficacia, se dará preferencia a los de carácter electrónico.

2. Cuando los funcionarios, con ocasión de cualquiera de las medidas de seguridad enumeradas en los artículos anteriores, detecten alguna anomalía regimental o cualquier hecho o circunstancia indiciario de una posible perturbación de la vida normal del Centro, lo pondrán inmediatamente en conocimiento del Jefe de Servicios, sin perjuicio de que, en su caso, hagan uso de los medios coercitivos a que se refiere el artículo siguiente.

Sección 3.ª Medios coercitivos

ART. 72. Medios coercitivos.

1. Son medios coercitivos, a los efectos del artículo 45.1 de la Ley Orgánica General Penitenciaria, el aislamiento provisional, la fuerza física personal, las defensas de goma, los aerosoles de acción adecuada y las esposas. Su uso será proporcional al fin pretendido, nunca supondrá una sanción encubierta, y sólo se aplicarán cuando no exista otra manera menos gravosa para conseguir la finalidad perseguida y por el tiempo estrictamente necesario.

2. No podrán ser aplicados los expresados medios coercitivos a las internas mencionadas en el artículo 254.3 del presente Reglamento ni a los enfermos convalecientes de enfermedad grave, salvo en los casos en los que de la actuación de aquéllos pudiera derivarse un inminente peligro para su integridad o para la de otras personas. Cuando se aplique la medida de aislamiento provisional el interno será visitado diariamente por el Médico.

3. La utilización de los medios coercitivos será previamente autorizada por el Director, salvo que razones de urgencia no lo permitan, en cuyo caso se pondrá en su conocimiento inmediatamente. El Director comunicará inmediatamente al Juez de Vigilancia la adopción y cese de los medios coercitivos, con expresión detallada de los hechos que hubieran dado lugar a dicha utilización y de las circunstancias que pudiesen aconsejar su mantenimiento.

4. Los medios materiales coercitivos serán depositados en aquel lugar o lugares que el Director entienda idóneos, y su cuantía y estado se reflejará en libro oficial.

5. En los casos de graves alteraciones del orden con peligro inminente para las personas o para las instalaciones, el Director con carácter provisional podrá recabar el auxilio de las Fuerzas de Seguridad de guardia en el Establecimiento, quienes en caso de tener que utilizar las armas de fuego lo harán por los mismos motivos y con las mismas limitaciones que establece la legislación de Fuerzas y Cuerpos de Seguridad del Estado, sin perjuicio de lo dispuesto en la disposición final primera de la Ley Orgánica General Penitenciaria.

Ver art. 45, D.F. 1.ª LGPe.

TÍTULO III
Del Régimen de los Establecimientos Penitenciarios

Ver art. 7 LGPe.

CAPÍTULO I
Disposiciones generales

ART. 73. Concepto y fines del régimen penitenciario.

1. Por régimen penitenciario se entiende el conjunto de normas o medidas que persiguen la consecución de una convivencia ordenada y pacífica que permita alcanzar el ambiente adecuado para el éxito del tratamiento y la retención y custodia de los reclusos.

2. Las funciones regimentales de seguridad, orden y disciplina son medios para alcanzar los fines indicados, debiendo ser siempre proporcionadas al fin que persiguen, y no podrán significar un obstáculo para la ejecución de los programas de tratamiento e intervención de los reclusos.

3. Las actividades integrantes del tratamiento y del régimen, aunque regidas por un principio de especialización, deben estar debidamente coordinadas.

ART. 74. Tipos de régimen.

1. El régimen ordinario se aplicará a los penados clasificados en segundo grado, a los penados sin clasificar y a los detenidos y presos.

2. El régimen abierto se aplicará a los penados clasificados en tercer grado que puedan continuar su tratamiento en régimen de semilibertad.

3. El régimen cerrado se aplicará a los penados clasificados en primer grado por su peligrosidad extrema o manifiesta inadaptación a los regímenes comunes anteriores y a los preventivos en quienes concurran idénticas circunstancias.

Ver art. 72 LGPe.

ART. 75. Limitaciones regimentales y medidas de protección personal.

1. Los detenidos, presos y penados no tendrán otras limitaciones regimentales que las exigidas por el aseguramiento de su persona y por la seguridad y el buen orden de los Establecimientos, así como las que aconseje su tratamiento o las que provengan de su grado de clasificación.

2. En su caso, a solicitud del interno o por propia iniciativa, el Director podrá acordar mediante resolución motivada, cuando fuere preciso para salvaguardar la vida o integridad física del recluso, la adopción de medidas que impliquen limitaciones regimentales, dando cuenta al Juez de Vigilancia.

3. Mediante acuerdo motivado, el Consejo de Dirección, en el caso de los detenidos y presos, o la Junta de Tratamiento, en el caso de penados, propondrán al Centro Directivo el traslado del recluso a otro Establecimiento de similares características para posibilitar el

levantamiento de las limitaciones regimentales exigidas por el aseguramiento de su persona a que se refiere el apartado anterior.

4. Los acuerdos de traslado se comunicarán, en el caso de los detenidos y presos, a la Autoridad judicial de que dependan y, en el caso de los penados, al Juez de Vigilancia correspondiente.

CAPÍTULO II
Régimen ordinario

ART. 76. Normas generales.

1. En los Establecimientos de régimen ordinario los principios de seguridad, orden y disciplina tendrán su razón de ser y su límite en el logro de una convivencia ordenada.

2. La separación interior de la población reclusa, conforme a los criterios establecidos en el artículo 16 de la Ley Orgánica General Penitenciaria, se ajustará a las necesidades o exigencias del tratamiento, a los programas de intervención y a las condiciones generales del Centro.

3. El trabajo y la formación tendrán la consideración de actividad básica en la vida del Centro.

Apdo. 2: ver art. 16 LGPe.

Apdo. 3: ver art. 26 LGPe.

ART. 77. Horarios.

1. El Consejo de Dirección aprobará y dará a conocer entre la población reclusa el horario que debe regir en el Centro, señalando las actividades obligatorias para todos y aquéllas otras de carácter optativo y de libre elección por parte de los internos.

2. En cualquier caso, se garantizarán ocho horas de descanso nocturno, un mínimo de dos horas para que el interno pueda dedicarlas a asuntos propios y tiempo suficiente para atender a las actividades culturales y terapéuticas y a los contactos con el mundo exterior.

3. Igualmente el Consejo de Dirección aprobará mensualmente el calendario de actividades previsto para el mes siguiente con indicación expresa de los días y horas de su realización, y de los internos a quienes afecte, en el caso de que no afectara a la totalidad de internos del Centro. Este calendario será puesto en conocimiento de los internos y estará expuesto permanentemente en lugar visible para los mismos.

4. El horario aprobado por el Consejo de Dirección, así como el calendario mensual de actividades será puesto en conocimiento del Centro Directivo para su ratificación o reforma, antes del día quince del mes anterior a aquel a que se refiera.

5. Asimismo, vendrá obligado a difundir entre los internos, con la periodicidad que se determine en las normas de régimen interior, aquellas actividades no regulares que se organicen en el Establecimiento.

Ver art. 25 LGPe.

ART. 78. Prestaciones personales obligatorias.

1. Todos los reclusos están obligados a respetar el horario del Centro, así como a cumplir y a colaborar con las medidas de higiene y sanitarias que se adopten, procurando que las instalaciones se encuentren siempre limpias y haciendo un buen uso de las mismas.

2. Conforme a lo establecido en el artículo 29.2 de la Ley Orgánica General Penitenciaria, los internos vendrán obligados a realizar las prestaciones personales necesarias para el mantenimiento del buen orden, la limpieza y la higiene en los Establecimientos.

Ver art. 22.2, 25, 29.2 LGPe; Ver arts. 221-226 de este Reglamento.

ART. 79. Participación de los internos.

El Consejo de Dirección fomentará la participación de los internos en los casos y con las condiciones establecidas en el Capítulo VI del Título II.

CAPÍTULO III
Régimen abierto

ART. 80. Clases de Establecimientos de régimen abierto.

1. Los Establecimientos de régimen abierto pueden ser de los siguientes tipos:
a) Centros Abiertos o de Inserción Social.
b) Secciones Abiertas.
c) Unidades Dependientes.
2. El Centro Abierto es un Establecimiento penitenciario dedicado a internos clasificados en tercer grado de tratamiento.
3. La Sección Abierta depende administrativamente de un Establecimiento penitenciario polivalente, del que constituye la parte destinada a internos clasificados en tercer grado de tratamiento.
4. Las Unidades Dependientes, reguladas en los artículos 165 a 167 de este Reglamento, consisten en instalaciones residenciales situadas fuera de los recintos penitenciarios e incorporadas funcionalmente a la Administración Penitenciaria, mediante la colaboración de las entidades públicas o privadas prevista en el artículo 62 de este Reglamento, para facilitar el logro de objetivos específicos de tratamiento penitenciario de internos clasificados en tercer grado.

ART. 81. Criterios de destino.

1. El régimen de estos Establecimientos será el necesario para lograr una convivencia normal en toda colectividad civil, fomentando la responsabilidad y siendo norma general la ausencia de controles rígidos que contradigan la confianza que inspira su funcionamiento.
2. La ejecución del programa individualizado de tratamiento determinará el destino concreto del interno a los Centros o Secciones Abiertas o Centros de Inserción Social, tomando en consideración, especialmente, las posibilidades de vinculación familiar del interno y su posible repercusión en el mismo.
3. A las Unidades Dependientes, podrán ser destinados por el Centro Directivo, a propuesta de la Junta de Tratamiento, aquellos internos que, previa aceptación expresa de las normas de funcionamiento, se adecuen a los objetivos específicos del programa establecido.

ART. 82. Régimen abierto restringido.

1. En los casos de penados clasificados en tercer grado con una peculiar trayectoria delictiva, personalidad anómala o condiciones personales diversas, así como cuando exista imposibilidad de desempeñar un trabajo en el exterior o lo aconseje su tratamiento penitenciario, la Junta de Tratamiento podrá establecer la modalidad de vida en régimen abierto adecuada para estos internos y restringir las salidas al exterior, estableciendo las condiciones, controles y medios de tutela que se deban observar, en su caso, durante las mismas.
2. A los efectos del apartado anterior, en el caso de mujeres penadas clasificadas en tercer grado, cuando se acredite que existe imposibilidad de desempeñar un trabajo remunerado en el exterior, pero conste, previo informe de los servicios sociales correspondientes, que va a desempeñar efectivamente las labores de trabajo doméstico en su domicilio familiar, se considerarán estas labores como trabajo en el exterior.
3. La modalidad de vida a que se refiere este artículo tendrá como objetivo ayudar al interno a que inicie la búsqueda de un medio de subsistencia para el futuro o, en su defecto, encontrar alguna asociación o institución pública o privada para su apoyo o acogida en el momento de su salida en libertad.
4. Esta modalidad de vida se asimilará, lo máximo posible, a los principios del régimen abierto a que se refiere el artículo siguiente.

ART. 83. Objetivos y principios del régimen abierto.

1. La actividad penitenciaria en régimen abierto tiene por objeto potenciar las capacidades de inserción social positiva que presentan los penados clasificados en tercer grado, realizando las tareas de apoyo y de asesoramiento y la cooperación necesaria para favorecer su incorporación progresiva al medio social.
2. El ejercicio de estas funciones se regirá por los siguientes principios:
a) Atenuación de las medidas de control, sin perjuicio del establecimiento de programas de seguimiento y evaluación de las actividades realizadas por los internos dentro y fuera del Establecimiento.

b) Autorresponsabilidad, mediante el estímulo de la participación de los internos en la organización de las actividades.

c) Normalización social e integración, proporcionando al interno, siempre que sea posible, atención a través de los servicios generales de la comunidad para facilitar su participación plena y responsable en la vida familiar, social y laboral.

d) Prevención para tratar de evitar la desestructuración familiar y social.

e) Coordinación con cuantos organismos e instituciones públicas o privadas actúen en la atención y reinserción de los reclusos, promoviendo criterios comunes de actuación para conseguir su integración en la sociedad.

ART. 84. Modalidades de vida en régimen abierto.

1. Las normas de organización y funcionamiento de los Establecimientos de régimen abierto serán elaboradas por la Junta de Tratamiento y aprobadas por el Centro Directivo.

2. En los Establecimientos de régimen abierto se podrán establecer, a propuesta de la Junta de Tratamiento, distintas modalidades en el sistema de vida de los internos, según las características de éstos, de su evolución personal, de los grados de control a mantener durante sus salidas al exterior y de las medidas de ayuda que necesiten para atender a sus carencias.

3. Se establecerán modalidades de vida específicas para atender y ayudar a aquellos internos que en el momento de acceder al tercer grado no dispongan de recursos suficientes para desarrollar una actividad estable en el exterior o tengan carencias importantes en el apoyo familiar o social que dificulten su integración.

ART. 85. Ingreso en un Establecimiento de régimen abierto.

1. Al ingresar el interno en un Establecimiento de régimen abierto mantendrá una entrevista con un profesional del Centro, quien le informará de las normas de funcionamiento que rijan en la unidad, de cómo poder utilizar los servicios y recursos, de los horarios y de todos aquellos aspectos que regulen la convivencia del Centro.

2. Un miembro del Equipo Técnico mantendrá una entrevista con el interno y, en un breve período de tiempo, el Equipo adoptará las decisiones más adecuadas para el desarrollo de lo establecido en el programa de tratamiento diseñado por la Junta de Tratamiento.

ART. 86. Salidas del Establecimiento.

1. Los internos podrán salir del Establecimiento para desarrollar las actividades laborales, formativas, familiares, de tratamiento o de otro tipo, que faciliten su integración social.

2. Estas salidas deberán ser planificadas y reguladas por la Junta de Tratamiento, señalando los mecanismos de control y seguimiento que se consideren necesarios, de acuerdo con lo establecido en el programa de tratamiento.

3. El horario y la periodicidad de las salidas autorizadas serán los necesarios para realizar la actividad y para los desplazamientos.

4. En general, el tiempo mínimo de permanencia en el Centro será de ocho horas diarias, debiendo pernoctarse en el Establecimiento, salvo cuando, de modo voluntario, el interno acepte el control de su presencia fuera del Centro mediante dispositivos telemáticos adecuados proporcionados por la Administración Penitenciaria u otros mecanismos de control suficiente, en cuyo caso sólo tendrán que permanecer en el Establecimiento durante el tiempo fijado en su programa de tratamiento para la realización de actividades de tratamiento, entrevistas y controles presenciales.

Apdo. 3: ver art. 25 LGPe.

Apdo. 4: ver Instrucción 13/2006, de 26 de agosto, sobre aplicación del art. 86.4 del Reglamento Penitenciario.

ART. 87. Salidas de fin de semana.

1. La Junta de Tratamiento regulará, de forma individualizada, en función de la modalidad de vida establecida para cada interno, de su evolución en el tratamiento y de las garantías de control necesarias, las salidas de fin de semana de los internados en Establecimientos de régimen abierto.

2. Como norma general, estos internos disfrutarán de salidas de fin de semana, como máximo, desde las dieciséis horas del viernes hasta las ocho horas del lunes.

3. También podrán disfrutar de los días festivos establecidos en el calendario oficial de la localidad donde esté situado el Establecimiento. Cuando los días festivos sean consecutivos al fin de semana, la salida se ampliará en veinticuatro horas por cada día festivo.

4. Sin perjuicio de lo dispuesto en los apartados anteriores, el Centro Directivo podrá aprobar salidas de fin de semana con horarios diferentes a los indicados.

Apdo. 4: ver art. 25 LGPe.

ART. 88. Asistencia sanitaria.

1. Como regla general, los internos en régimen abierto recibirán la asistencia sanitaria que precisen a través de la red sanitaria pública extrapenitenciaria.

2. La Administración Penitenciaria velará para que los internos utilicen correctamente estos servicios y cuiden su salud, como un aspecto muy importante en su rehabilitación y, con este fin, planificará y ejecutará programas de prevención y educación para la salud.

3. Los servicios médicos del Establecimiento efectuarán el seguimiento necesario y dispondrán la coordinación precisa de los servicios sanitarios de la institución con los del exterior, en el marco de los convenios suscritos por la Administración Penitenciaria a tal fin. Los trabajadores sociales del Centro ayudarán y orientarán a los internos en la realización de los trámites necesarios para utilizar la red sanitaria pública extrapenitenciaria.

Ver art. 11 LGPe.

CAPÍTULO IV
Régimen cerrado

Ver art. 10 LGPe.

ART. 89. Aplicación.

El régimen cerrado, en consonancia con lo previsto en el artículo 10 de la Ley Orgánica General Penitenciaria, será de aplicación a aquellos penados que, bien inicialmente, bien por una involución en su personalidad o conducta, sean clasificados en primer grado por tratarse de internos extremadamente peligrosos o manifiestamente inadaptados a los regímenes ordinario y abierto.

ART. 90. Características.

1. El régimen penitenciario de vida regulado conforme a lo establecido en el artículo 10 de la Ley Orgánica General Penitenciaria, se cumplirá en Centros o módulos de régimen cerrado o en departamentos especiales ubicados en Centros de regímenes comunes, con absoluta separación del resto de la población reclusa.

2. En todo caso, se cumplirá en celdas individuales, caracterizándose por una limitación de las actividades en común de los internos y por un mayor control y vigilancia sobre los mismos, exigiéndose, de manera especial, el acatamiento de cuantas medidas de seguridad, orden y disciplina elabore el Consejo de Dirección, previo informe de la Junta de Tratamiento. En ningún caso, el régimen de vida para estos internos podrá establecer limitaciones regimentales iguales o superiores a las fijadas para el régimen de cumplimiento de la sanción de aislamiento en celda.

3. En los centros con módulos o departamentos de régimen cerrado se diseñará un programa de intervención específico que garantice la atención personalizada a los internos que se encuentren en dicho régimen, por equipos técnicos, especializados y estables.

Modificado por Real Decreto 419/2011, de 25 de marzo, por el que se modifica el Reglamento Penitenciario, aprobado por el Real Decreto 190/1996, de 9 de febrero. (BOE de 26-03-2011).

Apdo. 2: ver art. 19 LGPe.

ART. 91. Modalidades de vida.

1. Dentro del régimen cerrado se establecen dos modalidades en el sistema de vida, según los internos sean destinados a Centros o módulos de régimen cerrado o a departamentos especiales.

2. Serán destinados a Centros o módulos de régimen cerrado aquellos penados clasificados en primer grado que muestren una manifiesta inadaptación a los regímenes comunes.

3. Serán destinados a departamentos especiales aquellos penados clasificados en primer grado que hayan sido protagonistas o inductores de alteraciones regimentales muy graves, que hayan puesto en peligro la vida o integridad de los funcionarios, Autoridades, otros internos o personas ajenas a la Institución, tanto dentro como fuera de los Establecimientos y en las que se evidencie una peligrosidad extrema.

ART. 92. Reasignación de modalidades.

1. La asignación de las modalidades de vida previstas en el artículo anterior será acordada por la Junta de Tratamiento, previo informe del Equipo Técnico, y será autorizada por el Centro Directivo.

2. Procederá, en todo caso, la propuesta de reasignación de la modalidad en el sistema de vida de los penados destinados en departamentos especiales que muestren una evolución positiva, ponderando, entre otros, factores tales como:

a) Interés por la participación y colaboración en las actividades programadas.

b) Cancelación de sanciones o ausencia de las mismas durante períodos prolongados de tiempo.

c) Una adecuada relación con los demás.

3. La asignación de modalidad de vida se revisará en el plazo máximo de tres meses, se notificará al interno y se anotará en su expediente personal.

4. Cuando el interno sea menor de veintiún años, toda revisión, tanto de modalidad como de grado, que supere los seis meses de permanencia en el mismo régimen de vida, será remitida al Centro Directivo para su resolución.

Asimismo, si los acuerdos, ya sean sobre asignación de modalidad o revisión de grado, no son adoptados por unanimidad, se remitirán al Centro Directivo para su resolución.

Modificado por Real Decreto 419/2011, de 25 de marzo, por el que se modifica el Reglamento Penitenciario, aprobado por el Real Decreto 190/1996, de 9 de febrero. (BOE de 26-03-2011).

ART. 93. Modalidad de vida en departamentos especiales.

1. El régimen de los departamentos especiales se ajustará a las siguientes normas:

1.ª Los internos disfrutarán, como mínimo, de tres horas diarias de salida al patio. Este número podrá ampliarse hasta tres horas más para la realización de actividades programadas.

2.ª Diariamente deberá practicarse registro de las celdas y cacheo de los internos. Cuando existan fundadas sospechas de que el interno posee objetos prohibidos y razones de urgencia exijan una actuación inmediata, podrá recurrirse al desnudo integral por orden motivada del Jefe de Servicios, dando cuenta al Director. Este cacheo se practicará en la forma prevista en el artículo 68.

3.ª En las salidas al patio no podrán permanecer, en ningún caso, más de dos internos juntos. Este número podrá aumentarse hasta un máximo de cinco para la ejecución de actividades programadas.

4.ª Los servicios médicos programarán las visitas periódicas a estos internos, informando al Director sobre su estado de salud.

5.ª El Consejo de Dirección elaborará las normas de régimen interior sobre servicios de barbería, duchas, peluquería, Economato, distribución de comidas, limpieza de celdas y dependencias comunes, disposición de libros, revistas, periódicos y aparatos de radio y televisión y sobre las ropas y enseres de que podrán disponer los internos en sus celdas.

6.ª Para estos departamentos especiales se diseñará un modelo de intervención y programas genéricos de tratamiento ajustados a las necesidades regimentales, que estarán orientados a lograr la progresiva adaptación del interno a la vida en régimen ordinario, así como a la incentivación de aquellos factores positivos de la conducta que puedan servir de aliciente para la reintegración y reinserción social del interno, designándose el personal necesario a tal fin.

2. Las normas de régimen interior elaboradas por el Consejo de Dirección, así como los programas a que hace referencia el apartado anterior, serán remitidas al Centro Directivo para su modificación o aprobación.

Apdo. 1.2.º: ver art. 23 LGPe.

ART. 94. Modalidad de vida en módulos o centros cerrados.

El régimen de los módulos o centros cerrados se ajustará a las siguientes normas:

1.ª Los internos disfrutarán, como mínimo, de cuatro horas diarias de vida en común. Este horario podrá aumentarse hasta tres horas más para la realización de actividades previamente programadas.

2.ª El número de internos que, de forma conjunta, podrán realizar actividades en grupo, será establecido por el Consejo de Dirección, previo informe de la Junta de Tratamiento, con un mínimo de cinco internos.

3.ª La Junta de Tratamiento programará detalladamente las distintas actividades culturales, deportivas, recreativas o formativas, laborales u ocupacionales que se someterán a la aprobación del Consejo de Dirección. Estos programas se remitirán al Centro Directivo para su autorización y seguimiento.

Número 1: ver art. 25 LGPe.

ART. 95. Traslado de penados a departamentos de régimen cerrado.

1. El traslado de un penado desde un Establecimiento de régimen ordinario o abierto a un Establecimiento de régimen cerrado o a uno de los departamentos especiales contemplados en este Capítulo, competerá al Centro Directivo mediante resolución motivada, previa propuesta razonada de la Junta de Tratamiento contenida en el ejemplar de clasificación o, en su caso, en el de regresión de grado. De este acuerdo se dará conocimiento al Juez de Vigilancia Penitenciaria dentro de las setenta y dos horas siguientes a su adopción.

2. En el mismo plazo, se notificará al penado dicha resolución, mediante entrega de copia de la misma, con expresión del recurso que puede interponer ante el Juez de Vigilancia, conforme a lo dispuesto en el artículo 76.2, f) de la Ley Orgánica General Penitenciaria.

3. Mediando motín, agresión física con arma u objeto peligroso, toma de rehenes o intento violento de evasión, el traslado del penado a un Establecimiento de régimen cerrado podrá acordarse por el Centro Directivo, aunque no se haya producido resolución clasificatoria en primer grado, que, en todo caso, deberá efectuarse dentro de los catorce días siguientes, dando cuenta inmediatamente del traslado al Juez de Vigilancia.

CAPÍTULO V
Régimen de preventivos

Ver arts. 5 y 8 LGPe.

ART. 96. Tipos de régimen de preventivos.

1. Con carácter general, el régimen de los detenidos y presos será el previsto en el Capítulo II de este Título.

2. No obstante lo anterior, conforme a lo establecido en el artículo 10 de la Ley Orgánica General Penitenciaria, serán de aplicación, a propuesta de la Junta de Tratamiento y con la aprobación del Centro Directivo, las normas previstas para los Establecimientos de cumplimiento de régimen cerrado a los detenidos y presos, cuando se trate de internos extremadamente peligrosos o manifiestamente inadaptados al régimen ordinario.

3. La peligrosidad extrema o la inadaptación manifiesta se apreciarán ponderando la concurrencia de los factores a que se refiere el artículo 102.5 de este Reglamento, en cuanto sean aplicables a los internos preventivos.

ART. 97. Preventivos en régimen cerrado.

1. El acuerdo de la Junta de Tratamiento a que se refiere el apartado 2 del artículo anterior, requerirá, al menos, los informes razonados del Jefe de Servicios y del Equipo Técnico y será siempre motivado.

2. El acuerdo se notificará al interno, mediante entrega de copia del mismo, dentro de las veinticuatro horas siguientes a su adopción, con expresión del derecho de acudir al Juez de Vigilancia, conforme a lo establecido en el artículo 76.2, g) de la Ley Orgánica General Penitenciaria. Igualmente, dentro de las setenta y dos horas siguientes a su adopción, se dará conocimiento al Juez de Vigilancia, mediante remisión del contenido literal del acuerdo y de los preceptivos informes en que se fundamenta. Si el acuerdo implica el traslado a

otro Establecimiento penitenciario, se comunicará dicha medida al Juez de Vigilancia y a la Autoridad judicial de la que dependa el interno, sin perjuicio de su ejecución inmediata.

3. En los supuestos previstos en el artículo 95.3, se procederá al traslado por el Centro Directivo como se indica en dicho precepto, poniéndolo en conocimiento tanto de la Autoridad judicial de que dependa el interno, como del Juez de Vigilancia correspondiente.

ART. 98. Revisión del acuerdo.

1. La permanencia de los detenidos y presos en el régimen cerrado será por el tiempo necesario, hasta que desaparezcan o disminuyan significativamente las razones o circunstancias que sirvieron de fundamento para su aplicación.

2. En todo caso, la revisión del acuerdo a que se refiere el artículo anterior, no podrá demorarse más de tres meses, previa emisión de los preceptivos informes.

TÍTULO IV
De la separación y clasificación de los internos

CAPÍTULO I
Separación de los internos

Ver art. 9, 16 LGPe.

ART. 99. Separación interior.

1. Conforme a lo establecido en el artículo 16 de la Ley Orgánica General Penitenciaria, los internos serán separados en el interior de los Establecimientos teniendo en cuenta, con carácter prioritario, los criterios de sexo, edad y antecedentes delictivos y, respecto de los penados, las exigencias del tratamiento.

2. Respecto de la separación de los miembros de las Fuerzas y Cuerpos de Seguridad del Estado y de los militares que sean internados en Establecimientos penitenciarios comunes, deberá observarse lo dispuesto en la legislación correspondiente.

3. Excepcionalmente, hombres y mujeres podrán compartir un mismo departamento previo consentimiento de unos y otras y siempre que reúnan los requisitos regulados en el Capítulo III del Título VII.

4. Los jóvenes menores de veintiún años sólo podrán ser trasladados a los departamentos de adultos cuando así lo autorice la Junta de Tratamiento, poniéndolo en conocimiento del Juez de Vigilancia.

CAPÍTULO II
Clasificación de penados

Ver art. 63 LGPe.

ART. 100. Clasificación penitenciaria y principio de flexibilidad.

1. Además de las separaciones señaladas en el artículo anterior, tras el ingreso los penados deberán ser clasificados en grados. Los grados serán nominados correlativamente, de manera que el primero se corresponda con un régimen en el que las medidas de control y seguridad serán más estrictas, el segundo con el régimen ordinario y el tercero con el régimen abierto.

2. No obstante, con el fin de hacer el sistema más flexible, el Equipo Técnico podrá proponer a la Junta de Tratamiento que, respecto de cada penado, se adopte un modelo de ejecución en el que puedan combinarse aspectos característicos de cada uno de los mencionados grados, siempre y cuando dicha medida se fundamente en un programa específico de tratamiento que de otra forma no pueda ser ejecutado. Esta medida excepcional necesitará de la ulterior aprobación del Juez de Vigilancia correspondiente, sin perjuicio de su inmediata ejecutividad.

ART. 101. Grados de clasificación.

1. La clasificación en segundo grado implica la aplicación de las normas correspondientes al régimen ordinario de los Establecimientos.

2. El tercer grado determina la aplicación del régimen abierto en cualquiera de sus modalidades.

3. El primer grado determina la aplicación de las normas del régimen cerrado.

Ver art. 72 LGPe.

ART. 102. Variables y criterios de clasificación.

1. Para la individualización del tratamiento, tras la adecuada observación de cada penado, se realizará su clasificación, que determinará el destino al Establecimiento cuyo régimen sea más adecuado al tratamiento que se le haya señalado y, en su caso, al grupo o sección más idónea dentro de aquél.

2. Para determinar la clasificación, las Juntas de Tratamiento ponderarán la personalidad y el historial individual, familiar, social y delictivo del interno, la duración de las penas, el medio social al que retorne el recluso y los recursos, facilidades y dificultades existentes en cada caso y momento para el buen éxito del tratamiento.

3. Serán clasificados en segundo grado los penados en quienes concurran unas circunstancias personales y penitenciarias de normal convivencia, pero sin capacidad para vivir, por el momento, en semilibertad.

4. La clasificación en tercer grado se aplicará a los internos que, por sus circunstancias personales y penitenciarias, estén capacitados para llevar a cabo un régimen de vida en semilibertad.

5. Conforme a lo dispuesto en el artículo 10 de la Ley Orgánica General Penitenciaria, se clasificarán en primer grado a los internos calificados de peligrosidad extrema o inadaptación manifiesta y grave a las normas generales de convivencia ordenada, ponderando la concurrencia de factores tales como:

a) Naturaleza de los delitos cometidos a lo largo de su historial delictivo, que denote una personalidad agresiva, violenta y antisocial.

b) Comisión de actos que atenten contra la vida o la integridad física de las personas, la libertad sexual o la propiedad, cometidos en modos o formas especialmente violentos.

c) Pertenencia a organizaciones delictivas o a bandas armadas, mientras no muestren, en ambos casos, signos inequívocos de haberse sustraído a la disciplina interna de dichas organizaciones o bandas.

d) Participación activa en motines, plantes, agresiones físicas, amenazas o coacciones.

e) Comisión de infracciones disciplinarias calificadas de muy graves o graves, de manera reiterada y sostenida en el tiempo.

f) Introducción o posesión de armas de fuego en el Establecimiento penitenciario, así como la tenencia de drogas tóxicas, estupefacientes y sustancias psicotrópicas en cantidad importante, que haga presumir su destino al tráfico.

ART. 103. Procedimiento de clasificación inicial.

1. La propuesta de clasificación inicial penitenciaria se formulará por las Juntas de Tratamiento, previo estudio del interno.

2. La propuesta se formulará en el impreso normalizado aprobado por el Centro Directivo en el plazo máximo de dos meses desde la recepción en el Establecimiento del testimonio de la sentencia.

3. El protocolo de clasificación penitenciaria contendrá la propuesta razonada de grado y el programa individualizado de tratamiento, en el que se dará cobertura a las necesidades y carencias detectadas en el interno en los ámbitos señalados en el artículo 20.2 de este Reglamento. En el programa se señalarán expresamente los destinos, actividades, programas educativos, trabajo y actividades ocupacionales o de otro tipo que deba seguir el interno.

4. La resolución sobre la propuesta de clasificación penitenciaria se dictará, de forma escrita y motivada, por el Centro Directivo en el plazo máximo de dos meses desde su recepción.

5. La resolución de clasificación inicial se notificará al interno interesado, indicándole en la notificación que, de no estar conforme con la misma, puede acudir en vía de recurso ante el Juez de Vigilancia.

6. El Centro Directivo podrá ampliar el plazo para dictar la resolución de clasificación inicial hasta un máximo de dos meses más, para la mejor observación de la conducta y la consolidación de los factores positivos del interno.

7. Cuando se trate de penados con condenas de hasta un año, la propuesta de clasificación inicial formulada por la Junta de Tratamiento, adoptada por acuerdo unánime de sus miembros, tendrá la consideración de resolución de clasificación inicial a todos los efectos, salvo cuando se haya propuesto la clasificación en primer grado de tratamiento, en cuyo caso la resolución corresponderá al Centro Directivo.

8. En este supuesto, el acuerdo unánime de la Junta de Tratamiento de clasificación inicial en segundo o tercer grado se notificará al interno, que podrá ejercitar la impugnación referida en el apartado 5 de este artículo y se remitirá al Centro Directivo.

9. Si la propuesta de la Junta de Tratamiento de clasificación en segundo o tercer grado a que se refieren los apartados anteriores no fuese unánime, la misma se remitirá al Centro Directivo para la resolución que proceda conforme a lo establecido en los otros apartados de este artículo.

Apdo. 3: ver art. 26 LGPe.

ART. 104. Casos especiales.

1. Cuando un penado tuviese además pendiente una o varias causas en situación de preventivo, no se formulará propuesta de clasificación inicial mientras dure esta situación procesal.

2. Si un penado estuviese ya clasificado y le fuera decretada prisión preventiva por otra u otras causas, quedará sin efecto dicha clasificación, dando cuenta al Centro Directivo.

3. Para que un interno que no tenga extinguida la cuarta parte de la condena o condenas pueda ser propuesto para tercer grado, deberá transcurrir el tiempo de estudio suficiente para obtener un adecuado conocimiento del mismo y concurrir, favorablemente calificadas, las variables intervinientes en el proceso de clasificación penitenciaria enumeradas en el artículo 102.2, valorándose, especialmente, el historial delictivo y la integración social del penado.

4. Los penados enfermos muy graves con padecimientos incurables, según informe médico, con independencia de las variables intervinientes en el proceso de clasificación, podrán ser clasificados en tercer grado por razones humanitarias y de dignidad personal, atendiendo a la dificultad para delinquir y a su escasa peligrosidad.

ART. 105. Revisión de la clasificación inicial.

1. Cada seis meses como máximo, los internos deberán ser estudiados individualmente para evaluar y reconsiderar, en su caso, todos los aspectos establecidos en el modelo individualizado de tratamiento al formular su propuesta de clasificación inicial.

2. Cuando la Junta de Tratamiento no considere oportuno proponer al Centro Directivo cambio en el grado asignado, se notificará la decisión motivada al interno, que podrá solicitar la remisión del correspondiente informe al Centro Directivo para que resuelva lo procedente sobre el mantenimiento o el cambio de grado. La resolución del Centro Directivo se notificará al interno con indicación del derecho de acudir en vía de recurso ante el Juez de Vigilancia.

3. Cuando una misma Junta reitere por segunda vez la clasificación de primer grado, el interno podrá solicitar que su próxima propuesta de clasificación se haga por la Central Penitenciaria de Observación. El mismo derecho le corresponderá cuando, encontrándose en segundo grado y concurriendo la misma circunstancia, haya alcanzado la mitad del cumplimiento de la condena.

Apdo. 3: ver art. 70 LGPe; Ver art. 109 de este Reglamento

ART. 106. Progresión y regresión de grado.

1. La evolución en el tratamiento penitenciario determinará una nueva clasificación del interno, con la correspondiente propuesta de traslado al Centro penitenciario adecuado o, dentro del mismo Centro, a otro departamento con diferente modalidad de vida.

2. La progresión en el grado de clasificación dependerá de la modificación positiva de aquellos factores directamente relacionados con la actividad delictiva, se manifestará en

la conducta global del interno y entrañará un incremento de la confianza depositada en el mismo, que permitirá la atribución de responsabilidades más importantes que impliquen un mayor margen de libertad.

3. La regresión de grado procederá cuando se aprecie en el interno, en relación al tratamiento, una evolución negativa en el pronóstico de integración social y en la personalidad o conducta del interno.

4. Cuando el interno no participe en un programa individualizado de tratamiento, la valoración de su evolución se realizará en la forma descrita en el artículo 112.4, salvo cuando la Junta de Tratamiento haya podido efectuar una valoración de la integración social del interno por otros medios legítimos.

5. Para la resolución de las propuestas de progresión y de regresión de grado se observarán las mismas formalidades, plazo y posible ampliación del mismo que se prevén en el artículo 103 para la resolución de la clasificación inicial.

ART. 107. Notificación al Ministerio Fiscal.

Todas las resoluciones de clasificación o progresión a tercer grado adoptadas por el Centro Directivo o por acuerdo unánime de la Junta de Tratamiento según lo previsto en el artículo 103.7, se notificarán, junto con el informe de la Junta de Tratamiento, al Ministerio Fiscal dentro de los tres días hábiles siguientes a la fecha de su adopción.

ART. 108. Regresión provisional.

1. Si un interno clasificado en tercer grado no regresase al Centro penitenciario después de haber disfrutado de un permiso de salida o de cualquier otra salida autorizada, sin perjuicio de lo dispuesto en el artículo 157.2, se le clasificará provisionalmente en segundo grado, en espera de efectuar la reclasificación correspondiente cuando vuelva a ingresar en un Centro penitenciario.

2. Producido el reingreso, el Director del Centro acordará, como medida cautelar, el pase provisional a régimen ordinario hasta que se efectúe la reclasificación correspondiente.

3. En los supuestos de internos clasificados en tercer grado que fuesen detenidos, ingresados en prisión, procesados o imputados judicialmente por presuntas nuevas responsabilidades, el Director podrá suspender cautelarmente cualquier nueva salida, así como acordar la separación interior que proceda y su pase provisional a régimen ordinario, debiendo proceder la Junta de Tratamiento inmediatamente a la reclasificación correspondiente en su caso.

ART. 109. Central Penitenciaria de Observación.

1. Para el debido asesoramiento en materia de observación, clasificación y tratamiento de los internos, existirá una Central Penitenciaria de Observación con sede en los servicios centrales del Centro Directivo, en donde actuarán un grupo de especialistas integrados en Equipos Técnicos con las siguientes funciones:

a) Completar la labor de los Equipos Técnicos de los Establecimientos en sus tareas específicas.

b) Informar sobre cuestiones de carácter técnico que se formulen por el Centro Directivo, así como atender los requerimientos que los Jueces, Tribunales y miembros del Ministerio Fiscal soliciten en materia pericial de las personas sometidas a su jurisdicción

c) Realizar una labor de investigación criminológica.

d) Participar en las tareas docentes y de formación de funcionarios.

2. Dicha Central estudiará en los diversos Centros penitenciarios a aquellos internos cuya clasificación resulte difícil o dudosa para las Juntas de Tratamiento de los Establecimientos o los grupos o tipos de aquéllos cuyas peculiaridades convenga investigar a juicio del Centro Directivo.

3. No obstante, el Centro Directivo podrá designar otra Junta de Tratamiento, especialmente cualificada dadas las peculiaridades del interno, o cuando exista un elevado número de internos en espera de ser estudiados por dicha Central.

Ver art. 70 LGPe.

TÍTULO V
Del tratamiento penitenciario

Ver art. 62, 65 LGPe.

CAPÍTULO I
Criterios generales

ART. 110. Elementos del tratamiento.

Para la consecución de la finalidad resocializadora de la pena privativa de libertad, la Administración Penitenciaria:

a) Diseñará programas formativos orientados a desarrollar las aptitudes de los internos, enriquecer sus conocimientos, mejorar sus capacidades técnicas o profesionales y compensar sus carencias.

b) Utilizará los programas y las técnicas de carácter psicosocial que vayan orientadas a mejorar las capacidades de los internos y a abordar aquellas problemáticas específicas que puedan haber influido en su comportamiento delictivo anterior.

c) Potenciará y facilitará los contactos del interno con el exterior contando, siempre que sea posible, con los recursos de la comunidad como instrumentos fundamentales en las tareas de reinserción.

Ver art. 60 LGPe.

ART. 111. Juntas de Tratamiento y Equipos Técnicos.

1. Las tareas de observación, clasificación y tratamiento penitenciarios las realizarán las Juntas de Tratamiento y sus decisiones serán ejecutadas por los Equipos Técnicos, cuya composición y funciones se determinan en la Sección 2.ª del Capítulo II del Título XI de este Reglamento.

2. Para la adecuada ejecución de estas actividades por los Equipos Técnicos se contará con la colaboración del resto de los profesionales del ámbito penitenciario. A tal fin, la Administración Penitenciaria desarrollará modelos de gestión que incentiven la participación de todos los empleados públicos para lograr programas de tratamiento eficaces.

3. Se facilitará la colaboración y participación de los ciudadanos y de instituciones o asociaciones públicas o privadas.

ART. 112. Participación del interno en el tratamiento.

1. Se estimulará la participación del interno en la planificación y ejecución de su tratamiento.

2. Con este fin, el profesional del Equipo Técnico encargado de su seguimiento le informará de los objetivos a alcanzar durante el internamiento y de los medios y plazos más adecuados para conseguirlos.

3. El interno podrá rechazar libremente o no colaborar en la realización de cualquier técnica de estudio de su personalidad, sin que ello tenga consecuencias disciplinarias, regimentales ni de regresión de grado.

4. En los casos a que se refiere el apartado anterior, la clasificación inicial y las posteriores revisiones de la misma se realizarán mediante la observación directa del comportamiento y los informes pertinentes del personal penitenciario de los Equipos Técnicos que tenga relación con el interno, así como utilizando los datos documentales existentes.

Ver art. 61 LGPe.

CAPÍTULO II
Programas de tratamiento

ART. 113. Actividades de tratamiento.

1. Las actividades de tratamiento se realizarán tanto en el interior de los Centros penitenciarios como fuera de ellos, en función, en cada caso concreto, de las condiciones más adecuadas para la consecución de los fines constitucionales y legales de la pena privativa de libertad.

2. En todo caso, la Administración Penitenciaria tendrá en cuenta los recursos existentes en la comunidad para la ejecución de las actividades del tratamiento penitenciario.

ART. 114. Salidas programadas.

1. Para la realización de actividades específicas de tratamiento podrán organizarse salidas programadas destinadas a aquellos internos que ofrezcan garantías de hacer un uso correcto y adecuado de las mismas.

2. En todo caso, los internos serán acompañados por personal del Centro penitenciario o de otras instituciones o por voluntarios que habitualmente realicen actividades relacionadas con el tratamiento penitenciario de los reclusos.

3. Los requisitos necesarios para la concesión de salidas programadas serán los establecidos para los permisos ordinarios de salida en el artículo 154 de este Reglamento.

4. Las salidas programadas serán propuestas por la Junta de Tratamiento, que solicitará la aprobación del Centro Directivo y la posterior autorización del Juez de Vigilancia en aquellos supuestos en que la salida, por su duración y por el grado de clasificación del interno, sea competencia de este órgano judicial.

5. Como regla general, la duración de las salidas programadas no será superior a dos días y, en ningún caso, se computarán dentro de los límites establecidos para los permisos ordinarios en el artículo 154.

6. En las salidas programadas se adoptarán en cada caso las medidas oportunas referentes a la forma y medio de traslado, así como las medidas de seguridad correspondientes.

Apdo. 5: ver art. 76.2.i) LGPe.

ART. 115. Grupos en comunidad terapéutica.

1. Para grupos determinados de internos, cuyo tratamiento lo requiera, se podrán organizar en los Centros correspondientes programas basados en el principio de comunidad terapéutica.

2. Siempre que el Centro Directivo autorice la constitución de uno de estos grupos, la Junta de Tratamiento que esté al frente del mismo asumirá las funciones que tienen atribuidas el Consejo de Dirección y la Comisión Disciplinaria del Centro penitenciario, con exclusión de las que se refieran a los aspectos económico-administrativos.

Ver art. 66 LGPe.

ART. 116. Programas de actuación especializada.

1. Todo interno con dependencia de sustancias psicoactivas que lo desee, debe tener a su alcance la posibilidad de seguir programas de tratamiento y deshabituación, con independencia de su situación procesal y de sus vicisitudes penales y penitenciarias.

2. Dentro del marco establecido en el Plan Nacional sobre Drogas, la Administración Penitenciaria, en coordinación con otras Administraciones Públicas o con otros organismos e instituciones debidamente acreditadas, realizará en los Centros penitenciarios los programas de atención especializada en drogodependencias que precisen los internos que voluntariamente lo soliciten.

3. Para la realización de programas permanentes relativos a drogodependencias, el Centro Directivo podrá disponer de departamentos específicos ubicados en diferentes áreas geográficas para evitar, en lo posible, el desarraigo social de los internos que sigan un programa en ellos.

4. La Administración Penitenciaria podrá realizar programas específicos de tratamiento para internos condenados por delitos contra la libertad sexual a tenor de su diagnóstico previo y todos aquellos otros que se considere oportuno establecer. El seguimiento de estos programas será siempre voluntario y no podrá suponer la marginación de los internos afectados en los Centros penitenciarios.

ART. 117. Medidas regimentales para la ejecución de programas especializados para penados clasificados en segundo grado.

1. Los internos clasificados en segundo grado de tratamiento que presenten un perfil de baja peligrosidad social y no ofrezcan riesgos de quebrantamiento de condena, podrán acudir regularmente a una institución exterior para la realización de un programa concreto de atención especializada, siempre que éste sea necesario para su tratamiento y reinserción social.

2. Esta medida requerirá haber sido planificada con el interno por la Junta de Tratamiento y estará condicionada a que aquél preste su consentimiento y se comprometa formalmente a observar el régimen de vida propio de la institución y las medidas de seguimiento y control que se establezcan en el programa, que no podrán consistir en control personal por miembros de los Cuerpos y Fuerzas de Seguridad del Estado.

3. La duración de cada salida diaria no excederá de ocho horas, y el programa del que forme parte requerirá la autorización del Juez de Vigilancia. Si el programa exigiera salidas puntuales o irregulares, la autorización corresponderá al Centro Directivo.

4. La Junta de Tratamiento realizará la coordinación necesaria con la institución para el seguimiento del programa.

5. La participación en el programa podrá ser revocada por decisión voluntaria del interno, por el incumplimiento de las condiciones establecidas o por circunstancias sobrevenidas que justifiquen esta decisión.

CAPÍTULO III
Formación, cultura y deporte

Ver arts. 13, 24, 56 LGPe.

Sección 1.ª Criterios generales

ART. 118. Programación de las actividades.

1. Las actividades educativas, formativas, socioculturales y deportivas se determinarán por el Consejo de Dirección, teniendo en cuenta los planes de actuación del Centro Directivo, a partir de los programas individualizados elaborados por las Juntas de Tratamiento.

2. Los reclusos extranjeros tendrán las mismas posibilidades de acceso a la formación y educación que los nacionales. Con este fin, la Administración Penitenciaria procurará facilitarles los medios adecuados para aprender el idioma castellano y la lengua cooficial de la Comunidad Autónoma donde radique el Centro penitenciario.

ART. 119. Incentivos.

1. El seguimiento con aprovechamiento de las actividades educativas y formativas y, en general, de todas a las que se refiere el artículo anterior se estimulará mediante los beneficios penitenciarios y recompensas que procedan.

2. Se expedirán a solicitud del interno certificaciones acreditativas de las enseñanzas, cursos o actividades desarrollados, que no deberán contener indicación alguna relativa a su obtención en un Establecimiento penitenciario.

ART. 120. Tutorías y orientación académica.

1. La tutoría y orientación de los internos formará parte de la función docente. Cada grupo de alumnos tendrá un profesor tutor.

2. Los servicios educativos garantizarán la orientación académica, psicopedagógica y profesional de los alumnos, especialmente en lo que se refiere a las diversas opciones educativas y a la transición del sistema educativo a la actividad laboral, prestando singular atención a la superación de hábitos sociales marginales que condicionan el acceso a los distintos estudios y profesiones.

ART. 121. Traslados por motivos educativos.

1. El Centro Directivo podrá conceder, previo informe de la Junta de Tratamiento, traslados de Establecimiento por motivos educativos, siempre que el interno presente la solicitud con la debida antelación y no existan razones de seguridad que lo desaconsejen.

2. En caso de traslado de un recluso a otro Centro penitenciario por cualquier motivo, se incluirá en su expediente personal el historial escolar del mismo.

Sección 2.ª Enseñanza obligatoria

Ver art. 28, 55 LGPe.

ART. 122. Formación básica.

1. Al ingresar en el Establecimiento, los internos que no posean titulaciones correspondientes a las enseñanzas obligatorias del sistema educativo serán examinados por el Maestro para conocer su nivel de instrucción y su perfil educativo, así como para determinar el ciclo de enseñanza obligatoria en que deberán ser incluidos.

2. Los servicios educativos determinarán los cursos que deba realizar el interno, que tendrán carácter obligatorio sólo cuando los internos carezcan de los conocimientos propios de la formación de las enseñanzas básicas.

3. En los aspectos académicos, la actividad educativa de los Centros penitenciarios se ajustará a lo que dispongan las autoridades educativas bajo cuyo ámbito se encuentre el Establecimiento penitenciario.

ART. 123. Actuaciones prioritarias y complementarias.

1. La formación básica que se imparta a los analfabetos, a los jóvenes, a los extranjeros y a las personas con problemas específicos para su acceso a la educación tendrá carácter prioritario.

2. La educación para la salud será objeto de atención preferente.

3. La formación básica de los internos se complementará con las demás actividades que sean necesarias para promover su desarrollo integral.

Sección 3.ª Otras enseñanzas

ART. 124. Acceso.

1. La Administración Penitenciaria facilitará el acceso de los internos a programas educativos de enseñanzas regladas y no regladas que contribuyan a su desarrollo personal.

2. Con este fin, la Administración Penitenciaria promoverá, mediante acuerdos con instituciones públicas y privadas, las actuaciones necesarias para que los internos puedan cursar con aprovechamiento las enseñanzas que componen los diferentes niveles del sistema educativo.

3. Cuando la participación en estos programas educativos implique modificaciones regimentales, deberá solicitarse autorización de la Dirección del Establecimiento, que podrá denegarla por razones de seguridad.

ART. 125. Educación infantil para menores.

En las Unidades de Madres, la Unidad educativa programará cada año una serie de actividades de carácter educativo para los menores.

Sección 4.ª Medios personales y materiales

ART. 126. Unidades Educativas.

1. En cada Centro penitenciario existirá una o varias Unidades Educativas para el desarrollo de los cursos obligatorios de formación básica.

2. En cada Centro existirán Maestros responsables de las actividades educativas, que impartirán las enseñanzas que se determinen y serán responsables de la educación presencial y a distancia que se programe en los diferentes niveles educativos.

3. Las instalaciones educativas estarán acondicionadas y contarán con los medios materiales necesarios para la realización de las actividades formativas bajo el control de la Unidad Educativa.

ART. 127. Bibliotecas.

1. En cada Establecimiento existirá una biblioteca y una sala de lectura bajo la responsabilidad del Maestro que se determine.

2. Los internos podrán colaborar en la gestión de la biblioteca y proponer las adquisiciones que consideren oportunas, y tendrán derecho a la utilización de los fondos existentes en la misma.

3. En función del número de internos extranjeros existente en el Centro penitenciario, la biblioteca podrá disponer de publicaciones editadas en los idiomas extranjeros más usuales. A tal fin, se solicitará la cooperación de los servicios consulares correspondientes y de las organizaciones privadas apropiadas.

4. En función de las posibilidades materiales y técnicas de cada centro penitenciario, las bibliotecas contarán con puntos de acceso a redes de información, conforme a los principios vigentes en cada momento en materia de seguridad digital y protección de datos. El uso de estos medios, tanto a los efectos prevenidos en el artículo 128 de este reglamento como con carácter general en el ámbito formativo o cultural, se regulará por las normas de régimen interior de cada centro penitenciario, pudiendo establecerse individualmente limitaciones en los términos del artículo 128.

Apdo. 4 se añade por Real Decreto 268/2022, de 12 de abril, por el que se modifica el Real Decreto 190/1996, de 9 de febrero, por el que se aprueba el Reglamento Penitenciario. (BOE de 13/04/2022).

Ver art. 57 LGPe.

ART. 128. Disposición de libros y periódicos.

1. Asimismo, los internos tienen derecho a disponer de libros, periódicos y revistas de libre circulación en el exterior, con las limitaciones que, en casos concretos, aconsejen las exigencias del tratamiento individualizado, previa resolución motivada de la Junta de Tratamiento del Establecimiento. Contra dicha resolución, que deberá ser notificada al interno, éste podrá acudir en queja ante el Juez de Vigilancia. También estarán informados a través de audiciones radiofónicas y televisivas.

2. En todo caso, no se autorizará la tenencia en el interior de los Establecimientos, de publicaciones que carezcan de depósito legal o pie de imprenta, con excepción de las editadas en el propio Centro penitenciario, así como las que atenten contra la seguridad y buen orden del Establecimiento. Cuando, como consecuencia de dicha prohibición, le sea retirada a algún interno una publicación no autorizada, la resolución que se adopte se notificará al interno y se comunicará al Juez de Vigilancia.

Ver art. 58 LGPe.

ART. 129. Disposición de ordenadores personales.

1. Cuando razones de carácter educativo o cultural lo hagan necesario o aconsejable para el desarrollo de los correspondientes programas formativos se podrá autorizar que el interno disponga de un ordenador personal. Con este fin, se exigirá que el interno presente una memoria justificativa de la necesidad avalada por el Profesor o Tutor.

2. El uso del ordenador y del material informático se regulará en las correspondientes normas de régimen interior, incluyendo el uso de dispositivos externos de almacenamiento de información y la conexión a redes de comunicación.

3. El Consejo de Dirección podrá retirar la autorización concedida cuando existan fundadas sospechas de que se está haciendo un mal uso de la misma o cuando la autorización no se corresponda con una necesidad real del interno. En todo caso se entenderá que existen sospechas de un mal uso del ordenador cuando el interno se niegue a mostrar el contenido de la totalidad de los archivos del mismo, previo requerimiento del Consejo de Dirección.

Apdo. 2 modificado por Real Decreto 268/2022, de 12 de abril, por el que se modifica el Real Decreto 190/1996, de 9 de febrero, por el que se aprueba el Reglamento Penitenciario. (BOE de 13/04/2022).

Sección 5.ª Formación profesional, sociocultural y deportiva

ART. 130. Formación profesional y ocupacional.

1. Los internos que posean una baja cualificación profesional realizarán los cursos de formación profesional y ocupacional que, de acuerdo con las directrices de la Junta de Tratamiento, se les asignen.

2. Los cursos se organizarán con arreglo a los planes existentes para los restantes ciudadanos en materia de formación profesional y ocupacional y de inserción social y laboral.

3. La formación profesional constará de las partes teórica y práctica que se fijen en los planes correspondientes.

ART. 131. Actividades socioculturales y deportivas.

1. Con arreglo a las directrices marcadas por el Centro Directivo y de acuerdo con las necesidades detectadas por las Juntas de Tratamiento, se programarán las actividades culturales, deportivas y de apoyo más adecuadas para conseguir el desarrollo integral de los internos.

2. Los internos podrán proponer las actividades socioculturales y deportivas que deseen realizar.

3. La Administración Penitenciaria promoverá la máxima participación de los internos en la realización de las actividades culturales, deportivas y de apoyo que se programen, que se destinarán al mayor número posible de internos y tendrán continuidad durante todo el año.

4. Las actividades culturales, deportivas y de apoyo, así como la participación en las mismas de los internos, los profesionales del Centro y los colaboradores sociales del exterior, se coordinarán por la Junta de Tratamiento.

5. Se formará una cartilla donde figurarán todas las actuaciones formativas, laborales, socioculturales y deportivas que hayan realizado los internos.

CAPÍTULO IV
Relación laboral especial penitenciaria

Ver Real Decreto 782/2001, de 6 de julio, por el que se regula la relación laboral de carácter especial de los penados que realicen actividades laborales en talleres penitenciarios y la protección de Seguridad Social de los sometidos a penas de trabajo en beneficio de la comunidad (BOE n.º 162, de 7 de julio de 2001)

Sección 1.ª Criterios generales

ART. 132. Concepto y caracteres.

El trabajo penitenciario de carácter productivo por cuenta ajena no realizado mediante fórmulas cooperativas o similares, a que se refiere la letra c) del artículo 27.1 de la Ley Orgánica General Penitenciaria, es un derecho y un deber del interno, constituye un elemento fundamental del tratamiento cuando así resulte de la formulación de un programa individualizado y tiene, además, la finalidad de preparar a los internos para su acceso al mercado laboral cuando alcancen la libertad.

Ver art. 26, 33 LGPe.

ART. 133. El deber de trabajar.

1. Todos los penados tienen el deber de trabajar conforme a sus aptitudes, ya sea desarrollando el trabajo a que se refiere el artículo anterior o cualquiera de las otras modalidades de ocupación establecidas en el artículo 27 de la Ley Orgánica General Penitenciaria.

2. Quedarán exceptuados de esta obligación, sin perjuicio de poder disfrutar, en su caso, de los beneficios penitenciarios:

a) Los sometidos a tratamiento médico por causa de accidente o enfermedad, hasta que sean dados de alta.

b) Los que padezcan incapacidad permanente para toda clase de trabajos.

c) Los mayores de sesenta y cinco años de edad.

d) Los perceptores de prestaciones por jubilación.

e) Las mujeres embarazadas, con motivo del parto, durante dieciséis semanas ininterrumpidas ampliables por parto múltiple hasta dieciocho semanas, distribuidas antes y después del alumbramiento a opción de la interesada, siempre que seis semanas sean inmediatamente posteriores al parto.

f) Los internos que no puedan trabajar por razón de fuerza mayor.

3. Los presos preventivos podrán trabajar conforme a sus aptitudes e inclinaciones, a cuyo efecto la Administración Penitenciaria les facilitará los medios de ocupación de que disponga. Cuando voluntariamente realicen trabajos productivos encuadrados en la relación laboral especial penitenciaria gozarán, en igualdad de condiciones con los penados, de las remuneraciones establecidas para los mismos.

Ver art. 26, 29.1, 33 LGPe.

ARTS. 134 a 152.

(DEROGADOS)

Derogados por Real Decreto 782/2001, de 6 de julio, por el que se regula la relación laboral de carácter especial de los penados que realicen actividades laborales en talleres penitenciarios y la protección de Seguridad Social de los sometidos a penas de trabajo en beneficio de la comunidad. (BOE de 07-07-2001).

CAPÍTULO V
Trabajos ocupacionales no productivos

ART. 153. Trabajo ocupacional.

1. En los Establecimientos penitenciarios podrán existir talleres ocupacionales donde trabajen los reclusos, de acuerdo con los programas que se establezcan por la Administración Penitenciaria competente o por la Junta de Tratamiento del Centro.

2. Los reclusos que desarrollen trabajos ocupacionales podrán recibir incentivos, recompensas o beneficios penitenciarios por la realización de su trabajo.

3. Los beneficios económicos que pudieran existir por la venta de los productos elaborados en los talleres ocupacionales se destinarán a la reposición de los materiales necesarios para la elaboración de los productos, así como al pago de incentivos a los internos.

4. Los trabajos desarrollados en los talleres ocupacionales no se encuadran en la relación laboral de carácter especial regulada en el capítulo anterior, ni gozan de la acción protectora de la Seguridad Social.

TÍTULO VI
De los permisos de salida

CAPÍTULO I
Clases, duración y requisitos de los permisos

ART. 154. Permisos ordinarios.

1. Se podrán conceder, previo informe preceptivo del Equipo Técnico, permisos de salida ordinarios de hasta siete días de duración como preparación para la vida en libertad, hasta un total de treinta y seis o cuarenta y ocho días por año a los condenados clasificados en segundo o tercer grado respectivamente, siempre que hayan extinguido la cuarta parte de la condena o condenas y no observen mala conducta.

2. Los límites máximos anuales de treinta y seis y cuarenta y ocho días de permisos antes señalados, se distribuirán, como regla general, en los dos semestres naturales de cada año, concediendo en cada uno de ellos hasta dieciocho y veinticuatro días, respectivamente.

3. Dentro de los indicados límites no se computarán las salidas de fin de semana propias del régimen abierto ni las salidas programadas que se regulan en el artículo 114 de este Reglamento, ni los permisos extraordinarios regulados en el artículo siguiente.

Ver art. 47.2 LGPe.

ART. 155. Permisos extraordinarios.

1. En caso de fallecimiento o enfermedad grave de los padres, cónyuge, hijos, hermanos y otras personas íntimamente vinculadas con los internos o de alumbramiento de la esposa

o persona con la que el recluso se halle ligado por similar relación de afectividad, así como por importantes y comprobados motivos de análoga naturaleza, se concederán, con las medidas de seguridad adecuadas en su caso, permisos de salida extraordinarios, salvo que concurran circunstancias excepcionales que lo impidan.

2. La duración de cada permiso extraordinario vendrá determinada por su finalidad y no podrá exceder del límite fijado en el artículo anterior para los permisos ordinarios.

3. Cuando se trate de internos clasificados en primer grado será necesaria la autorización expresa del Juez de Vigilancia.

4. Se podrán conceder, con las medidas de seguridad adecuadas en su caso y previo informe médico, permisos extraordinarios de salida de hasta doce horas de duración para consulta ambulatoria extrapenitenciaria de los penados clasificados en segundo o tercer grado, así como permisos extraordinarios de hasta dos días de duración cuando los mismos deban ingresar en un hospital extrapenitenciario. En este último caso, si el interno tuviera que permanecer ingresado más de dos días, la prolongación del permiso por el tiempo necesario deberá ser autorizada por el Juez de Vigilancia cuando se trate de penados clasificados en segundo grado o por el Centro Directivo para los clasificados en tercer grado.

5. Los permisos a que se refiere el apartado anterior no estarán sometidos, en general, a control ni custodia del interno cuando se trate de penados clasificados en tercer grado y podrán concederse en régimen de autogobierno para los penados clasificados en segundo grado que disfruten habitualmente de permisos ordinarios de salida.

Ver art. 47.1 LGPe.

Apdo. 4: ver art. 76.2.i) LGPe.

ART. 156. Informe del Equipo Técnico.

1. El informe preceptivo del Equipo Técnico será desfavorable cuando, por la peculiar trayectoria delictiva, la personalidad anómala del interno o por la existencia de variables cualitativas desfavorables, resulte probable el quebrantamiento de la condena, la comisión de nuevos delitos o una repercusión negativa de la salida sobre el interno desde la perspectiva de su preparación para la vida en libertad o de su programa individualizado de tratamiento.

2. El Equipo Técnico establecerá, en su informe, las condiciones y controles que se deban observar, en su caso, durante el disfrute del permiso de salida, cuyo cumplimiento será valorado para la concesión de nuevos permisos.

ART. 157. Suspensión y revocación de permisos de salida.

1. Cuando antes de iniciarse el disfrute de un permiso ordinario o extraordinario, se produzcan hechos que modifiquen las circunstancias que propiciaron su concesión, la Dirección podrá suspender motivadamente con carácter provisional el permiso, poniéndose en conocimiento de la Autoridad administrativa o judicial competente la suspensión para que resuelva lo que proceda.

2. Si el interno aprovechase el disfrute de cualquier clase de permiso para fugarse o cometiese un nuevo delito durante el mismo, quedará sin efecto el permiso concedido, sin perjuicio de las consecuencias que se puedan derivar de su conducta en el orden penal y penitenciario y de que dichas circunstancias deban valorarse negativamente por el Equipo Técnico para la concesión de futuros permisos ordinarios.

ART. 158. Compatibilidad de permisos ordinarios y extraordinarios.

1. La concesión de un permiso extraordinario no excluye la de los ordinarios de los internos clasificados en segundo o tercer grado de tratamiento.

2. En ningún caso se concederá un permiso extraordinario cuando el supuesto de hecho o las circunstancias concurrentes permitan su tramitación como permiso ordinario.

ART. 159. Permisos de salida de preventivos.

Los permisos de salida regulados en este Capítulo podrán ser concedidos a internos preventivos, previa aprobación, en cada caso, de la Autoridad judicial correspondiente.

CAPÍTULO II
Procedimiento de concesión

ART. 160. Iniciación e instrucción.

1. La solicitud de permisos de salida ordinarios o extraordinarios que formule el interno será informada por el Equipo Técnico, que comprobará la concurrencia de los requisitos objetivos exigidos para el disfrute del permiso, valorará las circunstancias peculiares determinantes de su finalidad y establecerá, cuando proceda, las condiciones y controles a que se refiere el artículo 156.

2. A la vista de dicho informe preceptivo, la Junta de Tratamiento acordará la concesión o denegación del permiso solicitado por el interno.

ART. 161. Concesión.

1. Si la Junta de Tratamiento acuerda conceder el permiso solicitado por el interno, elevará dicho acuerdo, junto con el informe del Equipo Técnico, al Juez de Vigilancia o al Centro Directivo, según se trate de internos clasificados en segundo o tercer grado de tratamiento, respectivamente, para la autorización correspondiente.

2. Los permisos ordinarios a penados de hasta dos días de duración serán autorizados por el Centro Directivo.

3. Cuando se trate de internos preventivos será necesaria, en todo caso, la autorización expresa de la Autoridad judicial a cuya disposición se encuentre el interno.

4. En los supuestos de urgencia, el permiso extraordinario podrá ser autorizado por el Director del Establecimiento, previa consulta al Centro Directivo si hubiere lugar a ello, y sin perjuicio de comunicar a la Junta de Tratamiento la autorización concedida.

> *Apdo. 2: ver art. 76.2.i) LGPe.*

ART. 162. Denegación.

Cuando la Junta de Tratamiento acuerde denegar el permiso solicitado por el interno, se notificará a éste la decisión motivada con indicación expresa de su derecho a acudir en vía de queja al Juez de Vigilancia Penitenciaria.

TÍTULO VII
Formas especiales de ejecución

CAPÍTULO I
Internamiento en un Centro de Inserción Social

ART. 163. Concepto.

1. Los Centros de Inserción Social son Establecimientos penitenciarios destinados al cumplimiento de penas privativas de libertad en régimen abierto y de las penas de arresto de fin de semana, así como al seguimiento de cuantas penas no privativas de libertad se establezcan en la legislación penal y cuya ejecución se atribuya a los servicios correspondientes del Ministerio de Justicia e Interior u órgano autonómico competente. También se dedicarán al seguimiento de los liberados condicionales que tengan adscritos.

2. La actividad penitenciaria en estos Centros tendrá por objeto esencial potenciar las capacidades de inserción social positiva que presenten las personas en ellos internadas mediante el desarrollo de actividades y programas de tratamiento destinados a favorecer su incorporación al medio social.

ART. 164. Funcionamiento.

1. El funcionamiento de estos Centros estará basado en el principio de confianza en el interno y en la aceptación voluntaria por el mismo de los programas de tratamiento.

2. Serán principios rectores de su actividad:

a) Integración, facilitando la participación plena del interno en la vida familiar, social y laboral y proporcionando la atención que precise a través de los servicios generales buscando su inserción en el entorno familiar y social adecuado.

b) Coordinación, con cuantos organismos e instituciones públicas y privadas actúen en la atención y reinserción de los internos, prestando especial atención a la utilización de los recursos sociales externos, particularmente en materia de sanidad, educación, acción formativa y trabajo.

3. Para el cumplimiento de sus fines, los Centros de Inserción Social contarán con los órganos y equipo de profesionales que se determinen en las normas de desarrollo de este Reglamento.

4. Los anteriores principios, en tanto que inspiradores de los Centros de Inserción Social, configuran un funcionamiento específico de éstos dentro del sistema penitenciario con finalidades, objetivos y normas propias. Dichas normas deberán ser promulgadas por el Ministerio de Justicia e Interior u órgano autonómico competente como complemento de este Reglamento, el cual se aplicará supletoriamente a las mismas.

CAPÍTULO II
Unidades Dependientes

ART. 165. Concepto.

1. Las Unidades Dependientes son unidades arquitectónicamente ubicadas fuera del recinto de los Centros penitenciarios, preferentemente en viviendas ordinarias del entorno comunitario, sin ningún signo de distinción externa relativo a su dedicación.

2. Los servicios y prestaciones de carácter formativo, laboral y tratamental que en ellas reciben los internos son gestionados de forma directa y preferente por asociaciones u organismos no penitenciarios. Ello no obsta a que la Administración Penitenciaria pueda participar también en tales tareas con personal de ella dependiente, sin perjuicio de las funciones de control y coordinación que le competen.

3. Administrativamente dependerán siempre de un Centro penitenciario, conservando sus órganos colegiados y unipersonales las competencias y responsabilidades respecto a los internos en ellas destinados recogidas en la legislación vigente, con el mayor respeto posible a los principios de especificidad y autonomía que confieren su razón de ser a estas Unidades.

4. Los Directores de los Centros penitenciarios deberán comunicar puntualmente a la Secretaría de Estado u órgano autonómico equivalente cualquier modificación que se produzca o esté prevista relativa a cualquiera de los datos correspondientes a Unidades Dependientes de sus Centros penitenciarios.

5. Los penados en ellas destinados necesitarán estar clasificados en el tercer grado de tratamiento, cumpliendo los requisitos establecidos en la legislación general.

ART. 166. Creación.

1. La creación de nuevas Unidades Dependientes se llevará a cabo mediante Orden Ministerial o resolución autonómica equivalente, pudiendo venir propiciadas estas actuaciones por la suscripción de acuerdos o convenios de colaboración entre la Administración Penitenciaria correspondiente y otras Instituciones dedicadas a la resocialización de los internos.

2. Todas las Unidades Dependientes contarán con unas normas de funcionamiento interno, que recogerán las obligaciones y derechos específicos de los residentes, el horario general, así como las normas de convivencia y comunicaciones internas. Tales normas se fijarán, con la adecuación a las previstas en el apartado siguiente, por los responsables de la Unidad y deberán obtener la aprobación del Consejo de Dirección del Centro penitenciario, previo informe de la Junta de Tratamiento.

3. Existirán igualmente unas normas de organización y seguimiento, en las que se recogerán, entre otros extremos, los objetivos específicos de la Unidad, los perfiles preferentes de los internos a ella destinados, la composición de los órganos mixtos integrados por la Administración Penitenciaria y la Institución correspondiente para el seguimiento del funcionamiento de la Unidad, el régimen ordinario de reuniones, sus pautas concretas de actuación y el servicio que en ellas deban prestar funcionarios penitenciarios. Tales normas se prepararán por la Junta de Tratamiento del Centro penitenciario de forma coordinada con la Institución no penitenciaria y deberán ser aprobadas por el Centro Directivo.

ART. 167. Selección y destino.

1. La selección de los internos que hayan de ser destinados a una Unidad Dependiente se llevará a cabo por la Junta de Tratamiento, atendiendo a los criterios generales para la clasificación en tercer grado y a los perfiles preferentes existentes en cada una de ellas.

2. El destino de un interno a una Unidad Dependiente precisa de su previa y expresa aceptación de la normativa propia de la Unidad, de acuerdo con los principios de mutua confianza y autorresponsabilidad que informan el régimen abierto.

3. Por el Director del Establecimiento se dará cuenta al Juez de Vigilancia Penitenciaria del destino de cada interno a la Unidad Dependiente, así como de los posibles cambios de destino que se produzcan.

CAPÍTULO III
Internamiento en un Establecimiento o Departamento Mixto

ART. 168. Centros o Departamentos Mixtos.

Con carácter excepcional, el Centro Directivo, de conformidad con lo dispuesto en el artículo 16, a), de la Ley Orgánica General Penitenciaria podrá, para ejecutar programas específicos de tratamiento o para evitar la desestructuración familiar, establecer, para grupos determinados de población penitenciaria, Centros o Departamentos Mixtos donde indistintamente puedan ser destinados hombres y mujeres.

Ver art. 16 LGPe.

ART. 169. Voluntariedad.

1. Cuando las Juntas de Tratamiento, contando con el consentimiento de los seleccionados exigido en el artículo 99.3 de este Reglamento, formulen propuestas de destino a un Establecimiento de este tipo, deberán valorar ponderadamente todas las circunstancias personales y penitenciarias concurrentes y, especialmente, las variables de autocontrol individual de los internos.

2. No podrán ser destinados a estos Departamentos Mixtos los internos condenados por delitos contra la libertad sexual.

ART. 170. Comunidad terapéutica.

El Centro Directivo podrá autorizar que se organicen en estos Establecimientos grupos de comunidad terapéutica en la forma y condiciones establecidas en el artículo 115 de este Reglamento.

ART. 171. Actividades en común.

En función de la diferenciación sexual de los residentes, los Consejos de Dirección o la Junta de Tratamiento responsable en los supuestos de comunidad terapéutica del artículo anterior, someterán al Centro Directivo para su aprobación las normas de régimen interior, donde se detallarán qué tipo de actividades pueden ser realizadas en común y aquellas otras para las que el criterio general de separación de la Ley Orgánica General Penitenciaria debe seguir presidiendo el régimen de vida.

ART. 172. Cónyuges.

En todo caso, y salvo que razones de tratamiento, clasificación, seguridad o buen orden del Establecimiento lo hagan desaconsejable se fomentará la plena convivencia de los cónyuges que se encuentren privados de libertad.

CAPÍTULO IV
Internamiento en departamentos para jóvenes

Ver art. 9.2, 16 LGPe.

ART. 173. Principios generales.

1. El régimen de vida de los departamentos para jóvenes se caracterizará por una acción educativa intensa. Se considera jóvenes a los internos menores de veintiún años y, excepcionalmente, los que no hayan alcanzado los veinticinco años de edad.

2. El personal adscrito a los departamentos para jóvenes dirigirá sus actuaciones a la formación integral de los internos, potenciando y desarrollando sus capacidades por medio de técnicas compensatorias que les ayuden a mejorar sus conocimientos y capacidades, de modo que se incrementen sus oportunidades de reinserción en la sociedad.

3. Se fomentará, en la medida de lo posible, el contacto del interno con su entorno social, utilizando al máximo los recursos existentes y procurando la participación de las instituciones comunitarias en la vida del departamento.

ART. 174. Medios y programas.

1. Como consecuencia de lo dispuesto en el artículo anterior, todos los medios educativos de atención especializada y todos los demás medios apropiados deberán estar disponibles y ser utilizados para responder a las necesidades del tratamiento personalizado del interno.

2. Las condiciones arquitectónicas y ambientales, el sistema de convivencia y la organización de la vida del departamento se estructurarán de manera que se garantice el desarrollo de cinco programas fundamentales:

a) Un programa de formación instrumental y formación básica, entendida como una formación general y compensadora de una educación deficitaria en relación con el desarrollo y las exigencias de la sociedad actual. Este ámbito ha de permitir el acceso del interno a todos los niveles de enseñanza establecidos en la ordenación del sistema educativo.

b) Un programa de formación laboral que comprenda tanto el aprendizaje inicial para poder incorporarse al mercado de trabajo, como la actualización, la reconversión y el perfeccionamiento de conocimientos y habilidades para ejercer una profesión o un oficio según las exigencias del desarrollo social y del cambio constante del sistema productivo.

c) Un programa de formación para el ocio y la cultura que pretenda el aprovechamiento del tiempo libre con finalidades formativas y la profundización en los valores cívicos.

d) Un programa dirigido a la educación física y el deporte que permita, además de mejorar el estado de su organismo, liberar tensiones tanto físicas como psicológicas.

e) Un programa de intervención dirigido a aquellas problemáticas de tipo psicosocial, de drogodependencias o de otro tipo que dificulten la integración social normalizada de los internos.

ART. 175. Educación.

1. Al diseñar el modelo individualizado de intervención o el programa de tratamiento, se establecerá un proyecto educativo de acuerdo con las características personales de cada joven internado.

2. El proyecto educativo del joven será objeto de seguimiento y de evaluación periódica y en su ejecución participarán todos los profesionales que atiendan al interno.

ART. 176. Régimen.

Atendiendo al régimen, los módulos o departamentos de jóvenes se diversificarán en distintos tipos según que los internos a ellos destinados se encuentren clasificados en primero, segundo o tercer grado de tratamiento.

ART. 177. Modalidades de vida.

Para alcanzar los objetivos establecidos en cada programa individualizado de ejecución y potenciar el interés, la colaboración y la participación de los internos en su tratamiento, será preciso poner en práctica un sistema flexible de separación, a cuyo efecto en cada departamento se establecerán diversas modalidades de vida, caracterizadas por márgenes progresivos de confianza y libertad.

II

CAPÍTULO V
Internamiento en Unidades de Madres

ART. 178. Normas de funcionamiento.

De acuerdo con lo establecido en el artículo 17, la Administración Penitenciaria dispondrá para los menores y sus madres de Unidades de Madres, que se regirán, en sus aspectos esenciales, por las siguientes normas:

1.ª La Junta de Tratamiento programará las actividades formativas y lúdicas, así como las salidas programadas al exterior de los menores, con especial atención a su integración social en la comunidad donde esté ubicado el Establecimiento, a cuyo fin contará con la colaboración de los especialistas a que se refieren las normas 2.ª y 3.ª y de los servicios sociales del Centro correspondiente.

2.ª En estas Unidades existirá un Especialista de Educación Infantil que orientará la programación educacional y lúdica de las actividades de los menores.

3.ª Los menores tendrán cubierta la asistencia médica en el Establecimiento por un especialista en Pediatría.

4.ª La Administración garantizará a los menores las horas de descanso y de juego que aquéllos precisen. A estos fines, se dedicará un espacio suficiente de acción formativa con elementos de juego y de entretenimiento.

5.ª El régimen de visitas del menor sólo podrá restringirse de forma transitoria por razones de orden y de seguridad del Establecimiento.

6.ª En el caso de madres que carezcan de medios económicos suficientes, la Administración proveerá lo necesario para el cuidado infantil de los hijos con los que compartan su internamiento.

ART. 179. Horario flexible.

Con relación a las internas con hijos menores clasificadas en tercer grado, la Junta de Tratamiento podrá aprobar un horario adecuado a sus necesidades familiares con el fin de fomentar el contacto con sus hijos en el ambiente familiar, pudiendo pernoctar en el domicilio e ingresar en el Establecimiento durante las horas diurnas que se determinen.

Ver art. 25 LGPe.

ART. 180. Unidades Dependientes.

El Centro Directivo podrá autorizar, a propuesta de la Junta de Tratamiento, que las internas clasificadas en tercer grado de tratamiento con hijos menores sean destinadas a Unidades Dependientes exteriores, donde éstos podrán integrarse plenamente en el ámbito laboral y escolar.

ART. 181. Adopción de medidas excepcionales.

Cuando se detecte que un menor es objeto de malos tratos, físicos o psíquicos o es utilizado por su madre o familiares para introducir o extraer del Establecimiento sustancias u objetos no autorizados, el Consejo de Dirección, previo informe de la Junta de Tratamiento, lo comunicará a la Autoridad competente en materia de menores para que decida lo que estime procedente.

CAPÍTULO VI
Cumplimiento en Unidades extrapenitenciarias

ART. 182. Internamiento en centro de deshabituación y en centro educativo especial.

1. El Centro Directivo podrá autorizar la asistencia en instituciones extrapenitenciarias adecuadas, públicas o privadas, de penados clasificados en tercer grado que necesiten un tratamiento específico para deshabituación de drogodependencias y otras adicciones, dando cuenta al Juez de Vigilancia.

2. La autorización estará sometida a las siguientes condiciones, que deberán constatarse en el protocolo del interno instruido al efecto:

a) Programa de deshabituación aprobado por la institución de acogida, que deberá contener el compromiso expreso de la institución de acoger al interno y de comunicar al Centro penitenciario las incidencias que surjan en el tratamiento.

b) Consentimiento y compromiso expresos del interno para observar el régimen de vida propio de la institución de acogida.

c) Programa de seguimiento del interno, aprobado conjuntamente por el Centro penitenciario y la institución de acogida, que deberá contener los controles oportunos establecidos por el Centro, cuya aceptación previa y expresa por el interno será requisito imprescindible para poder conceder la autorización.

3. La Administración Penitenciaria correspondiente celebrará los convenios necesarios con otras Administraciones Públicas o con entidades colaboradoras para la ejecución de las medidas de seguridad privativas de libertad previstas en el Código Penal.

CAPÍTULO VII
Internamiento en un Establecimiento o Unidades Psiquiátricas penitenciarias

ART. 183. Objeto.

Los Establecimientos o Unidades Psiquiátricas penitenciarias son aquellos centros especiales destinados al cumplimiento de las medidas de seguridad privativas de libertad aplicadas por los Tribunales correspondientes.

ART. 184. Ingreso.

El ingreso en estos Establecimientos o Unidades Psiquiátricas penitenciarias se llevará a cabo en los siguientes casos:

a) Los detenidos o presos con patología psiquiátrica, cuando la autoridad judicial decida su ingreso para observación, de acuerdo con lo establecido en la Ley de Enjuiciamiento Criminal, durante el tiempo que requiera la misma y la emisión del oportuno informe.

Una vez emitido el informe, si la autoridad judicial no decidiese la libertad del interno, el Centro Directivo podrá decidir su traslado al Centro que le corresponda.

b) Personas a las que por aplicación de las circunstancias eximentes establecidas en el Código Penal les haya sido aplicada una medida de seguridad de internamiento en centro psiquiátrico penitenciario.

c) Penados a los que, por enfermedad mental sobrevenida, se les haya impuesto una medida de seguridad por el Tribunal sentenciador en aplicación de lo dispuesto en el Código Penal y en la Ley de Enjuiciamiento Criminal que deba ser cumplida en un Establecimiento o Unidad psiquiátrica penitenciaria.

ART. 185. Equipo multidisciplinar.

1. Para garantizar un adecuado nivel de asistencia, los Establecimientos o Unidades Psiquiátricas penitenciarias dispondrán, al menos, de un Equipo multidisciplinar, integrado por los psiquiatras, psicólogos, médicos generales, enfermeros y trabajadores sociales que sean necesarios para prestar la asistencia especializada que precisen los pacientes internados en aquéllos. También contarán con los profesionales y el personal auxiliar necesario para la ejecución de los programas de rehabilitación.

2. La Administración Penitenciaria solicitará la colaboración necesaria de otras Administraciones Públicas con competencia en la materia para que el tratamiento psiquiátrico de los internos continúe, si es necesario, después de su puesta en libertad y para que se garantice una asistencia social postpenitenciaria de carácter psiquiátrico, así como para que los enfermos cuya situación personal y procesal lo permita puedan ser integrados en los programas de rehabilitación y en las estructuras intermedias existentes en el modelo comunitario de atención a la salud mental.

ART. 186. Atención, destino e informe a la Autoridad judicial en el momento del ingreso.

1. En el momento de ingresar, el paciente será atendido por el facultativo de guardia, quien, a la vista de los informes del Centro de procedencia y del resultado de su reconocimiento, dispondrá lo conveniente respecto al destino de aquél a la dependencia más adecuada y al tratamiento a seguir hasta que sea reconocido por el psiquiatra.

2. El equipo que atienda al paciente deberá presentar un informe a la Autoridad judicial correspondiente, en el que se haga constar la propuesta que se formula sobre cuestiones como el diagnóstico y la evolución observada con el tratamiento, el juicio pronóstico que se formula, la necesidad del mantenimiento, cese o sustitución del internamiento, la separación, el traslado a otro Establecimiento o Unidad Psiquiátrica, el programa de rehabilitación, la aplicación de medidas especiales de ayuda o tratamiento, así como las que hubieran de tenerse en cuenta para el momento de la salida de aquél del Centro.

ART. 187. Revisión.

1. La peculiaridad del internamiento de los enajenados reclama una información periódica para el debido control judicial, a cuyo efecto la situación personal del paciente será revisada, al menos, cada seis meses por el Equipo multidisciplinar, emitiendo un informe sobre su estado y evolución.

2. El informe a que se hace referencia en el apartado anterior, así como el previsto en el artículo 186 serán remitidos al Ministerio Fiscal a los efectos procedentes.

ART. 188. Régimen de los Establecimientos o Unidades Psiquiátricas.

1. La separación en los distintos departamentos de que consten los Establecimientos o Unidades se hará en atención a las necesidades asistenciales de cada paciente.

2. Las restricciones a la libertad personal del paciente deben limitarse a las que sean necesarias en función del estado de salud de aquél o del éxito del tratamiento.

3. El empleo de medios coercitivos es una medida excepcional, que sólo podrá ser admitida por indicación del facultativo y durante el tiempo mínimo imprescindible previo al efecto del tratamiento farmacológico que esté indicado, debiéndose respetar, en todo momento, la dignidad de la persona. Incluso en los supuestos de que médicamente se considere que no hay alternativa alguna a la aplicación de los medios expresados, la medida debe ser puntualmente puesta en conocimiento de la Autoridad judicial de la que dependa el paciente, dándose traslado documental de su prescripción médica.

4. Las disposiciones de régimen disciplinario contenidas en este Reglamento no serán de aplicación a los pacientes internados en estas instituciones.

ART. 189. Actividades rehabilitadoras.

Con el fin de incrementar las posibilidades de desinstitucionalización de la población internada y facilitar su vuelta al medio social y familiar, así como su integración en los recursos sanitarios externos, en los Establecimientos o Unidades se establecerá, con soporte escrito, una programación general de actividades rehabilitadoras, así como programas individuales de rehabilitación para cada paciente, no debiendo limitarse la aplicación de estas medidas a quienes presenten mayores posibilidades de reinserción laboral o social, sino abarcando también a aquellos que, aun teniendo más dificultades para su reinserción, puedan, no obstante, mejorar, mediante la aplicación de los correspondientes tratamientos, aspectos tales como la autonomía personal y la integración social.

ART. 190. Relaciones con el exterior.

Las comunicaciones con el exterior de los pacientes se fijarán en el marco del programa individual de rehabilitación de cada uno de aquéllos, indicando el número de comunicaciones y salidas, la duración de las mismas, las personas con quienes los pacientes puedan comunicar y las condiciones en que se celebren las mencionadas comunicaciones.

ART. 191. Criterios de localización y diseño.

1. Para fijar la ubicación y el diseño de las instalaciones psiquiátricas, deberán tenerse en cuenta, como elementos determinantes, factores tales como los criterios terapéuticos, la necesidad de favorecer el esparcimiento y la utilización del ocio por parte de los pacientes internados, así como la disposición de espacio suficiente para el adecuado desarrollo de las actividades terapéuticas y rehabilitadoras.

2. La Administración Penitenciaria procurará que la distribución territorial de las instalaciones psiquiátricas penitenciarias favorezca la rehabilitación de los enfermos a través del arraigo en su entorno familiar, mediante los correspondientes acuerdos y convenios con las Administraciones sanitarias competentes.

TÍTULO VIII
De la libertad condicional y de los beneficios penitenciarios

CAPÍTULO I
Libertad condicional

Ver art. 76.2.b) LGPe.

ART. 192. Libertad condicional.

Los penados clasificados en tercer grado que reúnan los demás requisitos establecidos al efecto en el Código Penal cumplirán el resto de su condena en situación de libertad condicional, conforme a lo dispuesto en dicho Código.

ART. 193. Cómputo del tiempo cumplido.

Para el cómputo de las tres cuartas partes o, en su caso, dos terceras partes de la pena, se tendrán en cuenta las siguientes normas:

1.ª El tiempo de condena que fuera objeto de indulto se rebajará al penado del total de la pena impuesta, a los efectos de aplicar la libertad condicional, procediendo como si se tratase de una nueva pena de inferior duración.

2.ª Cuando el penado sufra dos o más condenas de privación de libertad, la suma de las mismas será considerada como una sola condena a efectos de aplicación de la libertad condicional. Si dicho penado hubiera sido objeto de indulto, se sumará igualmente el tiempo indultado en cada una para rebajarlo de la suma total.

ART. 194. Iniciación del expediente.

La Junta de Tratamiento deberá iniciar la tramitación del correspondiente expediente con la antelación necesaria para que no sufra retraso la concesión de este beneficio.

ART. 195. Expediente de libertad condicional.

El expediente de libertad condicional habrá de contener, en su caso, los siguientes documentos:

a) Testimonio de sentencia o sentencias recaídas y de la correspondiente liquidación de condena.

b) Certificación acreditativa de los beneficios penitenciarios y de la clasificación en tercer grado.

c) Informe pronóstico de integración social, emitido por la Junta de Tratamiento de acuerdo con lo establecido en el artículo 67 de la Ley Orgánica General Penitenciaria.

d) Resumen de su situación penal y penitenciaria, con indicación de las fechas de prisión continuada y de las de cumplimiento de las dos terceras partes y tres cuartas partes de la condena, así como de la fecha de libertad definitiva. Igualmente se indicarán los permisos de salida disfrutados y sus incidencias, así como las sanciones y sus cancelaciones, para lo cual se podrá aportar copia de los ficheros informáticos penitenciarios.

e) Programa individual de libertad condicional y plan de seguimiento.

f) Acta de compromiso de acogida por parte de su familia, persona allegada o instituciones sociales extrapenitenciarias.

g) Manifestación del interesado sobre la localidad en que piensa fijar su residencia y sobre si acepta la tutela y control de un miembro de los servicios sociales del Centro, que informarán sobre las posibilidades de control del interno. En la fijación de la residencia se habrá de tener en cuenta la prohibición de residir en un lugar determinado o de volver a determinados lugares que, en su caso, hubiera impuesto el Tribunal.

h) Manifestación del interesado sobre el trabajo o medio de vida de que dispondrá al salir en libertad o, en el supuesto de que no disponga, informe de los servicios sociales sobre la posibilidad de trabajo en el exterior.

i) Certificación literal del acta de la Junta de Tratamiento del Establecimiento en la que se recoja el acuerdo de iniciación del expediente a que se refiere el artículo anterior, donde, en su caso, se propondrá al Juez de Vigilancia la aplicación de una o varias de las reglas de conducta previstas en el artículo 105 del Código Penal.

ART. 196. Libertad condicional de septuagenarios y enfermos terminales.

1. Se elevará al Juez de Vigilancia el expediente de libertad condicional de los penados que hubiesen cumplido setenta años o los cumplan durante la extinción de la condena. En el expediente deberá acreditarse el cumplimiento de los requisitos establecidos en el Código Penal, excepto el de haber extinguido las tres cuartas partes o, en su caso, las dos terceras partes de la condena o condenas.

2. Igual sistema se seguirá cuando, según informe médico, se trate de enfermos muy graves con padecimientos incurables. Cuando los servicios médicos del Centro consideren que concurren las condiciones para la concesión de la libertad condicional por esta causa, lo pondrán en conocimiento de la Junta de Tratamiento, mediante la elaboración del oportuno informe médico.

3. En ambos supuestos, el expediente deberá contener los documentos a que se refiere el artículo anterior, excepto los relativos a la letra h), junto con un informe social en el que constará, en su caso, la admisión del interno por alguna institución o asociación cuando éste carezca de vinculación o apoyo familiar en el exterior. Cuando se trate de enfermos muy graves con padecimientos incurables se incluirá en el expediente el informe médico acreditativo de la enfermedad, así como de la gravedad e irreversibilidad de la misma. En el caso de septuagenarios, se acreditará la edad del interno mediante la certificación de nacimiento del mismo o, en su defecto, por cualquier medio de prueba admitido en derecho.

4. La Administración velará para facilitar al penado el apoyo social externo cuando carezca del mismo.

ART. 197. Libertad condicional de extranjeros.

1. En el caso de internos extranjeros no residentes legalmente en España o de españoles residentes en el extranjero, previa conformidad documentada del interno, se elevará al Juez de Vigilancia su expediente de libertad condicional recabando autorización para que aquél pueda disfrutar de esta situación en su país de residencia, así como de las cautelas que hayan de adoptarse, en su caso, al objeto de que dicha libertad se disfrute efectivamente en el país fijado. A estos efectos, y siempre que las normas de Derecho Internacional lo permitan, se podrá solicitar a las autoridades competentes del Estado del país fijado la aplicación de las medidas de seguimiento y control de la libertad condicional previstas en su legislación interna.

2. Con el fin de poder dar cumplimiento a la medida de expulsión prevista en el artículo 89 del Código Penal, con antelación suficiente, se comunicarán al Ministerio Fiscal las propuestas de libertad condicional de penados extranjeros junto con un breve resumen de su situación penal y penitenciaria, en el que se harán constar expresamente las fechas de cumplimiento de las dos terceras partes y de las tres cuartas partes de su condena o condenas.

ART. 198. Remisión al Juzgado de Vigilancia.

1. Concluido el expediente, la Junta de Tratamiento lo elevará al Juez de Vigilancia, haciendo constar los certificados e informes necesarios para acreditar la existencia de los requisitos legales y, en su caso, propuesta razonada de autorización de la libertad condicional.

2. En todo caso, el expediente de libertad condicional deberá tener entrada en el Juzgado de Vigilancia antes del cumplimiento del tiempo requerido de condena, debiendo justificarse, en caso contrario, el retraso de su envío.

ART. 199. Excarcelación.

1. Recibida en el Establecimiento la resolución judicial de poner en libertad condicional a un penado, el Director la cumplimentará seguidamente remitiendo copia al Centro Directivo y dando cuenta a la Junta de Tratamiento en la primera sesión que se celebre.

2. El Director del Establecimiento expedirá al liberado condicional certificado acreditativo de su situación.

3. Si el auto de libertad condicional se recibiera antes de la fecha de cumplimiento prevista, no se procederá a ejecutar la libertad hasta el mismo día de cumplimiento.

4. Si en el tiempo que medie entre la elevación y la fecha de cumplimiento el penado observase mala conducta, se modificase su pronóstico o se descubriera algún error o inexactitud en los informes aportados al expediente, el Director dará cuenta inmediata al Juez de Vigilancia a fin de que éste adopte la resolución que proceda.

ART. 200. Control del liberado condicional.

1. Para su adecuado seguimiento y control, los liberados condicionales se adscribirán al Centro penitenciario o al Centro de Inserción Social más próximo al domicilio en que vayan a residir.

2. El seguimiento y control de los liberados condicionales, hasta el cumplimiento total de la condena o, en su caso, hasta la revocación de la libertad condicional, se efectuará por los servicios sociales penitenciarios del Centro al que hayan sido adscritos, con arreglo a las directrices marcadas por la Junta de Tratamiento correspondiente.

3. Con este fin, la Junta de Tratamiento, como continuación del modelo de intervención de los penados, elaborará un programa individualizado para el seguimiento de los liberados condicionales que se adscriban al Centro penitenciario, que será ejecutado por los servicios sociales del mismo.

4. Las reglas de conducta que imponga, en su caso, el Juez de Vigilancia se incorporarán al programa a que se refiere el apartado anterior.

5. Los informes que soliciten las Autoridades judiciales y los órganos responsables del seguimiento y control de los liberados condicionales se realizarán por los servicios sociales penitenciarios del Centro correspondiente.

ART. 201. Causas de revocación.

1. El período de libertad condicional durará todo el tiempo que falte al liberado para cumplir su condena siempre que durante el mismo observe un comportamiento que no dé lugar a la revocación del beneficio y reingreso en Establecimiento penitenciario.

2. Si en dicho período el liberado volviera a delinquir o inobservase las reglas de conducta impuestas, en su caso, por el Juez de Vigilancia, el responsable de los servicios sociales lo comunicará, con remisión de cuantos datos puedan ser útiles, a éste para la adopción de la resolución que proceda respecto a la revocación de la libertad condicional.

3. En caso de revocación, cuando el interno reingrese en prisión le será de aplicación el régimen ordinario, hasta que por la Junta de Tratamiento se proceda nuevamente a su clasificación.

Apdo. 2: ver art. 76.2.a) LGPe.

CAPÍTULO II
Beneficios penitenciarios

Ver art. 76.2.c) LGPe.

ART. 202. Concepto y clases.

1. A los efectos de este Reglamento, se entenderá por beneficios penitenciarios aquellas medidas que permiten la reducción de la duración de la condena impuesta en sentencia firme o de la del tiempo efectivo de internamiento.

2. Constituyen, por tanto, beneficios penitenciarios el adelantamiento de la libertad condicional y el indulto particular.

ART. 203. Finalidad.

Los beneficios penitenciarios responden a las exigencias de la individualización de la pena en atención a la concurrencia de factores positivos en la evolución del interno, encaminados a conseguir su reeducación y reinserción social como fin principal de la pena privativa de libertad.

ART. 204. Propuesta.

La propuesta de los beneficios penitenciarios requerirá, en todo caso, la ponderación razonada de los factores que la motivan, así como la acreditación de la concurrencia de buena conducta, el trabajo, la participación del interesado en las actividades de reeducación y reinserción social y la evolución positiva en el proceso de reinserción.

ART. 205. Adelantamiento de la libertad condicional.

Las Juntas de Tratamiento de los Centros penitenciarios, previa emisión de un pronóstico individualizado y favorable de reinserción social, podrán proponer al Juez de Vigilancia competente el adelantamiento de la libertad condicional para los penados clasificados en tercer grado, siempre que hayan extinguido las dos terceras partes de su condena o condenas y que sean merecedores de dicho beneficio por observar buena conducta y haber desarrollado continuadamente actividades laborales, culturales u ocupacionales, conforme a lo establecido en el Código Penal.

ART. 206. Indulto particular.

1. La Junta de Tratamiento, previa propuesta del Equipo Técnico, podrá solicitar del Juez de Vigilancia Penitenciaria la tramitación de un indulto particular, en la cuantía que aconsejen las circunstancias, para los penados en los que concurran, de modo continuado durante un tiempo mínimo de dos años y en un grado que se pueda calificar de extraordinario, todas y cada una de las siguientes circunstancias:

a) Buena conducta.

b) Desempeño de una actividad laboral normal, bien en el Establecimiento o en el exterior, que se pueda considerar útil para su preparación para la vida en libertad.

c) Participación en las actividades de reeducación y reinserción social.

2. La tramitación del indulto a que se refiere el párrafo anterior se regulará por lo dispuesto en la vigente legislación sobre el ejercicio del derecho de gracia y en las disposiciones que la complementen o modifiquen.

TÍTULO IX
De las prestaciones de la Administración Penitenciaria

CAPÍTULO I
Asistencia Sanitaria e Higiene

Sección 1.ª Asistencia sanitaria

Ver art. 13, 36-40 LGPe.

ART. 207. Asistencia integral.

1. La asistencia sanitaria tendrá carácter integral y estará orientada tanto a la prevención como a la curación y la rehabilitación. Especial atención merecerá la prevención de las enfermedades transmisibles.

2. A tal efecto, la Administración Penitenciaria y las Administraciones Sanitarias formalizarán los correspondientes convenios de colaboración en materia de salud pública y asistencia sanitaria, en los que se definirán los criterios generales de coordinación, protocolos, planes y procedimientos, así como la financiación a cargo de la Administración Penitenciaria de la asistencia, mediante el pago de la parte proporcional, según la población reclusa, de los créditos fijados para estas atenciones, para cuyo cálculo se tendrá en cuenta el número de internos que estén afiliados a la Seguridad Social o que tengan derecho a la asistencia sanitaria gratuita.

3. La Administración Penitenciaria abonará a las Administraciones Sanitarias competentes los gastos originados por las inversiones precisas para la adecuación de las plantas de hospitalización o consultas de los Centros Hospitalarios extrapenitenciarios por motivos de seguridad.

ART. 208. Prestaciones sanitarias.

1. A todos los internos sin excepción se les garantizará una atención médico-sanitaria equivalente a la dispensada al conjunto de la población. Tendrán igualmente derecho a la prestación farmacéutica y a las prestaciones complementarias básicas que se deriven de esta atención.

2. Las prestaciones sanitarias se garantizarán con medios propios o ajenos concertados por la Administración Penitenciaria competente y las Administraciones Sanitarias correspondientes.

ART. 209. Modelo de atención sanitaria.

1. Atención primaria:

1.1 La atención primaria se dispensará con medios propios de la Administración Penitenciaria o ajenos concertados por la misma. Los Establecimientos penitenciarios contarán con un equipo sanitario de atención primaria que estará integrado, al menos, por un médico general, un diplomado en enfermería y un auxiliar de enfermería. Se contará igualmente, de forma periódica, con un psiquiatra y un médico estomatólogo u odontólogo.

1.2 Los Centros de mujeres dispondrán además de los servicios periódicos de un ginecólogo y, cuando convivan niños con sus madres, de un pediatra.

2. Asistencia especializada:

2.1 La asistencia especializada se asegurará, preferentemente, a través del Sistema Nacional de Salud. Se procurará que aquellas consultas cuya demanda sea más elevada se presten en el interior de los Establecimientos, con el fin de evitar la excarcelación de los internos.

2.2 La asistencia especializada en régimen de hospitalización se realizará en los hospitales que la autoridad sanitaria designe, salvo en los casos de urgencia justificada, en que se llevará a cabo en el hospital más próximo al Centro penitenciario.

2.3 Los convenios y protocolos que se formalicen, conforme a lo previsto en el artículo 207.2, establecerán, al menos, las condiciones de acceso a la asistencia de consultas externas, hospitalización y urgencia, reflejando la programación de días y horarios de atención ambulatoria y los procedimientos a seguir para las pruebas diagnósticas.

3. La dispensación farmacéutica y las prestaciones complementarias básicas se harán efectivas por la Administración Penitenciaria, salvo en lo relativo a los medicamentos de uso hospitalario y a los productos farmacéuticos que no estén comercializados en España.

Apdo. 1: ver art. 36.1 LGPe.

ART. 210. Asistencia obligatoria en casos de urgencia vital.

1. El tratamiento médico-sanitario se llevará a cabo siempre con el consentimiento informado del interno. Sólo cuando exista peligro inminente para la vida de éste se podrá imponer un tratamiento contra la voluntad del interesado, siendo la intervención médica la estrictamente necesaria para intentar salvar la vida del paciente y sin perjuicio de solicitar la autorización judicial correspondiente cuando ello fuese preciso. De estas actuaciones se dará conocimiento a la Autoridad judicial.

2. La intervención médico-sanitaria también podrá realizarse sin el consentimiento del paciente cuando el no hacerlo suponga un peligro evidente para la salud o la vida de terceras personas. De estas actuaciones se dará conocimiento a la Autoridad judicial.

3. Cuando por criterio facultativo se precise el ingreso del interno en un Centro hospitalario y no se cuente con la autorización del paciente, la Administración Penitenciaria solicitará de la Autoridad judicial competente la autorización del ingreso de detenidos, presos o penados en un Centro hospitalario, salvo en caso de urgencia en que la comunicación a dicha Autoridad se hará posteriormente de forma inmediata.

ART. 211. Investigaciones médicas.

1. Los internos no pueden ser objeto de investigaciones médicas más que cuando éstas permitan esperar un beneficio directo y significativo para su salud y con idénticas garantías que las personas en libertad.

2. Los principios éticos en materia de investigación sobre los seres humanos deben aplicarse de forma estricta y, en particular, en lo que concierne al consentimiento informado y a la confidencialidad. Toda investigación llevada a cabo en prisión debe estar sometida a la aprobación de una comisión de ética o a cualquier otro procedimiento que garantice el respeto a estos principios.

3. Los internos deberán ser informados de la existencia de los estudios epidemiológicos que les afecten que se lleven a cabo en la prisión en la que se encuentren.

ART. 212. Equipo sanitario.

1. Al frente del equipo sanitario se hallará un Subdirector médico o Jefe de los servicios médicos, que estará a las órdenes inmediatas del Director del Establecimiento.

2. La vinculación a Instituciones Penitenciarias del personal sanitario ajeno se podrá hacer tanto a través de convenios con otras Administraciones Públicas como de conciertos con entidades privadas o contratos de prestación de servicios, trabajos específicos y concretos no habituales o cualquier otra modalidad de contratación administrativa. Su dedicación estará en función de las necesidades asistenciales de cada Establecimiento.

3. Los internos podrán solicitar a su costa servicios médicos privados de profesionales ajenos a Instituciones Penitenciarias. La solicitud será aprobada por el Centro Directivo, salvo cuando razones de seguridad aconsejen limitar este derecho.

ART. 213. Enfermerías y otras dependencias sanitarias.

1. En los Establecimientos existirá un local destinado a enfermería, dotado de los medios materiales precisos para cubrir la asistencia médico-general y con una capacidad proporcional al número real de internos en el Centro. La enfermería deberá igualmente contar con el instrumental necesario para la asistencia de las especialidades más frecuentemente requeridas. Además, en los departamentos de mujeres habrá una dependencia con instrumental de obstetricia para atender, excepcionalmente, a las mujeres en los supuestos de parto. Igualmente, dispondrán de habitaciones destinadas al aislamiento sanitario de los pacientes que lo precisen.

2. Todas las instalaciones indicadas se regirán por las normas específicas que elabore el Consejo de Dirección y apruebe el Centro Directivo, a propuesta de la unidad sanitaria del Establecimiento, con criterios exclusivamente médicos. La Administración Penitenciaria recabará de las Administraciones sanitarias competentes las autorizaciones preceptivas para el funcionamiento de las unidades, servicios o dependencias sanitarias que así lo requieran.

3. Los servicios sanitarios penitenciarios serán responsables del control de la higiene de las dependencias sanitarias de los Centros penitenciarios.

4. La custodia de medicamentos cuya ingestión sin control médico represente un riesgo para la salud será responsabilidad de los servicios sanitarios penitenciarios, debiendo cumplir los depósitos de medicamentos los requerimientos legales.

Apdo. 1: ver art. 38.1 LGPe.

Apdo. 4: ver art. 22.3, 37 LGPe.

ART. 214. Apertura de la historia clínica.

1. Todos los internos, a su ingreso en el Establecimiento, serán examinados por un médico. El reconocimiento se llevará a cabo durante las primeras veinticuatro horas a partir del ingreso.

2. Del resultado se dejará constancia en el Libro de ingresos y en la historia clínica individual que deberá serle abierta a todo interno.

ART. 215. Confidencialidad de los datos clínicos e información sanitaria.

1. Los datos integrados en la historia clínica individual tendrán carácter confidencial, debiendo quedar correctamente archivados y custodiados, siendo únicamente accesibles para el personal autorizado.

2. Los internos tendrán en cualquier caso derecho a ser informados de forma clara y comprensible sobre todo lo referente a su estado de salud, así como a la expedición de los informes que soliciten.

ART. 216. Comunicaciones con familiares.

1. Cuando un interno se encuentre enfermo grave, se pondrá en conocimiento inmediatamente de sus familiares o allegados y, para las visitas, si aquél no pudiese desplazarse a los locutorios, se autorizará a que uno o dos familiares o allegados puedan comunicar con él en la enfermería del Centro. Cuando razones de seguridad lo aconsejen, la visita podrá estar sometida a vigilancia. El régimen de las citadas visitas será acordado por el Director a propuesta del médico responsable.

2. Si un interno falleciese, se informará de ello inmediatamente a la familia, indicándole el momento y las circunstancias del fallecimiento. La defunción se comunicará igualmente al Centro Directivo y a la Autoridad judicial competente, remitiendo lo antes posible el informe médico, así como, de haberse realizado, el informe del forense o de la autopsia.

Ver art. 52 LGPe.

ART. 217. Visitas en Hospitales extrapenitenciarios.

Las visitas de los familiares o allegados a los reclusos internados en un Hospital extrapenitenciario se regirán por las normas de funcionamiento del Centro Hospitalario correspondiente, debiendo realizarse en las condiciones y con las medidas de seguridad que establezcan los responsables de su custodia, quienes serán informados por el Centro penitenciario del grado de peligrosidad del enfermo.

ART. 218. Consulta o ingreso en Hospitales extrapenitenciarios y custodia de los internos.

1. Cuando un interno requiera ingreso hospitalario, el médico responsable de su asistencia lo comunicará razonadamente al Director del Establecimiento, quien, previa autorización del Centro Directivo, dispondrá lo necesario para efectuar el traslado. En todo caso se acompañará informe médico.

2. Tanto del ingreso en Centros hospitalarios como del traslado por razones sanitarias a otro Establecimiento penitenciario de los detenidos y presos, se dará cuenta a la Autoridad Judicial de que dependan o al Juez de Vigilancia Penitenciaria en el caso de los penados.

3. Cuando un interno precise una consulta médica o prueba diagnóstica en centros sanitarios externos, el servicio médico lo comunicará al Director para que disponga lo oportuno.

4. En los casos en que el traslado haya de hacerse a consultas o centros privados, como consecuencia de lo dispuesto en el artículo 212.3, o en aquellos otros que determine el Centro Directivo, será preceptiva la previa comunicación a éste.

5. La vigilancia y custodia de los detenidos, presos o penados en centros sanitarios no penitenciarios correrá exclusivamente a cargo de las Fuerzas y Cuerpos de Seguridad del Estado competentes.

6. Corresponde a las autoridades de dichas Fuerzas y Cuerpos establecer las condiciones en que se llevará a cabo la vigilancia y custodia y, en especial, la identificación de las personas que hayan de acceder a la dependencia en que se encuentre el interno, teniendo en cuenta lo dispuesto en este Reglamento y las normas de funcionamiento del centro hospitalario, sin perjuicio de la intimidad que requiere la asistencia sanitaria.

7. No se podrá exigir responsabilidad alguna en materia de custodia de los internos al personal de los centros hospitalarios, que asumirá exclusivamente las responsabilidades propias de la asistencia sanitaria.

ART. 219. Medidas epidemiológicas.

1. Al objeto de posibilitar un adecuado control de la incidencia y prevalencia de enfermedades transmisibles en el ámbito penitenciario, los convenios de colaboración entre la Administración Penitenciaria y las Administraciones Sanitarias deberán prever la realización de planes y programas de actuación sobre las enfermedades más prevalentes.

2. Cuando en algún Centro penitenciario se detecte un brote de enfermedad transmisible, se procederá a comunicarlo de forma inmediata a las autoridades sanitarias competentes y al Centro Directivo. Paralelamente, se iniciarán las medidas oportunas para evitar la propagación de dicho brote y para el tratamiento de los afectados.

3. De conformidad con lo dispuesto en la Ley General de Sanidad, cuando un recluso con enfermedades infectocontagiosas alcance la libertad definitiva, la Administración Penitenciaria lo comunicará a las Autoridades sanitarias correspondientes.

4. Cuando el liberado definitivo sea un enfermo mental, se comunicará al Ministerio Fiscal a los efectos procedentes.

ART. 220. Sistemas de información sanitaria y epidemiológica.

1. La Administración Penitenciaria deberá contar con sistemas de información sanitaria y de vigilancia epidemiológica que le permitan conocer cuáles son las enfermedades prevalentes entre la población penitenciaria y los grupos de mayor riesgo con la finalidad de adecuar los mismos y la asistencia a las necesidades reales detectadas.

2. La Administración Penitenciaria y las Administraciones Sanitarias competentes fijarán los protocolos que garanticen la coordinación con los sistemas de información y vigilancia epidemiológica del Sistema Nacional de Salud.

Sección 2.ª Higiene y alimentación

Ver art. 19.3, 22.2 LGPe; Ver art. 78 de este Reglamento

ART. 221. Medidas higiénicas.

Para garantizar el mantenimiento y la mejora de la salud en los Establecimientos penitenciarios se observarán las normas de limpieza e higiene que se establezcan desde el Centro Directivo.

ART. 222. Lotes higiénicos.

En el momento del ingreso cada interno recibirá los artículos y productos necesarios para la higiene personal diaria, así como preservativos y la ropa de uso personal y de cama. Estos artículos se repondrán periódicamente.

Ver art. 38.2 y 38.4 LGPe.

ART. 223. Prohibición de entrada de alimentos perecederos.

Por razones de salud pública no se permitirá la entrada de alimentos perecederos por aquellos conductos que pudieran alterar sus características y comprometer la salud de los consumidores.

Ver art. 21.2 LGPe.

ART. 224. Lavandería.

En todos los Establecimientos penitenciarios se contará con un servicio de lavandería al que accederán todos los internos.

Ver art. 19.3, 20 LGPe.

ART. 225. Desinfección de instalaciones penitenciarias.

1. Con la periodicidad que determine el servicio sanitario, de acuerdo con las normas establecidas por el Centro Directivo, se procederá a una completa desinfección, desinsectación y desratización de las distintas dependencias de cada Establecimiento. Corresponderá a los servicios sanitarios el seguimiento y la evaluación de las campañas que se realicen.

2. Como regla general, por razones higiénicas no se autorizará la presencia de animales en los Establecimientos penitenciarios y, en ningún caso, en las celdas.

Ver art. 19.2 LGPe.

ART. 226. Alimentación.

1. En todos los Centros penitenciarios se proporcionará a los internos una alimentación convenientemente preparada, que debe responder a las exigencias dietéticas de la población penitenciaria y a las especificidades de edad, salud, trabajo, clima, costumbres y, en la medida de lo posible, convicciones personales y religiosas.

2. La alimentación de los enfermos se someterá al control facultativo.

3. En los Centros donde se encuentren niños acompañando a sus madres se proveerán los medios necesarios para la alimentación de cada menor conforme a sus necesidades, de acuerdo con las indicaciones del servicio médico.

Ver art. 21.2 LGPe.

CAPÍTULO II
Acción social penitenciaria

ART. 227. Objetivos.

La acción social se dirigirá a la solución de los problemas surgidos a los internos y a sus familias como consecuencia del ingreso en prisión y contribuirá al desarrollo integral de los mismos.

ART. 228. Prestaciones de las Administraciones Públicas.

La Administración Penitenciaria promoverá la coordinación de los servicios sociales penitenciarios con las redes públicas de asistencia social y fomentará el acceso de los penados clasificados en tercer grado y de los liberados condicionales y definitivos y de sus familiares a las rentas de inserción establecidas por las diferentes Comunidades Autónomas, así como a los restantes servicios sociales y prestaciones de las Administraciones Públicas.

ART. 229. Servicios sociales penitenciarios.

1. Los servicios sociales penitenciarios asistirán a las personas que ingresen en prisión y elaborarán una ficha social para cada interno, que formará parte de su protocolo personal.

2. Los Trabajadores sociales, que prestarán sus servicios en el interior y en el exterior del Centro penitenciario indistintamente, atenderán las solicitudes que les formulen los internos, los liberados condicionales adscritos al Establecimiento y las familias de unos y de otros.

3. Los servicios sociales velarán por mantener al día la documentación de los internos que estén afiliados a la Seguridad Social y realizarán las gestiones oportunas para que por los organismos competentes se reconozca el derecho a la asistencia sanitaria gratuita a los internos que reúnan los requisitos exigidos.

4. Por el Centro Directivo se regulará el funcionamiento de los servicios sociales penitenciarios y sus relaciones con la Junta de Tratamiento.

CAPÍTULO III
Asistencia religiosa

ART. 230. Libertad religiosa.

1. Todos los internos tendrán derecho a dirigirse a una confesión religiosa registrada para solicitar su asistencia siempre que ésta se preste con respeto a los derechos de las restantes personas. En los Centros podrá habilitarse un espacio para la práctica de los ritos religiosos.

2. Ningún interno podrá ser obligado a asistir o participar en los actos de una confesión religiosa.

3. La Autoridad penitenciaria facilitará que los fieles puedan respetar la alimentación, los ritos y los días de fiesta de su respectiva confesión, siempre que lo permitan las disponibilidades presupuestarias, la seguridad y vida del Centro y los derechos fundamentales de los restantes internos.

4. En todo lo relativo a la asistencia religiosa de los internos se estará a lo establecido en los acuerdos firmados por el Estado español con las diferentes confesiones religiosas.

Ver art. 54 LGPe.

Ver Real Decreto 710/2006, de 9 de junio, de desarrollo de los Acuerdos de Cooperación firmados por el Estado con la Federación de Entidades Religiosas Evangélicas de España, la Federación de Comunidades Judías de España y la Comisión Islámica de España, en el ámbito de la asistencia religiosa penitenciaria.

TÍTULO X
Del régimen disciplinario y de las recompensas

Ver arts. 41-46 LGPe.

CAPÍTULO I
Ámbito de aplicación y principios

ART. 231. Fundamento y ámbito de aplicación.

1. El régimen disciplinario de los reclusos estará dirigido a garantizar la seguridad y el buen orden regimental y a conseguir una convivencia ordenada, de manera que se estimule el sentido de responsabilidad y la capacidad de autocontrol, como presupuestos necesarios para la realización de los fines de la actividad penitenciaria.

2. El régimen disciplinario se aplicará a todos los internos, con la excepción establecida en el artículo 188.4 de este Reglamento, con independencia de su situación procesal y penitenciaria, tanto dentro de los Centros penitenciarios como durante los traslados, conducciones o salidas autorizadas que se realicen.

ART. 232. Principios de la potestad disciplinaria.

1. La potestad disciplinaria se ejercerá por la Comisión Disciplinaria, sin perjuicio de las atribuciones del Director para la imposición de sanciones por faltas leves, de acuerdo con los principios establecidos en la Constitución y en la Ley Orgánica General Penitenciaria, así como en el Título IX de la Ley 30/1992, de 26 de noviembre, de Régimen Jurídico de las Administraciones Públicas y del Procedimiento Administrativo Común y en este Reglamento.

2. En los términos establecidos en este Reglamento, las sanciones impuestas podrán ser reducidas o revocadas y, si se trata de sanciones de aislamiento, podrá suspenderse su efectividad o aplazarse su ejecución.

3. Queda prohibida la aplicación analógica.

4. Aquellos hechos que pudiesen ser constitutivos de delito podrán ser también sancionados disciplinariamente cuando el fundamento de la sanción sea la seguridad y el buen orden regimental. En estos casos, de conformidad con lo dispuesto en el artículo 284 de la Ley de Enjuiciamiento Criminal, los hechos serán puestos en conocimiento del Ministerio Fiscal y de la Autoridad judicial competente, previa realización, en su caso, de las diligencias de prevención que se consideren necesarias.

Apdo. 2: ver art. 43.1 LGPe.

CAPÍTULO II
Determinación de las sanciones

ART. 233. Correlación de infracciones y sanciones.

1. Por la comisión de las faltas muy graves, tipificadas en el artículo 108 del Reglamento Penitenciario aprobado por Real Decreto 1201/1981, de 8 de mayo, podrán imponerse las siguientes sanciones:

a) Sanción de aislamiento en celda de seis a catorce días de duración, siempre que se haya manifestado una evidente agresividad o violencia por parte del interno o cuando éste reiterada y gravemente altere la normal convivencia del Centro.

b) Sanción de aislamiento de hasta siete fines de semana.

2. Por la comisión de las faltas graves, tipificadas en el artículo 109 del Reglamento Penitenciario aprobado por el Real Decreto 1201/1981, de 8 de mayo, podrán imponerse las siguientes sanciones:

a) Sanción de aislamiento en celda de lunes a viernes por tiempo igual o inferior a cinco días, siempre que concurran los requisitos de la letra a) del apartado anterior.

b) Las restantes faltas graves se sancionarán con privación de permisos de salida por tiempo igual o inferior a dos meses, limitación de las comunicaciones orales al mínimo tiempo previsto reglamentariamente durante un mes como máximo o privación de paseos y actos recreativos comunes desde tres días hasta un mes como máximo.

3. Las faltas leves tipificadas en el artículo 110 del Reglamento Penitenciario aprobado por el Real Decreto 1201/1981, de 8 de mayo, sólo podrán corregirse con privación de paseos y actos recreativos comunes de hasta tres días de duración y con amonestación.

Ver art. 42.1 y 42.2, 43 LGPe.

ART. 234. Graduación de las sanciones.

En cada caso concreto, la determinación de la sanción y de su duración se llevará a efecto atendiendo a la naturaleza de la infracción, a la gravedad de los daños y perjuicios ocasionados, al grado de ejecución de los hechos, a la culpabilidad de los responsables y al grado de su participación en aquéllos, así como a las demás circunstancias concurrentes.

ART. 235. Repetición de la infracción.

1. Conforme a lo establecido en el artículo 42.3 de la Ley Orgánica General Penitenciaria, en los casos de repetición de la infracción, las sanciones podrán incrementarse en la mitad de su máximo.

2. A tales efectos, habrá repetición de la infracción cuando al interno responsable de la falta disciplinaria se le hubiese impuesto con anterioridad otra u otras sanciones firmes por infracciones graves o muy graves y las correspondientes anotaciones en su expediente no hubiesen sido canceladas.

ART. 236. Concurso de infracciones.

1. Al culpable de dos o más faltas enjuiciadas en el mismo expediente, se le impondrán las sanciones correspondientes a todas ellas para su cumplimiento simultáneo si fuera posible y, no siéndolo, se cumplirán por el orden de su respectiva gravedad o duración.

2. En este último supuesto, el máximo de cumplimiento no podrá exceder nunca del triplo del tiempo correspondiente a la sanción más grave, ni de cuarenta y dos días consecutivos en caso de aislamiento en celda.

3. Cuando en los supuestos de cumplimiento sucesivo de sanciones de aislamiento en celda, éstas superen, en su conjunto, los catorce días de aislamiento, deberán ser aprobadas todas ellas por el Juez de Vigilancia Penitenciaria, según lo dispuesto en el artículo 76.2, d), de la Ley Orgánica General Penitenciaria.

4. Cuando un mismo hecho sea constitutivo de dos o más faltas o cuando una de ellas constituya medio necesario para la comisión de otra, se aplicará, en su límite máximo, la sanción correspondiente a la falta más grave, salvo que la suma de las sanciones que procedan castigando independientemente las infracciones cometidas resulte de menor gravedad, en cuyo caso se aplicarán éstas.

Apdo. 2: ver art. 43.1 LGPe.

Apdo. 3: ver art. 43.1, 76.2.d) LGPe.

ART. 237. Infracción continuada.

1. Será sancionable como infracción continuada la realización de una pluralidad de acciones u omisiones que infrinjan el mismo o semejante precepto, en ejecución de un plan preconcebido o aprovechando idéntica ocasión.

2. En estos casos, se impondrá la sanción correspondiente a la infracción más grave en su límite máximo.

ART. 238. Depósito de objetos y sustancias prohibidos.

Respecto de las sustancias y objetos prohibidos que se utilicen por los responsables de las infracciones disciplinarias en la comisión de faltas, se procederá como se indica en los artículos 51 y 70 de este Reglamento.

ART. 239. Reparación de los daños materiales causados.

La reparación de los daños o deterioros materiales causados por los responsables de las infracciones disciplinarias, así como la indemnización a las personas perjudicadas, será exigible a aquéllos utilizando el procedimiento legal correspondiente.

CAPÍTULO III
Procedimiento

ART. 240. Procedimiento.

Los procedimientos para la imposición de sanciones por faltas disciplinarias se ajustarán a lo dispuesto en los artículos siguientes.

Sección 1.ª Iniciación

ART. 241. Formas de iniciación e información previa.

1. Cuando aprecie indicios de conductas que puedan dar lugar a responsabilidad disciplinaria, el Director del Establecimiento acordará de oficio y motivadamente la iniciación del procedimiento sancionador de alguna de las siguientes formas:

a) Por propia iniciativa, cuando tenga conocimiento de la existencia de conductas o hechos susceptibles de constituir infracción disciplinaria a través de parte de funcionario informado por el Jefe de Servicios o por cualquier otro medio.

b) Por petición razonada realizada por otro órgano administrativo que no sea superior jerárquico.

c) Por denuncia escrita de persona identificada que exprese el relato de los hechos que pudieran constituir infracción, fecha de su comisión y todo cuanto sea posible para la identificación de los presuntos responsables.

2. El Director también acordará de oficio la iniciación del procedimiento como consecuencia de orden emitida por un órgano administrativo superior jerárquico.

3. Para el debido esclarecimiento de los hechos que pudieran ser determinantes de responsabilidad disciplinaria, el Director podrá acordar la apertura de una información previa, que se practicará por un funcionario del Establecimiento designado por el Director, quien elevará a aquél un informe con el resultado y valoración de las diligencias practicadas. Dicha información previa se acordará siempre que un interno formule denuncia de hechos susceptibles de sanción disciplinaria, salvo cuando ésta carezca manifiestamente de fundamento.

Sección 2.ª Instrucción

ART. 242. Nombramiento de Instructor y pliego de cargos.

1. El Director nombrará Instructor al funcionario que estime conveniente, excluyendo al que haya practicado la información previa y a los que puedan estar implicados en los hechos.

2. El Instructor del expediente disciplinario, a la vista de los indicios que se desprendan de los escritos mencionados en el artículo anterior, formulará pliego de cargos dirigido al interno cuya conducta sea presuntamente constitutiva de falta disciplinaria, en el cual se hará constar lo siguiente:

a) Identificación de la persona imputada.

b) Forma de iniciación del procedimiento.

c) Número de identificación del Instructor y puesto de trabajo que ocupa.

d) Órgano competente para la resolución del expediente y norma que le atribuye tal competencia.

e) Relación circunstanciada de los hechos imputados.

f) Calificación jurídica de tales hechos, indicando el apartado concreto del artículo del Reglamento Penitenciario aprobado por Real Decreto 1201/1981, de 8 de mayo, en el que puedan estar comprendidos, así como las sanciones que, en su caso, se podrían imponer con la misma indicación del precepto aplicable de dicho Reglamento.

g) Medidas cautelares que se hayan acordado, sin perjuicio de las que puedan adoptarse durante el procedimiento de conformidad con lo dispuesto en el artículo 243.

h) Indicación de que el interno dispone de tres días hábiles desde el momento de su recepción para presentar pliego de descargos por escrito o para comparecer ante el Instructor y alegar verbalmente, sin perjuicio del derecho que le asiste a presentar alegaciones y aportar documentos y otros elementos de juicio en cualquier momento del procedimiento anterior al trámite de audiencia. El interno podrá alegar todo aquello que considere oportuno sobre los cargos formulados, proponiendo las pruebas que estime conveniente para su defensa.

i) Indicación de que el interno puede asesorarse por letrado, funcionario o por cualquier persona que designe durante la tramitación del expediente y para la redacción del pliego de descargos.

j) Posibilidad de asistirse de un funcionario o interno como intérprete si se trata de un interno extranjero que desconozca el castellano.

k) Fecha y firma del Instructor del expediente.

ART. 243. Medidas cautelares.

1. El Director, en el ámbito de las facultades que le atribuye este Reglamento, por sí o a propuesta del Instructor del expediente disciplinario, podrá acordar en cualquier momento del procedimiento, mediante acuerdo motivado, las medidas cautelares que resulten necesarias para asegurar la eficacia de la resolución que pudiera recaer y el buen fin del procedimiento, así como para evitar la persistencia de los efectos de la infracción.

2. Estas medidas quedarán reflejadas en el expediente del interno y deberán ajustarse a la intensidad, proporcionalidad y necesidades de los objetivos que se pretendan garantizar en cada supuesto concreto, y su adopción será notificada al interno y puesta en conocimiento del Juez de Vigilancia Penitenciaria.

3. También se adoptarán, en su caso, las medidas de protección exigidas por el aseguramiento de la persona del imputado o de los otros internos.

4. Cuando la sanción que recayese, en su caso, coincida en naturaleza con la medida cautelar impuesta, ésta se abonará para el cumplimiento de la sanción.

ART. 244. Tramitación.

1. Cursada la notificación del pliego de cargos al que se refiere el artículo 242, el Instructor realizará de oficio cuantas actuaciones resulten necesarias para el examen de los hechos y recabará los datos e informes que considere necesarios.

2. Dentro de los diez días siguientes a la presentación del pliego de descargos o a la formalización verbal de alegaciones, o transcurrido el plazo previsto en el artículo 242.2, h), si el interno no hubiese ejercitado su derecho, se practicarán las pruebas pertinentes propuestas por el mismo y las que el Instructor considere convenientes.

3. Si alguna prueba propuesta por el interno fuese estimada improcedente o innecesaria se hará constar así expresamente por el Instructor, en acuerdo motivado. Sólo podrán declararse improcedentes aquellas pruebas que no puedan alterar la resolución final del procedimiento o que sean de imposible realización.

4. Instruido el procedimiento, e inmediatamente antes de redactar la propuesta de resolución, se pondrá de manifiesto al interesado para que, en un plazo de diez días, alegue o presente los documentos y justificaciones que estime pertinentes. Se tendrá por realizado el trámite de audiencia si antes del vencimiento del plazo el interno manifiesta su decisión de no efectuar alegaciones ni aportar nuevos documentos o justificaciones.

ART. 245. Propuesta del Instructor.

Una vez concluida la tramitación del expediente, el Instructor formulará propuesta de resolución y la elevará, junto con aquél, a la Comisión Disciplinaria para que ésta acuerde lo que proceda, notificando la propuesta al interno con indicación de su derecho a alegar verbalmente ante la Comisión en la primera sesión que ésta celebre.

Sección 3.ª Resolución

ART. 246. Resolución.

1. La Comisión Disciplinaria, en la primera sesión ordinaria que celebre o en sesión extraordinaria convocada al efecto, escuchará las alegaciones verbales que, en su caso, pueda formular el interno, y, acto seguido, declarará la no existencia de infracción o responsabilidad o impondrá motivadamente la sanción correspondiente a los hechos declarados probados.

2. El acuerdo deberá dictarse en el plazo máximo de tres meses desde la iniciación del procedimiento disciplinario. Se entenderá caducado el procedimiento disciplinario y se procederá al archivo de las actuaciones, de oficio o a solicitud del interesado, cuando, una vez vencido el plazo señalado en este apartado para dictar resolución o, en el supuesto del procedimiento abreviado, el señalado en el artículo 251.1, ésta no se adoptase en el plazo de los treinta días siguientes, siempre que la demora no fuera imputable al interesado, así como cuando durante la tramitación se produzca la excarcelación por la libertad definitiva o provisional del presunto infractor.

3. El Instructor del expediente no podrá participar en las deliberaciones de la Comisión Disciplinaria ni podrá tomar parte en las votaciones sobre los expedientes que haya instruido. También quedan excluidos de éstas aquellos miembros del citado órgano que, en su caso, hubieran tenido participación en los hechos o hubieran practicado actuaciones determinantes para la iniciación del expediente disciplinario.

4. Antes de dictar la resolución, la Comisión Disciplinaria podrá decidir la realización por el Instructor de las actuaciones y pruebas complementarias indispensables para resolver el procedimiento. En este caso, antes de elevar nuevamente el expediente a la Comisión Disciplinaria, el Instructor pondrá de manifiesto al interno lo actuado y le entregará copia de la nueva propuesta, con indicación del derecho a alegar a que se refiere el artículo 245.

ART. 247. Acuerdo sancionador.

El acuerdo sancionador deberá contener:

a) El lugar y la fecha del acuerdo.

b) Órgano que lo adopta.

c) El número del expediente disciplinario y un breve resumen de los actos procedimentales básicos que lo hayan precedido. En el supuesto de haberse desestimado la práctica de alguna prueba deberá expresarse la motivación formulada por el Instructor en su momento.

d) Relación circunstanciada de los hechos imputados al interno, que no podrán ser distintos de los consignados en el pliego de cargos formulado por el Instructor, con independencia de que pueda variar su calificación jurídica. Si la Comisión Disciplinaria constatare que se ha calificado erróneamente la conducta del presunto infractor y ello implicase la imposición de una sanción por falta más grave que la que se le hubiese imputado en el pliego de cargos, ordenará al Instructor la formulación de un nuevo pliego de cargos con la calificación determinada por la Comisión Disciplinaria, concediéndose al interno el trámite previsto en el artículo 244.4. Excepcionalmente, podrá acordar el Instructor la práctica de nuevas pruebas cuando resultase imprescindible para la defensa del interno ante la nueva calificación efectuada.

e) Artículo y apartado del Reglamento Penitenciario aprobado por Real Decreto 1201/1981, de 8 de mayo, en el que se estima comprendida la falta cometida.

f) Sanción impuesta y artículo del Reglamento Penitenciario aprobado por Real Decreto 1201/1981, de 8 de mayo, que la contempla y si la misma es de ejecución inmediata según lo dispuesto en el primer párrafo del artículo 124 de dicho Reglamento.

g) Indicación de si la ejecución de la sanción de aislamiento ha sido aplazada por motivos médicos o se ha suspendido su efectividad.

h) Indicación de si el acuerdo sancionador se ha adoptado por unanimidad o por mayoría, indicando en este último caso si ha habido o no votos particulares.

i) Mención del recurso que puede interponerse en la forma expresada en la letra b) del artículo siguiente.

j) La firma del Secretario de la Comisión Disciplinaria con el visto bueno del Director.

ART. 248. Notificación.

La notificación del acuerdo sancionador deberá cursarse en el mismo día o al siguiente de ser adoptado, dando lectura íntegra de aquél y entregando copia al interno sancionado en la que se contendrán los siguientes extremos:

a) Texto íntegro del acuerdo.

b) Indicación de que contra el mismo puede interponerse recurso ante el Juez de Vigilancia, verbalmente en el mismo acto de la notificación o por escrito dentro de los cinco días hábiles siguientes a la misma, reproduciendo, en su caso, el recurrente la proposición de aquellas pruebas cuya práctica le hubiese sido denegada.

c) Fecha de la notificación y de su entrega al interno.

ART. 249. Recursos.

En el mismo día, bien de la notificación del acuerdo sancionador si se hubiese interpuesto el recurso en ese momento procedimental, bien de la entrega del escrito de recurso a funcionario del Establecimiento si fuese dentro del horario de oficina, o al día siguiente si se hubiese efectuado fuera de dicho horario, el Director del Establecimiento remitirá el expediente disciplinario al Juez de Vigilancia, teniendo en cuenta lo dispuesto en el artículo siguiente. Si el recurso hubiese sido interpuesto directamente ante el Juzgado de Vigilancia, el Director cumplimentará lo anterior en el mismo día en que sea requerido para ello por el titular de dicho órgano jurisdiccional.

ART. 250. Anotación.

1. La iniciación del procedimiento y la sanción impuesta se anotarán en el expediente personal de los internos sancionados.

2. También se anotará la reducción o revocación de la sanción, así como la suspensión de la efectividad o el aplazamiento de la ejecución de las sanciones de aislamiento.

Sección 4.ª Procedimiento para faltas leves

ART. 251. Procedimiento abreviado.

1. Cuando el Director considere que existen elementos de juicio suficientes para calificar la infracción como falta leve, se tramitará el procedimiento abreviado, que deberá resolverse en el plazo máximo de un mes desde que se inició, con arreglo a las siguientes normas:

a) El parte del funcionario, que operará como pliego de cargos, se comunicará al Jefe de Servicios y, simultáneamente, se notificará al presunto infractor.

b) En el plazo de diez días, a partir de la comunicación y notificación del pliego de cargos, el Jefe de Servicios y el interno expedientado efectuarán, respectivamente, la aportación de cuantas alegaciones, documentos o informaciones estimen convenientes y, en su caso, la proposición y práctica de la prueba.

c) Transcurrido dicho plazo, el Director dictará resolución, con el contenido expresado en el artículo 247, imponiendo, en su caso, la sanción que proceda.

2. Cuando el Jefe de Servicios aprecie que los hechos pueden ser constitutivos de infracción muy grave o grave, acordará que el expediente continúe tramitándose por el procedimiento general, promoviendo el cumplimiento de lo dispuesto en los artículos 242 a 245.

3. El acuerdo a que se refiere el apartado anterior se notificará a los interesados para que, en el plazo de cinco días hábiles, aleguen y propongan pruebas adicionales si lo estiman conveniente.

CAPÍTULO IV
Ejecución y cumplimiento de las sanciones

ART. 252. Efectos del acuerdo sancionador.

1. Los acuerdos sancionadores no serán ejecutivos en tanto no haya sido resuelto el recurso interpuesto por el interno ante el Juez de Vigilancia o, en caso de que no se haya interpuesto, hasta que haya transcurrido el plazo para su impugnación.

2. No obstante, conforme a lo establecido en el artículo 44.3 de la Ley Orgánica General Penitenciaria, cuando se trate de actos de indisciplina grave y la Comisión Disciplinaria estime que el cumplimiento de la sanción no puede demorarse, las sanciones impuestas serán inmediatamente ejecutadas, siempre que correspondan a los actos de indisciplina grave tipificados en las letras a), b), c), d), e) y f) del artículo 108 del Reglamento Penitenciario aprobado por Real Decreto 1201/1981, de 8 de mayo.

3. Contra el acuerdo de ejecución inmediata de la sanción, el interno podrá acudir en vía de queja ante el Juez de Vigilancia, con independencia de la tramitación del recurso interpuesto. La tramitación de la queja y del recurso tendrá carácter urgente y preferente cuando la sanción de ejecución inmediata impuesta sea la de aislamiento en celda, en cuyo caso se procederá a su notificación inmediata al Juez de Vigilancia.

Apdo. 2: ver art. 44.3 LGPe.

ART. 253. Ejecución de las sanciones de aislamiento en celda.

1. Las sanciones de aislamiento en celda de duración superior a catorce días no serán en ningún caso ejecutivas hasta su aprobación por el Juez de Vigilancia.

2. No obstante, en los supuestos previstos en el artículo 236.3, la Comisión Disciplinaria podrá acordar la ejecución inmediata de las sanciones de aislamiento en celda, cuya duración acumulada no supere los catorce días, siempre que concurran los requisitos establecidos en el apartado 2 del artículo anterior y sin perjuicio de que todas las sanciones impuestas deban ser aprobadas por el Juez de Vigilancia.

Ver art. 43 LGPe.

ART. 254. Cumplimiento de las sanciones de aislamiento.

1. Las sanciones de aislamiento se cumplirán con informe previo y reconocimiento del Médico del Establecimiento, quien vigilará diariamente al interno mientras permanezca en esa situación, informando al Director sobre su estado de salud física y mental y, en su caso, sobre la necesidad de suspender o modificar la sanción impuesta.

2. En los casos de enfermedad del sancionado se aplazará la efectividad de la sanción de aislamiento hasta que el interno sea dado de alta.

3. No se aplicará esta sanción a las mujeres gestantes y a las mujeres hasta seis meses después de la terminación del embarazo, a las madres lactantes y a las que tuvieran hijos consigo.

4. El aislamiento se cumplirá en el compartimento que habitualmente ocupe el interno, y, en los supuestos de que lo comparta con otros o por su propia seguridad o por el buen orden del Establecimiento, pasará a uno individual de semejantes medidas y condiciones.

5. El recluso internado en celda disfrutará de dos horas diarias de paseo en solitario y, durante el cumplimiento de la sanción, no podrá recibir paquetes del exterior ni adquirir productos del Economato, salvo los autorizados expresamente por el Director.

Ver art. 43 LGPe.

ART. 255. Suspensión de la efectividad de las sanciones de aislamiento.

1. Al amparo de lo dispuesto en el artículo 43.2 de la Ley Orgánica General Penitenciaria, siempre que las circunstancias lo aconsejen, la Comisión Disciplinaria, de oficio o a propuesta de la Junta de Tratamiento, podrá acordar motivadamente la suspensión de la efectividad de las sanciones de aislamiento impuestas.

2. Si la Comisión Disciplinaria, en atención a los fines de reeducación y reinserción social o a las circunstancias personales del interno, no hubiese estimado oportuno levantar la suspensión de la efectividad durante el plazo de tres meses, de oficio o a solicitud del interno, aplicará la reducción de la sanción prevista en el apartado 1 del artículo siguiente. El tiempo de suspensión de la efectividad de la sanción de aislamiento se computará a efectos de cancelación de la sanción reducida.

3. La suspensión de la efectividad de las sanciones de aislamiento que hayan sido confirmadas total o parcialmente, directamente o en vía de recurso, por el Juez de Vigilancia requerirá la autorización de éste.

Ver art. 43 LGPe.

ART. 256. Reducción y revocación de sanciones.

1. Conforme a lo dispuesto en el artículo 42.6 de la Ley Orgánica General Penitenciaria, las sanciones impuestas y sus plazos de cancelación podrán reducirse, atendiendo a los fines de reeducación y de reinserción social, por decisión motivada de la Comisión Disciplinaria, de oficio o a propuesta de la Junta de Tratamiento. La reducción consistirá en la minoración de la gravedad de la sanción impuesta.

2. Cuando se advierta error en la aplicación de una sanción que no haya sido recurrida ante el Juez de Vigilancia, la Comisión Disciplinaria efectuará una nueva calificación de la infracción, siempre que no implique una sanción superior a la impuesta, procediendo a su reducción o sustitución o, en caso de que no proceda sanción alguna, la revocará levantando inmediatamente el castigo y cancelará automáticamente su anotación.

3. La revocación o reducción de sanciones no podrá efectuarse sin autorización del Juez de Vigilancia cuando éste haya intervenido en su imposición, directamente o en vía de recurso.

Apdo. 1: ver art. 42.6 LGPe.

ART. 257. Abono del tiempo de sanciones cumplidas indebidamente.

El tiempo cumplido de una sanción posteriormente revocada o reducida en los casos previstos en el apartado 2 del artículo anterior o como consecuencia de un recurso estimado total o parcialmente, podrá tenerse en cuenta para el cumplimiento posterior de otras sanciones, siempre que éstas hubiesen sido impuestas por acciones u omisiones también anteriores a la mencionada revocación o reducción.

CAPÍTULO V
Prescripción y cancelación

ART. 258. Plazos de prescripción de infracciones y sanciones.

1. Las faltas disciplinarias muy graves prescribirán a los tres años, las graves a los dos años y las leves a los seis meses, desde la fecha en que se hubiese cometido la infracción.

2. La prescripción de las faltas se interrumpirá desde que se hubiese iniciado, con conocimiento del interesado, el procedimiento sancionador, reanudándose el cómputo de los plazos de prescripción si el expediente disciplinario estuviera paralizado durante más de un mes por causa no imputable al presunto infractor.

3. Las sanciones impuestas por faltas muy graves y graves prescribirán en los mismos plazos señalados en el apartado 1 y las impuestas por faltas leves en el plazo de un año, que comenzarán a correr desde el día siguiente a aquel en que adquiera firmeza administrativa el acuerdo sancionador o, en su caso, desde que se levante el aplazamiento de la ejecución o la suspensión de la efectividad o desde que se interrumpa el cumplimiento de la sanción si el mismo hubiese ya comenzado.

ART. 259. Extinción automática de sanciones.

Cuando un interno reingrese en un Centro Penitenciario se declararán extinguidas automáticamente la sanción o sanciones que hubiesen sido impuestas en un ingreso anterior y que hubiesen quedado incumplidas total o parcialmente por la libertad provisional o definitiva del interno, aunque no hayan transcurrido los plazos establecidos para la prescripción.

ART. 260. Cancelación de anotaciones relativas a sanciones.

1. Serán canceladas, de oficio o a instancia de parte, las anotaciones de las sanciones disciplinarias que obren en el expediente personal de los internos, cuando concurran los siguientes requisitos:

a) Transcurso de seis meses para las faltas muy graves, tres meses para las graves y un mes para las leves, a contar desde el cumplimiento de la sanción.

b) Que durante dichos plazos no haya incurrido el interno en nueva falta disciplinaria muy grave o grave.

2. También se cancelarán, de oficio o a instancia de parte, en el momento en que se produzca la excarcelación por la libertad provisional o definitiva del interno, las anotaciones de sanciones disciplinarias extinguidas automáticamente a que se refiere el artículo anterior.

3. Cuando fueren dos o más las faltas sancionadas en un mismo acto administrativo o sus plazos de cancelación corrieran simultáneamente, el cómputo se hará de forma conjunta, fijándose como fecha para su inicio la del cumplimiento de la sanción más reciente y tomándose como duración del plazo el que corresponda a la más grave de las infracciones a cancelar, transcurrido el cual se cancelarán todas las anotaciones pendientes en un solo acto.

4. En los casos de no cumplimiento de la sanción por razones médicas o de otro orden no imputables al interno, los plazos de cancelación comenzarán a contarse desde la fecha en que aquélla pudo haberse cumplido. Asimismo, en los casos del artículo 257, el plazo de cancelación comenzará a computarse desde la fecha en que la sanción quedó cumplida, por el abono de sanciones rectificadas en vía de recurso o reducidas o revocadas conforme a lo establecido en este Reglamento.

5. Dichos plazos no se interrumpirán por la interposición de recurso contra una nueva sanción disciplinaria, cancelándose las anteriores si transcurren sus plazos de cancelación antes de que la recurrida adquiera firmeza.

ART. 261. Reducción de los plazos de cancelación.

Los plazos de cancelación podrán ser acortados hasta la mitad de su duración si, con posterioridad a la sanción y antes de completarse dichos plazos, el interno obtuviere alguna recompensa de las previstas en el artículo 263 de este Reglamento.

ART. 262. Efectos de la cancelación.

La cancelación de la anotación de las sanciones lleva aparejada la de las faltas por las que se impusieron y situará al interno, desde el punto de vista disciplinario, en igual situación que si no hubiere cometido aquéllas.

CAPÍTULO VI
Recompensas

Ver art. 46 LGPe.

ART. 263. Recompensas.

Los actos que pongan de manifiesto buena conducta, espíritu de trabajo y sentido de la responsabilidad en el comportamiento de los internos, así como la participación positiva en las actividades asociativas reglamentarias o de otro tipo que se organicen en el Establecimiento, serán estimulados con alguna de las siguientes recompensas:

a) Comunicaciones especiales y extraordinarias adicionales.

b) Becas de estudio, donación de libros y otros instrumentos de participación en las actividades culturales y recreativas del Centro.

c) Prioridad en la participación en salidas programadas para la realización de actividades culturales.

d) Reducciones de las sanciones impuestas.

e) Premios en metálico.

f) Notas meritorias.

g) Cualquier otra recompensa de carácter análogo a las anteriores que no resulte incompatible con los preceptos reglamentarios.

ART. 264. Concesión y anotación.

1. En cada caso concreto, la recompensa concedida y su cuantía, en su caso, se determinará por la Comisión Disciplinaria del Centro, atendiendo a la naturaleza de los méritos contraídos y a cualesquiera otras circunstancias objetivas o subjetivas que pongan de manifiesto el carácter ejemplar de la conducta recompensada.

2. La concesión de recompensas será anotada en el expediente personal del interno, con expresión de los hechos que la motivaron, expidiéndose a aquél certificación acreditativa de la recompensa si la solicitase.

TÍTULO XI
De la organización de los Centros penitenciarios

CAPÍTULO I
Modelo organizativo de Centro penitenciario

ART. 265. Estructura.

1. En cada Establecimiento penitenciario existirán los siguientes órganos colegiados:

a) Consejo de Dirección.

b) Junta de Tratamiento, que tendrá a su disposición, como unidades de estudio, propuesta y ejecución, el Equipo o Equipos Técnicos necesarios.

c) Comisión Disciplinaria.

d) Junta Económico-Administrativa.

2. Las funciones de coordinación entre los diferentes órganos colegiados corresponden al Director del Establecimiento.

3. Las Comunidades Autónomas con competencias ejecutivas en materia penitenciaria, en virtud de su potestad de autoorganización, podrán establecer los órganos colegiados y unipersonales que consideren convenientes para ordenar la gestión de los Centros penitenciarios que dependan de las mismas.

4. En los Hospitales psiquiátricos penitenciarios sólo existirán el Consejo de Dirección, cuya composición se determinará por las normas de desarrollo de este Reglamento, la Junta Económico-Administrativa y los Equipos multidisciplinares necesarios.

5. Cuando en algún Centro penitenciario las necesidades o la cobertura de puestos de trabajo existente en el mismo no permitan alcanzar la composición de los diferentes órganos colegiados que se determina en el Capítulo siguiente, se adaptará la composición de aquéllos a las mismas o a los puestos de trabajo que existan en el Establecimiento conforme se determine en las normas de desarrollo de este Reglamento.

6. Los Centros de Inserción Social podrán integrarse orgánica y funcionalmente en un Centro penitenciario o tener la consideración de Centro penitenciario autónomo. La Administración Penitenciaria determinará en la Orden de creación de cada Centro de Inserción Social su integración en un Centro penitenciario o su consideración como Centro penitenciario autónomo, así como los órganos correspondientes.

ART. 266. Eficacia de los acuerdos.

1. La eficacia de los acuerdos de los órganos colegiados del Establecimiento, con la excepción de los adoptados por la Comisión Disciplinaria, quedará demorada hasta que se produzca la aprobación por el Director del Centro. En el caso de que su valoración fuera negativa por estimar que los acuerdos adoptados perjudican gravemente el régimen del Centro o conculcan la legislación, el Reglamento Penitenciario o las circulares, instrucciones u órdenes de servicio dictadas por los órganos directivos de la Administración Penitenciaria correspondiente, continuarán sin producir efectos hasta la aprobación superior, en su caso, del Centro Directivo.

2. Los acuerdos de los órganos colegiados que hayan sido confirmados total o parcialmente por el Juez de Vigilancia Penitenciaria, directamente o en vía de recurso, no podrán demorar su eficacia, ni ser revocados o anulados por decisión administrativa.

ART. 267. Régimen jurídico de los órganos colegiados.

1. Las normas de funcionamiento de los órganos colegiados se ajustarán a lo establecido en el Capítulo II del Título II de la Ley 30/1992, de 26 de noviembre, de Régimen Jurídico de las Administraciones Públicas y del Procedimiento Administrativo Común, sin perjuicio de las peculiaridades organizativas de las Comunidades Autónomas con competencias ejecutivas en materia penitenciaria.

2. Los órganos colegiados de los Centros penitenciarios se integrarán en la estructura jerárquica de la Administración Penitenciaria correspondiente, pudiendo ser objeto de recurso ordinario ante el Centro Directivo los acuerdos definitivos adoptados por los mismos, excluidos aquellos que hayan adquirido su eficacia por la aprobación superior del Centro Directivo, salvo cuando, conforme a lo establecido en la Ley Orgánica General Penitenciaria, se trate de propuestas cuya resolución o aprobación corresponda al Juez de Vigilancia o versen sobre sanciones disciplinarias de los internos, cuya impugnación se efectuará directamente ante el Juez de Vigilancia Penitenciaria.

3. Los miembros de los órganos colegiados de los Establecimientos penitenciarios no podrán abstenerse en las votaciones, aunque podrán formular votos particulares que se incorporarán al acuerdo adoptado.

4. Los votos del Presidente, que serán dirimentes en caso de empate, y de los miembros de los órganos colegiados de los Centros penitenciarios tienen carácter personal e indelegable.

5. Los miembros de los órganos colegiados no podrán participar en sus deliberaciones ni en sus votaciones en los supuestos legales o reglamentarios de abstención o, en su caso, de recusación.

6. Para quedar, en su caso, exentos de responsabilidad, los miembros de los órganos colegiados deberán votar en contra del acuerdo mayoritario.

ART. 268. Sesiones.

1. El Consejo de Dirección se reunirá en sesión ordinaria una vez al mes y en sesión extraordinaria cuantas veces lo considere necesario su Presidente o el Centro Directivo.

2. Las Juntas de Tratamiento u órgano colegiado equivalente se reunirán en sesión ordinaria una vez al mes, salvo que lo hagan con mayor periodicidad en función de las características del establecimiento y del orden de los asuntos a tratar, previa aprobación del Consejo de Dirección del Centro y comunicación al Centro Directivo. Las Juntas de Tratamiento u órgano colegiado equivalente se reunirán en sesión extraordinaria cuantas veces lo considere necesario su Presidente.

3. La Comisión Disciplinaria se reunirá en sesión ordinaria cuatro veces al mes y en sesión extraordinaria cuantas veces lo considere necesario su Presidente.

4. La Junta Económico-Administrativa se reunirá en sesión ordinaria una vez al trimestre y en sesión extraordinaria cuantas veces lo considere necesario su Presidente.

5. La asistencia a las sesiones de todos los órganos colegiados del Centro penitenciario tendrá carácter obligatorio.

6. Cuando no se alcance el quórum exigido, el Presidente efectuará una nueva convocatoria en el plazo de cuarenta y ocho horas.

Modificado por Real Decreto 419/2011, de 25 de marzo, por el que se modifica el Reglamento Penitenciario, aprobado por el Real Decreto 190/1996, de 9 de febrero. (BOE de 26-03-2011).

ART. 269. Sustituciones.

1. Conforme a lo establecido en el Capítulo II del Título II de la Ley 30/1992, en caso de vacante, ausencia o enfermedad y, en general, cuando concurra alguna causa justificada, el régimen de sustituciones del Presidente, del Secretario y de los miembros de los órganos colegiados de los Centros penitenciarios se regirá por las siguientes reglas:

1.ª El Presidente será sustituido por el miembro del órgano colegiado de mayor jerarquía, antigüedad y edad, por este orden, de entre sus componentes, sin perjuicio de lo establecido en el apartado siguiente y de lo dispuesto para la Junta Económico-Administrativa en el artículo 278.3.

2.ª La sustitución del Secretario se realizará por designación del Presidente entre los funcionarios destinados en el Establecimiento.

2. Cuando concurran en alguno de los órganos colegiados establecidos en este Capítulo los titulares de los órganos directivos de la Administración Penitenciaria o un funcionario designado al efecto por la Secretaría de Estado de Asuntos Penitenciarios, asumirán la presidencia del mismo.

CAPÍTULO II
Órganos colegiados

Sección 1.ª Consejo de dirección

ART. 270. Composición.

1. El Consejo de Dirección de cada Establecimiento penitenciario estará presidido por el Director del Centro penitenciario y compuesto por los siguientes miembros:

a) El Subdirector de Régimen.
b) El Subdirector de Seguridad.
c) El Subdirector de Tratamiento.
d) El Subdirector Médico o Jefe de los Servicios Médicos.
e) El Subdirector de Personal, si lo hubiere.
f) El Administrador.
g) El Subdirector o Subdirectores de Centros de Inserción Social.

2. Como Secretario del Consejo de Dirección actuará, con voz pero sin voto, el funcionario que designe el Director entre los funcionarios destinados en el Establecimiento.

Modificado por Real Decreto 419/2011, de 25 de marzo, por el que se modifica el Reglamento Penitenciario, aprobado por el Real Decreto 190/1996, de 9 de febrero. (BOE de 26-03-2011).

ART. 271. Funciones.

1. Al Consejo de Dirección, sin perjuicio de las atribuciones del Centro Directivo y del Director del Establecimiento, corresponde impulsar y supervisar las actuaciones de los restantes órganos del Centro penitenciario y tendrá las funciones siguientes:

a) Supervisar e impulsar la actividad general del Centro penitenciario.

b) Elaborar las normas de régimen interior del Centro penitenciario para su aprobación por el Centro Directivo.

c) Adoptar cuantas medidas generales resulten necesarias en los casos de alteración del orden del Centro, dando cuenta inmediata al Centro Directivo.

d) Fijar el número de Equipos Técnicos del Centro penitenciario y determinar su organización, funcionamiento y composición conforme a las normas de desarrollo de este Reglamento.

e) Determinar los puestos auxiliares que requieran las necesidades del Establecimiento conforme a las normas de desarrollo de este Reglamento.

f) Fijar los días en que puedan comunicar los internos y establecer los horarios de las comunicaciones especiales y de recepción y recogida de paquetes y encargos, así como de los recuentos ordinarios.

g) Determinar las áreas regimentales de participación de los internos en las actividades del Centro y ejercer las competencias que le atribuye este Reglamento en el proceso de elección de representantes de los internos, así como suspender o dejar sin efecto la participación en los supuestos de alteraciones regimentales previstos en este Reglamento.

h) Ejercer las demás competencias que le atribuye este Reglamento y sus normas de desarrollo y, en general, todas aquellas que afecten al régimen del Establecimiento que no estén atribuidas a otros órganos.

2. El Secretario del Consejo de Dirección remitirá al Centro Directivo mensualmente copia de las actas de las sesiones celebradas en el mes anterior.

Sección 2.ª Junta de tratamiento y equipos técnicos

ART. 272. Composición.

1. La Junta de Tratamiento u órgano colegiado equivalente estará presidida por el Director del Centro penitenciario y compuesta por los siguientes miembros:

a) El Subdirector de Tratamiento o Subdirector Jefe de Equipo de Tratamiento en los Centros de Inserción Social independientes.

b) El Subdirector Médico o Jefe de los Servicios médicos.

c) El Subdirector del Centro de Inserción Social, en los Centros de Inserción Social dependientes.

d) Los Técnicos de Instituciones Penitenciarias que hayan intervenido, en su caso, en las propuestas sobre las que se delibere.

e) Un trabajador social, que haya intervenido sobre las propuestas sobre las que se delibere.

f) Un educador o coordinador del Centro de Inserción Social que haya intervenido en las propuestas

g) Un Jefe de Servicios, preferentemente el que haya intervenido en las propuestas.

2. Como Secretario de la Junta de Tratamiento y del Equipo Técnico actuará, con voz pero sin voto, un funcionario del Centro designado por el Subdirector de Tratamiento.

3. Con carácter general, los acuerdos de la Junta de Tratamiento se adoptarán sobre las propuestas elevadas por los Equipos Técnicos para la adopción de las medidas necesarias para ejecutar los programas de tratamiento o los programas individualizados de ejecución, y se ejecutarán por los Equipos Técnicos, bajo el control inmediato y directo de los Jefes de dichos Equipos.

4. Las deliberaciones de la Junta de Tratamiento tendrán carácter reservado, debiendo sus componentes guardar secreto sobre las mismas.

5. Dentro de los cinco primeros días de cada mes se remitirá al Centro Directivo una copia de las actas de las sesiones celebradas en el mes anterior por la Junta de Tratamiento.

Modificado por Real Decreto 419/2011, de 25 de marzo, por el que se modifica el Reglamento Penitenciario, aprobado por el Real Decreto 190/1996, de 9 de febrero. (BOE de 26-03-2011).

ART. 273. Funciones.

La Junta de Tratamiento, sin perjuicio de las funciones del Centro Directivo y del Equipo Técnico, ejercerá las siguientes funciones:

a) Establecer los programas de tratamiento o los modelos individualizados de ejecución penitenciarios para cada interno del Centro, definiendo las actividades a realizar en función de las peculiaridades de su personalidad y del tiempo aproximado de duración de su condena o condenas.

b) Supervisar la ejecución de las actividades programadas por el Equipo Técnico, distribuyéndolas, según su naturaleza, entre los miembros del Equipo, que las ejecutarán de acuerdo con las técnicas propias de su especialidad y bajo el control inmediato del Jefe del Equipo.

c) Proponer al Centro Directivo la aplicación de lo dispuesto en el artículo 10 de la Ley Orgánica General Penitenciaria a los penados y preventivos en quienes concurran las circunstancias previstas en este Reglamento, previos informes preceptivos del Jefe de Servicios y del Equipo Técnico.

d) Formular, en función del estudio científico de la personalidad de los penados y de los datos e informaciones de que se dispongan, las propuestas razonadas de grado inicial de clasificación y de destino al Establecimiento que corresponda, que se cursarán al Centro Directivo en el plazo de diez días.

e) Proponer al Centro Directivo, en informe razonado, la progresión o regresión de grado y, con carácter excepcional, el traslado a otro Centro penitenciario. También se podrá proponer razonadamente el traslado cuando existan razones de tratamiento que así lo aconsejen.

f) Adoptar los acuerdos que estime pertinentes sobre las peticiones y quejas que formulen los internos a los Equipos Técnicos sobre su clasificación, tratamiento o programa de intervención.

g) Conceder los permisos penitenciarios de salida, previo informe del Equipo Técnico, solicitando la autorización del Juez de Vigilancia o del Centro Directivo, según corresponda.

h) Elevar las propuestas que, con respecto a los beneficios penitenciarios y a la libertad condicional, les estén atribuidas.

i) Organizar la ejecución de las prestaciones de carácter asistencial que precisen los internos o sus familiares, fomentar las actividades laborales de los internos, cuidando que las mismas se desarrollen con arreglo a las normas vigentes, así como organizar, por unidades de separación interior, los procedimientos de designación de aquellos internos que hayan de participar en actividades o responsabilidades de orden educativo, formativo, laboral, sociocultural, recreativo, deportivo o religioso.

j) Facilitar a la Unidad Docente las valoraciones de las aptitudes de los internos que realicen cursos de formación, así como aquellas otras informaciones contenidas en el protocolo que puedan serle útiles en la programación y ejecución de las tareas formativas o educativas.

k) Designar los internos que hayan de desempeñar las prestaciones personales en servicios auxiliares comunes del Establecimiento.

l) Sugerir a la Comisión Disciplinaria la reducción, aplazamiento de la ejecución o suspensión de la efectividad de las sanciones disciplinarias, que puedan perturbar el tratamiento o el estudio de la personalidad del sancionado, así como la reducción de los plazos de cancelación cuando existan fundados motivos para esperar que esta medida pueda influir favorablemente en el tratamiento.

m) Remitir los informes a que hace referencia el artículo 39 de la Ley Orgánica General Penitenciaria.

n) Formar y custodiar el protocolo correspondiente a cada interno, incorporando al mismo las informaciones y documentos a que se refieren los diferentes apartados de este artículo.

o) Ejercer todas las demás competencias que le atribuye este Reglamento o sus normas de desarrollo y, en general, las relativas a la observación, clasificación y tratamiento de los internos que no estén atribuidas a otros órganos.

ART. 274. Composición del Equipo Técnico.

1. El Equipo Técnico actuará bajo la dirección inmediata del Subdirector de Tratamiento.
2. Podrán formar parte del Equipo Técnico:
a) Un Jurista.
b) Un Psicólogo.

c) Un Pedagogo.
d) Un Sociólogo.
e) Un Médico.
f) Un Ayudante Técnico Sanitario/Diplomado universitario en Enfermería.
g) *(Derogado)*
h) Un Maestro o Encargado de Taller.
i) Un Educador.
j) Un Trabajador Social.
k) Un Monitor Sociocultural o Deportivo.
l) Un Encargado de Departamento.

3. En función de las características del Establecimiento, del número de internos y de los empleados públicos penitenciarios existentes, el Consejo de Dirección del centro fijará el número de Equipos Técnicos del Establecimiento penitenciario y determinará su organización, funcionamiento y composición conforme a las normas de desarrollo de este Reglamento.

4. Los Equipos Técnicos adoptarán diferentes composiciones en función de los asuntos a tratar, debiendo observar que, en las reuniones informales que celebren, estén siempre presentes los profesionales penitenciarios que, formando parte del Equipo, trabajen en contacto directo con los internos afectados.

Modificado por Real Decreto 1203/1999, de 9 de julio, por el que se integran en el Cuerpo de Maestros a los funcionarios pertenecientes al Cuerpo de Profesores de Educación General Básica de Instituciones Penitenciarias y se disponen normas de funcionamiento de las unidades educativas de los establecimientos penitenciarios. (BOE de 21-07-1999).

ART. 275. Funciones.

El Equipo Técnico ejercerá las funciones siguientes:

a) Ejecutar los programas de tratamiento o los modelos individualizados de intervención penitenciarios que se establezcan para cada interno por la Junta de Tratamiento.

b) El conocimiento directo de los problemas y de las demandas que formulen los internos.

c) Proponer a la Junta de Tratamiento la adopción de las medidas necesarias para superar las carencias que presenten los internos.

d) Atender las peticiones y quejas que le formulen los internos respecto su clasificación, tratamiento o programa de intervención.

e) Evaluar los objetivos alcanzados en la ejecución de los programas de tratamiento o de los modelos de intervención penitenciarios e informar de los resultados de la evaluación a la Junta de Tratamiento.

f) Ejecutar cuantas acciones concretas les encomiende la Junta de Tratamiento o el Director del Centro.

g) Cuando existan en el centro penitenciario talleres o escuelas de formación profesional, realizar las tareas de orientación y selección profesional, el asesoramiento pedagógico o psicológico de la formación profesional, así como procurar, mediante las técnicas adecuadas, la integración personal y colectiva de los internos en el trabajo y en la orientación laboral.

h) Ejercer las demás competencias que le atribuye este Reglamento y sus normas de desarrollo.

Sección 3.ª Comisión disciplinaria

ART. 276. Composición.

1. La Comisión Disciplinaria estará presidida por el Director del centro y compuesta por los siguientes miembros:

a) El Subdirector de Régimen.
b) El Subdirector de Seguridad.
c) Un Jurista del Establecimiento.
d) Un Jefe de Servicios.
e) Un funcionario de la plantilla del centro penitenciario.

2. Los miembros de los párrafos d) y e) se elegirán anualmente por los empleados públicos del centro penitenciario, en la forma que se determine por resolución del centro directivo.

3. Como Secretario de la Comisión Disciplinaria actuará, con voz pero sin voto, un funcionario designado por el Director de entre los destinados en el centro penitenciario.

ART. 277. Funciones.

1. A la Comisión Disciplinaria corresponde ejercer la potestad disciplinaria penitenciaria en la forma regulada en el Título X de este Reglamento y acordar la concesión de las recompensas que procedan a los internos, sin perjuicio de la competencia del Director para la imposición de sanciones por faltas leves y de las atribuciones de los Jueces de Vigilancia.

2. Las funciones de la Comisión Disciplinaria son las siguientes:

a) Resolver los expedientes disciplinarios instruidos a los internos por la comisión de las infracciones muy graves o graves, así como ordenar, cuando lo estime necesario, la realización de actuaciones y pruebas complementarias por el Instructor.

b) Ordenar al Secretario de la Comisión la notificación de los acuerdos sancionadores en la forma y plazos establecidos en este Reglamento.

c) Ordenar la anotación en los expedientes personales de los internos expedientados de la iniciación de los procedimientos disciplinarios y, en su caso, de las sanciones impuestas, así como la cancelación de las anotaciones cuando concurran los requisitos exigidos en este Reglamento.

d) Acordar la ejecución inmediata de las sanciones impuestas por la comisión de faltas muy graves en las condiciones establecidas en este Reglamento.

e) Suspender, cuando las circunstancias lo aconsejen, la efectividad de las sanciones de aislamiento impuestas, así como, en casos de enfermedad del sancionado, aplazar el cumplimiento de las sanciones de aislamiento y levantar la suspensión cuando el interno sea dado de alta o se estime oportuno.

f) Reducir o revocar las sanciones impuestas en las condiciones y con los requisitos establecidos en este Reglamento, sin perjuicio de la autorización del Juez de Vigilancia en los supuestos en que éste haya intervenido en la imposición de la sanción, directamente o en vía de recurso.

g) Otorgar las recompensas previstas en este Reglamento, determinando, en su caso, su cuantía y ordenar la anotación de su concesión en el expediente personal del interno recompensado.

h) Ejercer las restantes competencias establecidas en el Título X de este Reglamento que no estén atribuidas expresamente al Director del Establecimiento o al Instructor del expediente disciplinario.

Sección 4.ª Junta económico-administrativa

ART. 278. Composición.

1. La Junta Económico-Administrativa estará presidida por el Director del centro y se compondrá de los siguientes miembros:

a) El Administrador.

b) El Subdirector Médico o Jefe de los Servicios Médicos.

c) El Subdirector de Personal, si lo hubiere.

d) El Coordinador de Formación Ocupacional y Producción o el Coordinador de los servicios sociales, cuando sean convocados por el Director.

e) Un Jurista del centro.

2. Como Secretario de la Junta Económico-Administrativa actuará, con voz pero sin voto, el funcionario que designe el Director entre los destinados en el Establecimiento.

3. El sustituto del Director en la presidencia de la Junta Económico-Administrativa será el Administrador del centro penitenciario.

ART. 279. Funciones.

La Junta Económico-Administrativa, sin perjuicio de las atribuciones del centro directivo y del Director del Establecimiento, es el órgano colegiado encargado de la supervisión de la gestión de personal, económico-administrativa, presupuestaria y contable del Establecimiento y ejercerá las funciones siguientes:

a) El análisis y la aprobación de la propuesta de necesidades de medios para el funcionamiento del centro penitenciario.

b) El seguimiento y control del sistema contable.

c) Informar las cuentas que se deban rendir al centro directivo.

d) La adopción de las decisiones en materia económica y de gestión presupuestaria establecidas en este Reglamento y en sus normas de desarrollo.

e) La adopción de decisiones por delegación del centro directivo en materia de personal, así como las relativas a la gestión económico-administrativa del Organismo Autónomo Trabajo y Prestaciones Penitenciarias que le puedan ser delegadas por éste.

f) El seguimiento y control de los gastos y de la ejecución presupuestaria del centro penitenciario en la forma que se determine por el centro directivo.

g) Ejercer las demás competencias que le atribuye este Reglamento y sus normas de desarrollo y, en general, todas aquellas que afecten al régimen económico-administrativo del centro penitenciario que no estén atribuidas a otros órganos.

CAPÍTULO III
Órganos unipersonales

ART. 280. El Director.

1. El Director de un centro penitenciario ostenta la representación del centro directivo y de los órganos colegiados del Establecimiento que presida, y es el obligado, en primer término, a cumplir y hacer cumplir las Leyes, Reglamentos y disposiciones en general y especialmente las que hacen referencia al servicio.

2. Corresponden al Director las siguientes atribuciones:

1.ª Dirigir, coordinar y supervisar la ejecución de las directrices del centro directivo relativas a la organización de los diferentes servicios de tratamiento, régimen, sanidad, personal y gestión económico-administrativa, así como inspeccionarlos y corregir cualquier falta que observare en los mismos.

2.ª Representar al centro penitenciario en sus relaciones con autoridades, centros, entidades o personas, firmando la documentación que salga del mismo y dando el visto bueno o la conformidad a cuantos documentos deban expedir los demás funcionarios, salvo cuando, previa autorización del centro directivo, pueda delegar esta función en los Subdirectores y Administrador.

3.ª Convocar y presidir los órganos colegiados regulados en el capítulo II de este Título, aprobar sus acuerdos para que sean eficaces y ejecutarlos, así como demorar su eficacia hasta la aprobación superior, en su caso, del centro directivo, en los términos previstos en el artículo 266 de este Reglamento.

4.ª En relación con los empleados públicos destinados en el centro:

a) Organizar y asignar la realización de los distintos servicios.

b) Dar traslado de cuantas disposiciones o resoluciones afecten al servicio.

c) Expedir las certificaciones y emitir los informes que proceda en relación con la actuación profesional de los empleados públicos destinados en el centro penitenciario.

d) Velar por el cumplimiento de sus obligaciones y comunicar al centro directivo cuantos hechos o actuaciones puedan ser merecedores de recompensa o constitutivos de falta disciplinaria.

e) Agrupar en un puesto de trabajo, desempeñado por un solo funcionario, tareas o cometidos atribuidos a dos o más unidades o puestos, o bien agregar alguna tarea específica a las propias de la unidad o puestos de trabajo, y, en casos de necesidad, asignar provisionalmente dos o más unidades a un solo funcionario, teniendo en cuenta las necesidades de coordinación de los distintos puestos o unidades y las cargas reales de trabajo que tengan asignadas.

5.ª Adoptar las medidas regimentales urgentes necesarias para prevenir y, en su caso, resolver cualquier alteración individual o colectiva del orden en el centro, dando cuenta inmediatamente al centro directivo.

6.ª Adoptar, ante hechos o actuaciones de los internos que se presuman faltas disciplinarias, las medidas cautelares que procedan hasta que recaiga acuerdo definitivo.

7.ª Disponer, previa aprobación o mandamiento de la autoridad judicial y de acuerdo con lo establecido en el capítulo II del Título II del presente Reglamento, la excarcelación de los detenidos, presos y penados a su cargo.

8.ª Supervisar los libros de contabilidad, autorizar los pagos de caja y la extracción de fondos del Banco.

9.ª Decidir la separación interior de los internos teniendo en cuenta los antecedentes y circunstancias de cada uno conforme a lo dispuesto en el artículo 99 del presente Reglamento.

10.ª Autorizar, en forma reglamentaria, las comunicaciones, visitas, salidas al exterior y conducciones de los internos.

11.ª Disponer lo necesario para comunicar inmediatamente al familiar más próximo o a la persona designada por el interno, en los casos de muerte, enfermedad o accidente grave del mismo.

12.ª Autorizar, previa aprobación de la autoridad judicial o del centro directivo, la salida y desplazamientos de los internos al domicilio familiar o centro hospitalario en los supuestos previstos en el artículo 47 de la Ley Orgánica General Penitenciaria, sin perjuicio de las funciones que corresponden a la Junta de Tratamiento.

13.ª Asumir la representación del Organismo Autónomo Trabajo y Prestaciones Penitenciarias, con la función de dirigir y supervisar sus actividades en el centro de acuerdo con las instrucciones emitidas por los órganos directivos del citado organismo autónomo.

14.ª Velar por la difusión en el centro penitenciario de las circulares, instrucciones y órdenes de servicio dictadas por el centro directivo.

15.ª Llevar a cabo cuantas tareas o cometidos le atribuya el centro directivo en relación con sus funciones como responsable del centro penitenciario.

Apdo. 2.11.ª: ver art. 52 LGPe.

ART. 281. Subdirectores.

Los Subdirectores y el Administrador son los responsables de la organización y gestión ordinaria de los servicios que tenga atribuidos su puesto de trabajo, bajo la dirección y supervisión del Director, debiendo realizar también las funciones que éste les encomiende, de acuerdo con sus instrucciones.

ART. 282. Administrador.

El Administrador tendrá rango de Subdirector, con los derechos y obligaciones inherentes al mismo, y tiene, entre otras, las siguientes funciones:

a) Dirigir los servicios administrativos del Establecimiento, sin perjuicio de la supervisión del Director.

b) Extender los talones de las cuentas bancarias del centro penitenciario junto con la firma mancomunada del Director o de su suplente.

c) Cuidar, junto con el Director, de los niveles de calidad y coste de los bienes y servicios destinados al centro penitenciario, de acuerdo con las instrucciones del centro directivo.

d) Efectuar las transferencias de los saldos de peculio en los supuestos establecidos.

e) Rendir las cuentas ante los órganos competentes con el visado del Director y el informe de la Junta Económico-Administrativa.

ART. 283. Jefe de Servicios.

El Jefe de Servicios es el encargado de la coordinación de los servicios del área de vigilancia bajo la dirección y supervisión de los mandos del centro y, en consecuencia, adoptará provisionalmente las medidas indispensables para mantener el orden y el buen funcionamiento de los servicios, dando cuenta de ellas al Director.

ART. 284. Suplencia.

1. En los supuestos de vacante, ausencia o enfermedad del Director, el centro directivo, mediante resolución motivada, designará su suplente entre los Subdirectores del centro penitenciario.

2. En los supuestos de vacante, ausencia o enfermedad del Administrador, y cuando no se designe suplente por el órgano competente para su nombramiento, el Director dictará resolución expresa designando suplente de éste entre los funcionarios destinados en el centro, que ejercerá todas sus funciones excepto las del artículo siguiente.

ART. 285. Incidencias.

1. Los Directores, Subdirectores y Administradores, sin perjuicio de la jornada de trabajo que les corresponda, realizarán turnos de incidencias todos los días del año, incluidos domingos y festivos.

2. Los Subdirectores y Administradores que se encuentren realizando el turno de incidencias asumirán todas las atribuciones del Director reguladas en el primer artículo de este capítulo, en ausencia de éste, debiendo dar cuenta al mismo en cuanto sea posible de las actuaciones realizadas en ejercicio de las citadas atribuciones.

ART. 286. Horarios de personal.

1. Los funcionarios penitenciarios, dada la naturaleza de sus funciones, prestarán sus servicios en un régimen horario específico.

2. Por necesidades excepcionales y justificadas podrá exigirse a los funcionarios penitenciarios un número mayor de horas de servicio que las establecidas con carácter general a los demás funcionarios, debiendo, en tal caso, ser compensados con igual número de horas libres en cuanto las necesidades del servicio lo permitan, o bien retribuidos mediante los complementos legalmente establecidos.

TÍTULO XII
Del régimen económico y administrativo de los Establecimientos penitenciarios

CAPÍTULO I
Principios generales

ART. 287. Ámbito de aplicación.

Las normas relativas a la gestión económico-administrativa de los Establecimientos penitenciarios contenidas en este Título sólo serán aplicables a las Comunidades Autónomas con competencias de ejecución de la legislación penitenciaria estatal en concepto de derecho supletorio, sin perjuicio de la legislación básica estatal que, por otros títulos competenciales, resulte aplicable sobre dicha materia.

ART. 288. Finalidad de la gestión económico-administrativa.

La finalidad de la gestión económico-administrativa en todos los Establecimientos penitenciarios consiste en la optimización de los recursos financieros y materiales puestos a disposición de la Administración penitenciaria para el logro eficaz y eficiente de las funciones asignadas en el presente Reglamento para desarrollar la actividad penitenciaria.

ART. 289. Situaciones especiales.

El Director del Establecimiento penitenciario, tan pronto tenga conocimiento de una decisión adoptada que vulnere la normativa vigente, procederá conforme a lo dispuesto en el artículo 266.1 de este Reglamento y adoptará las medidas necesarias para minimizar el perjuicio a los intereses públicos, dando cuenta al centro directivo.

ART. 290. Obligaciones de gasto.

Ningún Establecimiento penitenciario podrá adoptar ninguna decisión que implique compromisos de gasto por encima de los créditos asignados al mismo o que modifiquen la imputación del gasto o el procedimiento establecido para su ejecución.

ART. 291. Previsión de necesidades.

El Director del centro penitenciario, una vez haya informado la Junta Económico-Administrativa, deberá remitir a la Secretaría de Estado de Asuntos Penitenciarios, antes del 1 de abril de cada año natural, la previsión de necesidades presupuestarias para el siguiente ejercicio, las cuales deberán justificarse debidamente siguiendo los criterios que marque la citada Secretaría de Estado, en base a las directrices emanadas del Ministerio de Economía y Hacienda.

ART. 292. Naturaleza de los recursos y legislación aplicable.

Los recursos económicos asignados y gestionados por los Establecimientos penitenciarios tienen la naturaleza de recursos públicos, a los que resultará de aplicación la normativa presupuestaria, contractual, contable o patrimonial vigente para las Administraciones Públicas.

ART. 293. Servicios administrativos.

1. Los Servicios administrativos de los Establecimientos penitenciarios dependen directamente del Administrador del centro.

2. Todo acto o decisión económico-administrativa de un Establecimiento penitenciario deberá estar propuesto por el Administrador y autorizado por el Director del centro, salvo en aquellos casos en que este Reglamento o sus normas de desarrollo establezcan expresamente otro procedimiento.

ART. 294. Cuentas bancarias.

1. El movimiento de fondos de las cuentas bancarias abiertas a nombre de los Establecimientos penitenciarios requerirá el cumplimiento de la normativa dictada por la Dirección General del Tesoro y Política Financiera del Ministerio de Economía y Hacienda, exigiéndose, en todo caso, la firma mancomunada del Director y del Administrador del Establecimiento o, en su caso, del suplente de uno u otro.

2. La facultad para tramitar a la Dirección General del Tesoro y Política Financiera la autorización de apertura de estas cuentas corresponderá a la Dirección General de Administración Penitenciaria.

CAPÍTULO II
Régimen patrimonial

ART. 295. Inventarios de Establecimientos penitenciarios.

1. Los Establecimientos penitenciarios llevarán un sistema de inventarios que permita disponer en todo momento de información fiel y actualizada sobre los bienes muebles asignados para el desarrollo de sus funciones. Las respectivas altas o bajas de bienes muebles que se produzcan se consignarán en el inventario por el órgano competente, por medio de las actas de recepción o enajenación correspondientes.

2. Por el centro directivo se determinarán los tipos de inventario que de forma obligatoria todo Establecimiento penitenciario debe tener continuamente actualizados, así como los documentos y la periodicidad con que deban remitirse para la elaboración del inventario general de bienes muebles de la Secretaría de Estado de Asuntos Penitenciarios.

3. La Dirección General de Administración Penitenciaria será el órgano competente para la tramitación del procedimiento de donaciones de bienes efectuadas por Administraciones públicas o por instituciones públicas o privadas a Establecimientos penitenciarios, que no podrán ser aceptadas sin la previa y expresa autorización del centro directivo.

4. Cuando sea necesaria la enajenación de bienes muebles, se solicitará a la Dirección General de Administración Penitenciaria la oportuna autorización por el Director del Establecimiento penitenciario.

ART. 296. Casos especiales por apertura o cierre de Establecimientos penitenciarios.

En los casos especiales de apertura o cierre de Establecimientos penitenciarios se iniciarán los posteriores procedimientos de gestión patrimonial a partir de los respectivos inventarios de apertura o clausura firmados por el Director y Administrador del Establecimiento.

ART. 297. Establecimientos penitenciarios de distribución.

Cuando un Establecimiento penitenciario tenga el carácter de depósito de suministros llevará un sistema especial de inventario que permita en todo momento conocer la distribución de productos realizada a otros Establecimientos y los niveles de producto en reserva.

CAPÍTULO III
Gestión de economatos, cafeterías y cocinas

Ver art. 13 LGPe.

ART. 298. Servicio de economato.

Los economatos de los Establecimientos penitenciarios son un servicio prestado por la institución penitenciaria a los internos que permite disponer de un sistema de adquisición de productos de naturaleza complementaria a los facilitados por la propia Administración penitenciaria.

ART. 299. Servicio de cafetería.

El servicio de cafetería se podrá prestar en los Establecimientos penitenciarios tanto al personal propio del Establecimiento, como al personal de guardia exterior, al que preste algún servicio relacionado con el centro penitenciario y a las visitas de cualquier naturaleza.

ART. 300. Sistemas de gestión.

1. Los servicios de economato, de cocina y de cafetería podrán ser gestionados por:
a) La propia Administración penitenciaria.
b) El Organismo Autónomo Trabajo y Prestaciones Penitenciarias, mediante la fórmula de taller productivo.
c) Empresas externas adjudicatarias por contrato administrativo de servicios.
2. Cuando la gestión de los servicios de economato o cafetería se realice por el Organismo Autónomo Trabajo y Prestaciones Penitenciarias, éstos adoptarán la naturaleza de taller productivo. Los beneficios obtenidos corresponderán al citado organismo autónomo.
3. En el supuesto de que el Organismo Autónomo de Trabajo y Prestaciones Penitenciarias gestione el servicio de cocina mediante la fórmula de taller productivo, la provisión de víveres para elaborar los racionados se efectuará bajo la responsabilidad del citado organismo.
4. Cuando los servicios de economato o cafetería sean gestionados por la propia Administración penitenciaria o por una empresa externa, los beneficios generados para la Administración penitenciaria se ingresarán en el Tesoro Público para su posterior incorporación, mediante generaciones de crédito, a aquellos conceptos presupuestarios del presupuesto de gastos de la Administración penitenciaria que mejor contribuyan al cumplimiento de los fines de la actividad penitenciaria establecidos en el artículo 2 de este Reglamento. En el supuesto de gestión por la propia Administración penitenciaria, se entenderá por beneficios los obtenidos una vez sufragados los gastos correspondientes a la compra de géneros, las recompensas a internos y la depreciación de existencias.

ART. 301. Sistemas de pago en el economato.

1. Queda prohibido a los internos el uso de dinero de curso legal, salvo en los Establecimientos de régimen abierto o en situaciones excepcionales debidamente autorizadas por el centro directivo. Las normas de régimen interior de cada centro penitenciario establecerán la obligatoriedad para los internos de efectuar las compras en los Establecimientos mediante tarjeta-valor, tarjeta magnética, tarjeta con microchip u otro sistema análogo.
2. Las prescripciones técnicas del sistema establecido para las compras se fijarán por el centro directivo.
3. Por el centro directivo se establecerán las normas reguladoras para cada uno de los sistemas de compra indicados.
4. Cuando el interno sea excarcelado, disfrute de permiso de salida o sea trasladado a otro Establecimiento penitenciario se canjeará la tarjeta de compras de que sea titular por su importe en metálico.

ART. 302. Normas reguladoras de los servicios.

1. Por el centro directivo se establecerán las normas reguladoras de cada uno de los sistemas de gestión previstos.
2. La lista actualizada de productos y precios de economato se deberá exponer a la población reclusa junto a la ventanilla del despacho donde se dispensen los mismos.
3. La lista actualizada de productos y precios de la cafetería deberá exponerse en un lugar visible para los usuarios, dentro del local utilizado para la misma.

ART. 303. Productos autorizados para la venta en economatos.

1. En el economato podrán expenderse los siguientes productos:
a) Comestibles que no precisen ser cocinados.
b) Tabaco.
c) Ropa de uso interior y exterior.
d) Productos de aseo personal.
e) Cuantos otros bienes o productos necesiten los reclusos, siempre que no estén prohibidos por las normas de régimen interior del centro y, en general, siempre que su uso y consumo no implique riesgo para el correcto funcionamiento regimental del Establecimiento.

2. En ningún caso podrán venderse en el economato ningún tipo de bebidas alcohólicas ni de productos farmacéuticos.

ART. 304. Otros servicios a favor del interno.

En caso de necesidad, apreciada por la Dirección del centro, se podrá autorizar, previa solicitud del interno, la compra en el exterior a costa del recluso de algún producto autorizado no disponible en el economato. El procedimiento de estas adquisiciones se determinará por la Secretaría de Estado de Asuntos Penitenciarios.

ART. 305. Naturaleza de los servicios de economato, cafetería y cocina.

1. Cuando el economato, la cafetería o la cocina sean gestionados por la propia Administración penitenciaria, las prestaciones que deban realizar los internos en servicios auxiliares o mecánicos de los mismos no tendrán, en ningún caso, la naturaleza de relación laboral especial penitenciaria, sin perjuicio de las recompensas y beneficios penitenciarios que se les puedan conceder.

2. Cuando el economato, la cafetería o la cocina sean gestionados por el Organismo Autónomo Trabajo y Prestaciones Penitenciarias mediante la fórmula de taller productivo, los servicios auxiliares o mecánicos de los mismos desempeñados por los internos tendrán la naturaleza de relación laboral especial penitenciaria.

3. Cuando el economato, la cafetería o la cocina sean gestionados por una empresa externa adjudicataria del servicio ningún interno podrá desempeñar servicios auxiliares o mecánicos en los mismos, salvo cuando la proposición económica de la empresa adjudicataria contenga expresamente la previsión de la contratación laboral común de internos, en cuyo caso todas las obligaciones empresariales derivadas del contrato de trabajo serán satisfechas por la empresa adjudicataria.

ART. 306. Acciones contra los intereses del economato, cafetería y cocina.

Cuando algún interno sustraiga fondos o efectos del economato, cafetería o cocina o provoque intencionadamente el deterioro de sus productos, será separado de dichos servicios y se le exigirá la responsabilidad pecuniaria que proceda, sin perjuicio de las responsabilidades disciplinarias y penales en que hubiera podido incurrir.

CAPÍTULO IV
Gestión económico-administrativa de los gastos de alimentación

ART. 307. Justificación de racionados.

1. Los internos devengarán la ración según su hora de ingreso y salida del Establecimiento penitenciario, procurándose en todo momento que la imputación del gasto quede claramente individualizada para cada Establecimiento penitenciario, sin que, en los supuestos de traslado, pueda efectuarse la doble imputación de racionados en ningún caso.

2. Las raciones de enfermería que supongan incremento del racionado común deberán acreditarse mediante informe del médico y del Administrador del Establecimiento penitenciario.

3. Los gastos de alimentación, estancia y tratamiento originados por los internos destinados en unidades dependientes o en unidades extrapenitenciarias podrán ser compensados por la Administración penitenciaria en la forma que se determine en las normas de desarrollo de este Reglamento.

ART. 308. Valores de racionados y lotes higiénicos.

1. Por resolución de la Secretaría de Estado de Asuntos Penitenciarios se fijarán anualmente los valores de las raciones alimenticias por día y plaza de interno, distinguiendo, al menos, las siguientes categorías:
a) Internos sanos.
b) Internos jóvenes.
c) Ración de enfermería.
Estos valores podrán ser distintos para los diferentes centros penitenciarios en función de la agrupación que se establezca exclusivamente para este fin.

2. Asimismo, anualmente y por resolución de la Secretaría de Estado, se fijará la composición de las dotaciones para higiene personal que se facilitarán a los internos en los Establecimientos penitenciarios.

ART. 309. Seguimiento contable de los gastos de alimentación.

Los gastos de alimentación serán objeto de un seguimiento contable especial, con los formatos y periodicidad que el centro directivo determine. Dichos gastos se elevarán a la Junta Económico-Administrativa del Establecimiento para su examen e informe.

ART. 310. Recepcionado de mercancías para la preparación del racionado.

1. En el supuesto de que la gestión de cocina se realice directamente por la Administración penitenciaria, diariamente, el funcionario del servicio de alimentación recepcionará las mercancías para la preparación de las comidas según los racionados, comprobando calidad y peso de los artículos.

2. El Médico del Establecimiento comprobará el estado sanitario de los artículos suministrados y dictaminará los que por la citada razón deban ser desechados.

ART. 311. Renuncia a ración alimenticia.

Si algún interno renunciase a su ración, quedará ésta en beneficio de los demás, no de persona determinada, sin que por tal renuncia se le deba indemnización alguna.

ART. 312. Sistemas de gestión de los gastos de alimentación.

Cuando la gestión de cocina se realice directamente por la Administración penitenciaria, la adquisición de productos de alimentación se podrá llevar a cabo por el Establecimiento penitenciario o por los servicios centrales, utilizando proveedores ajenos a la propia Administración, vía pagos a justificar, anticipos de caja fija o expedientes de contratación administrativa de suministros.

CAPÍTULO V
Gestión económica del vestuario, equipo y utensilio de los internos

ART. 313. Dotación.

1. El centro directivo de la Administración penitenciaria correspondiente proveerá, dentro de sus disponibilidades presupuestarias, a todos los centros penitenciarios que dependan de la misma, del vestuario, equipo y utensilios que necesiten los reclusos de uno y otro sexo. La composición del vestuario se determinará por resolución del centro directivo correspondiente, teniendo en cuenta las condiciones climatológicas de las diferentes estaciones del año y las distintas tipologías y ubicaciones geográficas de los Establecimientos.

2. Los internos trabajadores de uno y otro sexo dispondrán, además, de la ropa apropiada para desarrollar las actividades laborales.

3. Los niños internados con sus madres también dispondrán del vestuario adecuado.

4. El equipo para las camas, aseo personal e higiene íntima y los utensilios para las comidas se determinarán por resolución de la Secretaría de Estado de Asuntos Penitenciarios u órgano autonómico equivalente.

Ver art. 19.3, 20 LGPe.

ART. 314. Períodos de reposición.

1. La duración mínima de cada una de las prendas, calzado y equipo se determinará por el centro directivo correspondiente.

2. Los Establecimientos justificarán en los estados de vestuario las altas y bajas de las prendas.

3. No se fijarán plazos mínimos de duración para el utensilio, sino que los Directores de los centros penitenciarios deberán solicitar en cada caso la correspondiente autorización del centro directivo para dar de baja los efectos que queden inutilizados por el uso y poder efectuar las correspondientes reposiciones de material.

Ver art. 19.3, 20 LGPe.

ART. 315. Enajenación de material no inventariable.

Los utensilios y efectos dados de baja serán enajenados conforme a las normas dictadas por el centro directivo correspondiente. La venta constará en acta y su producto se ingresará en el Tesoro Público.

ART. 316. Lotes higiénicos.

1. Los Establecimientos penitenciarios solicitarán mensualmente, en función de la previsión de población interna existente y de sus características personales y penitenciarias, las necesidades de dotación en lotes higiénicos.

2. Mensualmente, se remitirá inventario de estos productos al centro directivo en donde quede recogido el número de lotes higiénicos distribuidos entre la población interna y los remanentes pendientes de distribución del mes anterior.

CAPÍTULO VI
Custodia de los objetos de valor de los internos

ART. 317. Custodia de dinero, alhajas, joyas y otros objetos de valor.

Salvo en los Establecimientos de régimen abierto, los internos no tendrán en su poder dinero o títulos que lo representen ni objetos de valor. Todo ello les será intervenido al ingresar con arreglo a las siguientes normas:

1.ª Los objetos de valor se custodiarán por el Subdirector de Seguridad en la caja del Establecimiento o en lugar seguro y el dinero será custodiado por el Administrador. Al interno se le entregará una hoja individual de cuenta de peculio, iniciada con las cantidades que le fueron recogidas, y se le expedirán los resguardos que acrediten el depósito de los objetos de valor.

2.ª Los internos podrán autorizar para que de lo intervenido se haga cargo alguna persona y, en tal caso, la entrega se hará mediante la justificación de su personalidad, debiendo firmar con el Subdirector de Seguridad o el Administrador, según proceda, la diligencia de la entrega. También podrán autorizar la realización, en su caso, de los títulos legítimos representativos de dinero.

3.ª No se dará cumplimiento a lo establecido en la norma anterior cuando existan dudas acerca de la legítima procedencia del dinero u objetos de valor intervenidos y se pondrá en conocimiento de la autoridad competente la retención para que se resuelva lo procedente.

4.ª Cuando el dinero consista en moneda o billetes que puedan o deban ser objeto de intervención oficial, se cumplirá lo que al respecto determine la legislación correspondiente, sin perjuicio de asegurarlo en la caja como otro valor cualquiera y de entregar al recluido un resguardo suficientemente expresivo de las cantidades y efectos depositados, pero no se le dará ingreso en el peculio de libre disposición.

5.ª Cuando la autoridad judicial disponga la intervención de todo o parte del dinero de un interno, se procederá a inmovilizar las cantidades indicadas en la orden correspondiente, que quedarán a disposición de dicha autoridad para el destino que proceda, de todo lo cual se dará conocimiento al interesado.

Ver art. 17, 22.1 LGPe.

ART. 318. Traslado de material.

1. Todo interno que sea trasladado a otro Establecimiento penitenciario tendrá derecho a que la Administración penitenciaria realice el traslado de sus pertenencias personales por un peso que nunca podrá ser superior a los 25 kilogramos, siendo con cargo al interno el traslado de todo aquel material que exceda del peso indicado.

2. Para los casos excepcionales de internos sin medios económicos se estudiarán por parte de la Junta Económico-Administrativa del Establecimiento penitenciario las posibles medidas a adoptar, que deberán ser aprobadas por el centro directivo.

CAPÍTULO VII
Peculio de reclusos

Ver art. 17 LGPe.

ART. 319. Constitución del fondo o cuentas individuales de peculio.

1. El fondo de peculio se constituirá con las cantidades que los reclusos tengan en su poder al ingresar en el Establecimiento y con las que reciban posteriormente por cualquier concepto de procedencia legítima.

2. Estos fondos podrán ser gestionados por la Administración penitenciaria o por entidades financieras colaboradoras, mediante convenio suscrito con la Administración penitenciaria, como cuentas bancarias individuales de peculio abiertas para cada interno.

3. Por el centro directivo se establecerán las normas reguladoras de la información contable del fondo de peculio a suministrar por los Establecimientos penitenciarios y su periodicidad, así como de la contabilidad que deban rendir las entidades financieras colaboradoras.

ART. 320. Seguimiento contable.

1. Si la gestión del fondo de peculio se realiza por la Administración penitenciaria, a cada partícipe del fondo se le proveerá de una hoja personal en que se le inscribirán los ingresos a su nombre y las extracciones autorizadas semanalmente, con expresión del saldo, datos que estarán en consonancia con las partidas correspondientes en el libro general de peculio que lleve la Administración.

2. Si la gestión de peculio se realiza por una entidad financiera, cada recluso tendrá una cartilla o similar que contendrá los datos indicados en el apartado anterior.

3. Por el centro directivo se establecerán las normas que permitan realizar un seguimiento mensual de los saldos del fondo de peculio en cada Establecimiento penitenciario y sus correspondientes saldos de intereses.

ART. 321. Utilización del peculio de libre disposición.

Con el peculio de libre disposición podrán los internos:

a) Atender los gastos que les estén permitidos, solicitando y recibiendo de la Administración una cantidad prudencial que se fijará por el centro directivo atendiendo a criterios de seguridad y orden del Establecimiento.

b) Ordenar transferencias a su familia o a otras personas, previa autorización del Administrador del Establecimiento.

ART. 322. Transferencias del fondo de peculio.

1. Al ser puesto en libertad un interno, le será practicada la liquidación de su peculio y entregado el saldo que resulte o la cartilla bancaria, así como los objetos de valor que la Administración tenga en depósito, previa presentación de los oportunos resguardos.

2. En caso de traslado del interno a otro Establecimiento, se le entregará en metálico, de su peculio, una cantidad prudencial para sus gastos. El resto le será remitido por el Administrador del Establecimiento de origen al de destino o, si el peculio se gestiona por una entidad financiera, se trasladará la cuenta a la localidad de destino. Los objetos de valor depositados en la Administración le serán entregados contra la presentación del resguardo correspondiente.

ART. 323. Peculio de fallecidos.

El peculio de reclusos fallecidos será entregado al primer heredero del recluso que lo solicite, contra el que podrán repetir, en su caso, los restantes miembros de la comunidad hereditaria.

ART. 324. Intereses de los fondos de peculio.

1. En los supuestos de cuentas bancarias individuales de peculio abiertas para cada interno, los intereses y los gastos generados, según la normativa aplicable a dichas cuentas, se repercutirán sobre las mismas.

2. Si los fondos de peculio son gestionados por la Administración penitenciaria, los intereses que genere la cuenta fondo de peculio se ingresarán en el Tesoro Público para su posterior incorporación, mediante generaciones de crédito, a aquellos conceptos presupuestarios del presupuesto de gastos de la Administración penitenciaria que mejor contribuyan al cumplimiento de los fines de la actividad penitenciaria establecidos en el artículo 2 de este Reglamento.

CAPÍTULO VIII
Normas relativas al Organismo Autónomo Trabajo y Prestaciones Penitenciarias

ART. 325. Gestión económico-administrativa del Organismo Autónomo Trabajo y Prestaciones Penitenciarias.

1. La gestión económica, administrativa y patrimonial desarrollada en los centros penitenciarios relativa al Organismo Autónomo Trabajo y Prestaciones Penitenciarias se regirá por su normativa propia y, en su defecto, por las disposiciones de este Reglamento y de sus normas de desarrollo que resulten directamente aplicables.

2. Los gastos y pagos derivados de obligaciones del organismo autónomo que deban realizarse en los centros penitenciarios serán efectuados por quienes tengan reconocida en cada centro la competencia para realizarlos.

REAL DECRETO 1201/1981, DE 8 DE MAYO, POR EL QUE SE APRUEBA EL REGLAMENTO PENITENCIARIO

(PRECEPTOS VIGENTES)

III.
REAL DECRETO 1201/1981, DE 8 DE MAYO, POR EL QUE SE APRUEBA EL REGLAMENTO PENITENCIARIO

(Preceptos vigentes)

–BOE n.º 149, de 23 de junio de 1981–

TÍTULO SEGUNDO
Del régimen penitenciario

[...]

CAPÍTULO IX
Régimen disciplinario

[...]

Sección 3.ª Faltas y correcciones

ART. 108.

Son faltas muy graves:

a) Participar en motines, plantes o desórdenes colectivos, o instigar a los mismos si éstos se hubieran producido.

b) Agredir, amenazar o coaccionar a cualesquiera personas dentro del establecimiento o a las autoridades o funcionarios judiciales o de instituciones penitenciarias, tanto dentro como fuera del establecimiento si el interno hubiera salido con causa justificada durante su internamiento y aquéllos se hallaren en el ejercicio de sus cargos o con ocasión de ellos.

c) Agredir o hacer objeto de coacción grave a otros internos.

d) La resistencia activa y grave al cumplimiento de las órdenes recibidas de autoridad o funcionario en ejercicio legítimo de sus atribuciones.

e) Intentar, facilitar o consumar la evasión.

f) Inutilizar deliberadamente las dependencias, materiales o efectos del establecimiento o las pertenencias de otras personas causando daños de elevada cuantía.

g) La sustracción de materiales o efectos del establecimiento o de las pertenencias de otras personas.

h) La divulgación de noticias o datos falsos, con la intención de menoscabar la seguridad del establecimiento.

i) Atentar contra la decencia pública con actos de grave escándalo y trascendencia.

ART. 109.

Son faltas graves:

a) Calumniar, injuriar, insultar y faltar gravemente al respeto y consideración debidos a las autoridades, funcionarios y personas del apartado b) del artículo anterior, en las circunstancias y lugares que en el mismo se expresan.

b) Desobedecer las órdenes recibidas de autoridades o funcionarios en el ejercicio legítimo de sus atribuciones o resistirse pasivamente a cumplirlas.

c) Instigar a otros reclusos a motines, plantes o desórdenes colectivos, sin conseguir ser secundados por éstos.

d) Insultar a otros reclusos o maltratarles de obra.

e) Inutilizar deliberadamente las dependencias, materiales o efectos del establecimiento o las pertenencias de otras personas causando daños de escasa cuantía, así como causar en los mismos bienes daños graves por negligencia temeraria.

f) Introducir, hacer salir o poseer en el establecimiento objetos que se hallaren prohibidos por las normas de régimen interior.

g) Organizar o participar en juegos de suerte, envite o azar, que no se hallaren permitidos en el establecimiento.

h) La divulgación de noticias o datos falsos, con la intención de menoscabar la buena marcha regimental del establecimiento.

i) La embriaguez producida por el abuso de bebidas alcohólicas autorizadas que cause grave perturbación en el establecimiento o por aquellas que se hayan conseguido o elaborado de forma clandestina, así como el uso de drogas tóxicas, sustancias psicotrópicas o estupefacientes, salvo prescripción facultativa.

ART. 110.

Son faltas leves:

a) Faltar levemente a la consideración debida a las autoridades, funcionarios y personas del apartado b) del artículo 108 en las circunstancias y lugares que en el mismo se expresan.

b) La desobediencia de las órdenes recibidas de los funcionarios de instituciones penitenciarias en ejercicio legítimo de sus atribuciones que no causen alteración de la vida regimental y de la ordenada convivencia.

c) Formular reclamaciones sin hacer uso de los cauces establecidos reglamentariamente.

d) Hacer uso abusivo y perjudicial de objetos no prohibidos por las normas de régimen interior.

e) Causar daños graves en las dependencias, materiales o efectos del establecimiento o en las pertenencias de otras personas por falta de diligencia o cuidado.

f) Cualquier otra acción u omisión que implique incumplimiento de los deberes y obligaciones del interno, produzca alteración en la vida regimental y en la ordenada convivencia y no esté comprendida en los supuestos de los artículos 108 y 109, ni en los apartados anteriores de este artículo.

ART. 111.

Por razón de las faltas cometidas podrán ser impuestos los correctivos siguientes:

a) Aislamiento en celda que no podrá exceder de catorce días.

Este correctivo sólo será de aplicación en los casos en que se ponga de manifiesto una evidente agresividad o violencia por parte del interno, o bien cuando éste altere, reiterada y gravemente, la normal convivencia en el Centro. En todo caso, la celda en que se cumpla la sanción deberá ser de análogas características a las restantes del establecimiento.

b) Aislamiento de hasta siete fines de semana, desde las dieciséis horas de sábado hasta las ocho del lunes siguiente.

c) Privación de permisos de salida por tiempo no superior a dos meses.

d) Limitación de las comunicaciones orales al mínimo de tiempo reglamentario, durante un mes como máximo.

e) Privación de paseos y actos recreativos comunes, en cuanto sea compatible con la salud física y mental, hasta un mes como máximo.

f) Amonestación.

ARTS. 112 A 123.

(DEROGADOS)

[...]

Sección 4.ª Ejecutoriedad

ART. 124.

A los efectos establecidos en el artículo 44.3 de la Ley Orgánica General Penitenciaria, se consideran actos de indisciplina grave los comprendidos en cualquiera de los seis primeros supuestos del artículo 108 de este Reglamento.

[...]

TÍTULO OCTAVO
De los órganos penitenciarios colegiados y unipersonales

[...]

CAPÍTULO II
Órganos unipersonales

Sección 2.ª De los subdirectores

ART. 277.

El Subdirector es el segundo Jefe del Establecimiento, y le corresponde:

1.ª Sustituir al Director, con los mismos deberes y atribuciones de éste, en los casos de vacante o ausencia por enfermedad o licencia. En ausencia del Director por causas distintas a las expresadas, se atenderá en su actuación a las normas establecidas por aquél y a las instrucciones que del mismo reciba, sin perjuicio de resolver en el acto cualquier incidente que pudiera surgir, dando cuenta al Director de las resoluciones adoptadas.

2.ª Organizar y dirigir la Oficina de Régimen del Establecimiento, haciendo llevar reglamentariamente los libros y documentos.

3.ª Comunicar puntualmente al Subdirector Jefe del Equipo, o al Jurista-Criminólogo, en su defecto, nota o relación de los internos que han pasado a la situación de penados, con fecha de la llegada de los testimonios de sentencia correspondientes, e igualmente de las órdenes de clasificación remitidas por el Centro Directivo.

4.ª Rubricar las comunicaciones en que haya de figurar la firma del Director y expedir las certificaciones sobre los datos que figuren en el archivo de la Oficina o en los expedientes de los reclusos.

5.ª Llevar las estadísticas y formalizar los resúmenes dentro del plazo ordenado por el Centro Directivo.

6.ª Desempeñar la Secretaría de la Junta de Régimen y Administración y asistir a las sesiones como vocal de la misma.

7.ª Contribuir al mejor desenvolvimiento de los servicios del Establecimiento, instruir las informaciones que el Director le encomiende y cumplir cuantas órdenes de él reciba concernientes a su cometido.

8.ª Será, asimismo, el responsable de los servicios de observación o de tratamiento en los establecimientos penitenciarios en que no haya equipo técnico. Si existiese un funcionario del Cuerpo Técnico, asesorará al Subdirector en estos servicios.

ART. 278.

1. Al Subdirector-Jefe del equipo le corresponden las siguientes funciones:

1. Organizar, impulsar y controlar la actuación de los miembros de los equipos de observación y tratamiento para el mejor cumplimiento de los fines asignados a éstos.

2. Presidir las reuniones de los mismos cuando no asista el Director.

3. Recabar de todos los funcionarios datos relativos a los internos, especialmente los que hagan referencia al comportamiento, para mejor conocimiento de los mismos como base de su clasificación y tratamiento.

4. Facilitar a los Jefes de servicio los datos que obren en los protocolos de los internos que puedan ser orientadores para el trato de cada uno de estos, y los que puedan afectar a la seguridad del establecimiento o sean de interés para el mantenimiento del orden y la disciplina.

5. Dirigir la actuación de los educadores adscritos a los equipos.

6. Organizar y dirigir la oficina del equipo cuidando del archivo de los protocolos.

7. Contribuir al mejor desenvolvimiento de los servicios del establecimiento, instruir las informaciones que el Director le encomiende y cumplir cuantas órdenes de él reciba concernientes a su cometido.

8. Estudiar los expedientes personales y protocolos de los internos y rubricar en los mismos las diligencias referentes a clasificación, progresión o regresión de grado y libertad condicional que hayan de ser firmadas por el Director y Subdirector del Centro.

9. Llevar las anotaciones debidas para controlar que las propuestas de clasificación inicial y las de progresión de grado se realicen dentro de los plazos legales y reglamentarios a partir de la recepción de los testimonios de sentencia o en su caso de las órdenes del Centro directivo de clasificación anterior decidiendo la inclusión de los estudios o casos que procedan en el orden del día de las reuniones del equipo de observación o de tratamiento.

2. La jefatura de los equipos de observación y de tratamiento en caso de vacante o ausencia del Subdirector-Jefe de los mismos será asumida por un funcionario del Cuerpo Técnico, elegido por los miembros del equipo y en caso de empate por el más antiguo de ellos en el Cuerpo Técnico.

Sección 3.ª De los administradores

ART. 279.

En los Establecimientos que carecieren de Subdirector, asumirá el Administrador las funciones asignadas a aquél en los seis primeros apartados del artículo 277. El Administrador, además, tendrá específicamente a su cargo:

1.ª Organizar y dirigir la contabilidad del Establecimiento y la especial de los servicios.

2.ª Efectuar los cobros de libramientos a favor del Establecimiento, dar conocimiento al Director de todos los ingresos y depósitos de las cuentas corrientes y firmar con él los talones de extracción de fondos.

3.ª Efectuar todos los pagos y custodiar los fondos existentes en la Caja del Establecimiento, los de Economato y Talleres, así como los valores y fianzas que por razón de su cargo le entreguen, cuidando de que las existencias en metálico en Caja no sobrepasen la cifra prudencial necesaria para satisfacer regularmente los pagos.

4.ª Custodiar las cartillas de ahorro de los penados velando por la puntualidad de sus operaciones de movimiento de fondos.

5.ª Cuidar de la conservación del edificio, mobiliario y enseres, así como del vestuario, equipo y calzado de los internos, y efectuar los estudios de necesidades que ha de someter a consideración de la Junta de Régimen y Administración, y comprobar el estado de los mismos.

6.ª Custodiar el dinero, ropas, objetos u otros efectos de los internos que por su valor o características deban ser guardados en lugar seguro, previa entrega del correspondiente resguardo.

7.ª Asistir como Vocal a las sesiones de la Junta de Régimen y Administración y someter a la consideración de la misma las propuestas de adquisición de artículos para el Economato.

8.ª Programar las comidas de los internos, cuidando la cantidad, calidad y variedad, así como la confección y distribución, y solicitar el asesoramiento del Médico en la determinación de los índices de calorías.

9.ª Formar las nóminas y presupuestos del servicio que el Director le ordene y rendir en el plazo señalado las cuentas de libramientos cobrados y las demás expresadas en este Reglamento.

10. Comprobar el estado de conservación de los pabellones de funcionarios, dando cuenta al Director.

11. Custodiar en lugar adecuado un duplicado de todas las llaves del Establecimiento.

ART. 280.

Respecto del Economato, el Administrador tendrá las siguientes funciones:

a) Custodiar los fondos procedentes del Economato, como asimismo los talonarios de la cuenta corriente de la Entidad bancaria en que se tenga establecida.

b) Recibir el importe de la venta diaria, que será entregado por el funcionario encargado del Economato una vez terminadas las operaciones del día.

c) Proponer el sistema de ventas, despacho, procedimiento de cobro y contabilidad.

d) Llevar o dirigir la contabilidad.

e) Abonar las facturas que se presenten al cobro, previa autorización del Director y la conformidad del funcionario encargado del Economato.

f) Presenciar, dirigir y fiscalizar las operaciones del inventario y los balances mensuales, cerciorándose de su veracidad.

g) Firmar la conformidad de cuantos documentos integran la cuenta bimensual.

h) Velar por la buena conservación de los utensilios, enseres y artículos almacenados, haciendo a la Junta de Régimen y Administración propuesta de renovación de los primeros cuando proceda.

i) Llevar un libro de expedición de tarjetas de compra cuando las hubiere.

j) Abonar las nóminas mensuales de gratificaciones y premios a los internos que colaboren en la marcha del Economato.

k) Proponer a la Junta de Régimen y Administración el nombramiento del funcionario encargado del Economato.

l) En el supuesto de Economatos concedidos a terceros, se atenderá a las normas que se consignen en el contrato firmado con el Centro Directivo.

Sección 4.ª De los juristas-criminólogos

ART. 281.

Al jurista-criminólogo le corresponderá las funciones siguientes:

1. Estudiar toda la información penal, procesal y penitenciaria recibida sobre cada interno realizando la valoración criminológica necesaria para la clasificación y la programación del tratamiento del mismo emitiendo los informes propios de su especialidad que ha de presentar a las reuniones del equipo.

2. Asistir como vocal a las reuniones del equipo participando en sus actuaciones y acuerdos y, una vez que sobre cada caso hayan informado todos los miembros del mismo, hacer la propuesta global del diagnóstico criminológico y, en su caso, de programación del tratamiento; previa la discusión y acuerdo correspondiente, redactar, en un momento posterior, la propuesta razonada de destino o el informe final que se ha de remitir al Centro directivo, redacción que se someterá previamente a la aprobación del Subdirector-Jefe del equipo.

3. Redactar, previa discusión y acuerdo correspondiente del equipo, los informes solicitados por las autoridades judiciales, el Ministerio Fiscal y el Centro directivo.

4. Colaborar en la medida posible y del modo que el equipo determine a la ejecución de los métodos de tratamiento.

5. Informar a los internos acerca de su situación penal, procesal y penitenciaria, bien por propia iniciativa, cuando lo crea adecuado, bien a petición del interno, así como a los efectos previstos en el artículo 130.1, siempre que sea requerido para ello por el interno y no ostente vocalía en la Junta de Régimen y Administración.

6. Informar al Director de las instancias y recursos cursados o interpuestos por los reclusos con respecto a sus derechos y situaciones jurídicas.

7. Asesorar jurídicamente en general a la Dirección del establecimiento.

8. Cumplir cuantas tareas le encomiende el Director concernientes a sus cometidos.

Sección 5.ª De los psicólogos

ART. 282.

El Psicólogo desempeñará las funciones siguientes:

1.ª Estudiar la personalidad de los internos desde la perspectiva de la Ciencia de la Psicología y conforme a sus métodos, calificando y evaluando sus rasgos temperamentales-caracteriales, aptitudes, actitudes y sistema dinámico-motivacional, y, en general, todos los sectores y rasgos de la personalidad que juzgue de interés para la interpretación y comprensión del modo de ser y de actuar del observado.

2.ª Dirigir la aplicación y corrección de los métodos psicológicos más adecuados para el estudio de cada interno, interpretar y valorar las pruebas psicométricas y las técnicas proyectivas, realizando la valoración conjunta de éstas con los demás datos psicológicos, correspondiéndole la redacción del informe aportado a los Equipos y la del informe psicológico final que se integrará en la propuesta de clasificación o en el programa de tratamiento.

3.ª Asistir como Vocal a las reuniones de los Equipos de Observación o de Tratamiento, participando en sus acuerdos y actuaciones.

4.ª Estudiar los informes de los Educadores, contrastando el aspecto psicológico de la observación directa del comportamiento con los demás métodos y procurando, en colaboración con aquéllos, el perfeccionamiento de las técnicas de observación.

5.ª Aconsejar en orientación profesional, colaborando estrechamente con el Pedagogo si existiere en el Equipo, a aquellos internos observados que lo necesiten y cuyas circunstancias lo hagan factible, en especial a los jóvenes.

6.ª Ejercer las tareas de Psicología industrial con respecto a talleres penitenciarios y a las escuelas de formación profesional, así como las de Psicología pedagógica con respecto a los alumnos de los cursos escolares establecidos en los Centros Penitenciarios.

7.ª Ejecutar los métodos de tratamiento de naturaleza psicológica señalados para cada interno, en especial los de asesoramiento psicológico individual y en grupo, las técnicas de modificación de actitudes y las de terapia de comportamiento.

8.ª Cumplir cuantas tareas le encomiende el Director concernientes a su cometido.

Sección 6.ª De los pedagogos

ART. 283.

Al Pedagogo le corresponden las funciones siguientes:

1.ª Estudiar al interno desde el punto de vista de su historial escolar, grado cultural y nivel de instrucción, enjuiciando el alcance de sus conocimientos, especialmente los instrumentales actividades expresivas y aficiones, aportando la información correspondiente al estudio de su personalidad.

2.ª Ejecutar los métodos de tratamiento de naturaleza pedagógica.

3.ª Asistir como Vocal a las reuniones de los Equipos de Tratamiento, participando en sus acuerdos y actuaciones.

4.ª Procurar la coordinación adecuada de las tareas escolares, culturales y deportivas con los métodos de tratamiento programados.

5.ª Cumplir cuantas tareas le encomiende el Director concernientes a su cometido.

Sección 7.ª De los psiquiatras

ART. 284.

Al Psiquiatra le corresponderán las funciones siguientes:

1.ª Explorar a los internos conforme a los métodos propios de su especialidad para apreciar la posible existencia de anomalías mentales, aportando los informes correspondientes al Equipo de que forme parte y redactando los que se hayan de remitir a la Dirección General o a otros Organismos oficiales.

2.ª Realizar el tratamiento médico-psiquiátrico de todos los internos enfermos mentales o que presenten anomalías o trastornos de esta naturaleza.

3.ª Ejecutar los métodos de tratamiento penitenciario de naturaleza preferentemente psiquiátrica, en especial la psicoterapia individual o de grupo de los internos cuyo programa así lo exija.

4.ª Asistir como Vocal a las reuniones de los Equipos de Observación o de Tratamiento, participando en sus acuerdos y actuaciones.

5.ª Vigilar todo aquello que redunde en la salud mental de la población recluida en el Establecimiento, tomando las medidas adecuadas para dicho fin con la colaboración del Médico del mismo.

6.ª Emitir los informes que le sean solicitados por las autoridades judiciales y actuar como Perito ante los Tribunales de Justicia si fuera requerido.

7.ª Cumplir cuantas tareas le encomiende el Director concernientes a su cometido.

8.ª En los Centros Especiales Psiquiátricos tendrá a su cargo la organización de los servicios médicos, la clasificación y distribución de los internos en los diferentes Departamentos, con arreglo a lo preceptuado en el Reglamento y al imperativo de las necesidades psiquiátricas.

Cuando en dichos Centros haya varios Psiquiatras, uno de ellos actuará como Jefe de los Servicios Médicos y coordinador de todas las actividades sanitarias.

Sección 8.ª De los sociólogos

ART. 285.

1. Los Sociólogos realizarán las tareas científicas propias de su especialidad en los puestos de trabajo que se les asigne.

2. Si formasen parte de algún Equipo, informarán en los estudios de personalidad de los internos y participarán en la ejecución de los tratamientos programados, asistiendo a las reuniones de los mismos.

3. Igualmente cumplirán cuantas tareas se les encomienden por el Director, concernientes a su cometido.

Sección 9.ª De los endocrinólogos

ART. 286.

1. Los Endocrinólogos realizarán las tareas científicas propias de su especialidad en los puestos de trabajo que se les asigne.

2. Si formasen parte de algún Equipo, informarán en los estudios de personalidad de los internos y participarán en la ejecución de los tratamientos programados, asistiendo a las reuniones de los mismos.

3. Igualmente cumplirán cuantas tareas se les encomienden por el Director, concernientes a su cometido.

Sección 10.ª De los jefes de servicios

ART. 287.

1. El Jefe de Servicios más antiguo en la plantilla sustituirá al Administrador en los casos de vacante, enfermedad o licencia.

2. Son obligaciones específicas de los Jefes de Servicios:

1.ª Despachar diariamente con el Director para informarle de la marcha de los servicios y de las novedades que hubiere, y para recibir sus órdenes.

2.ª Cuidar de la disciplina general del Establecimiento y de que se realicen los servicios en la forma establecida.

3.ª Estimular y orientar a los funcionarios que de él dependan en el cumplimiento de sus deberes, estudiar sus cualidades e informar al Director de su comportamiento.

4.ª Procurar conocer personalmente a los internos e informar al Director sobre los mismos, y a otros superiores cuando lo soliciten.

5.ª Visitar durante el servicio todos los locales del Establecimiento para cerciorarse de su estado de conservación, orden, limpieza y seguridad.

6.ª Adoptar provisionalmente las medidas indispensables para mantener el orden y buen funcionamiento de los servicios regimentales, dando cuenta de ellas al Director.

7.ª Mantener en lugar adecuado y debidamente controladas durante el día las llaves de los dormitorios y locales que no hayan de ser inmediatamente utilizados, y, durante la noche, las de los departamentos interiores del Establecimiento.

8.ª Organizar debidamente todos los actos colectivos y presidirlos cuando no asista un funcionario de superior cometido.

9.ª Comprobar que los funcionarios que de él dependan realicen los recuentos, cacheos y requisas, así como las revistas e instalaciones, utensilio, vestuario y aseo de la población reclusa.

10. Dirigir la oficina de la Jefatura de Servicios y activar sus trabajos.

11. Asistir como Vocal miembro de la Junta de Régimen y Administración en el caso de que le corresponda, conforme a lo dispuesto en el artículo 262.

12. Cumplir cuantas tareas le encomiende el Director en relación con el servicio que le corresponde conforme a su categoría y cometidos.

Sección 11.ª De los médicos

ART. 288.

Los funcionarios del Cuerpo Facultativo de Sanidad Penitenciaria tienen a su cargo la asistencia higiénica y sanitaria de los establecimientos. Sus obligaciones son las siguientes:

1.ª Reconocer a todos los internos a su ingreso en el Establecimiento con la especial finalidad de descubrir la existencia de posibles enfermedades físicas o mentales y adoptar, en su caso, las medidas necesarias.

2.ª Velar por la salud física y mental de los internos y prestar asistencia facultativa a los mismos, a los niños cuyas madres los tengan consigo en el Establecimiento, a los funcionarios y a sus familias, así como a las religiosas en caso de que las hubiere.

En los Establecimientos en que haya Psiquiatra, corresponderá a éste los reconocimientos en orden a descubrir posibles anomalías mentales y los tratamientos médico-psiquiátricos con la colaboración del Médico.

3.ª Informar a las Juntas de Régimen y Administración y a los Equipos de Observación y de Tratamiento para el mejor cumplimiento de las funciones asignadas a estos órganos, fundamentalmente a efectos de clasificación interior de los internos y en relación con la capacidad física para el trabajo y para las actividades deportivas de los mismos.

4.ª Pasar visita diaria a la enfermería y atender la consulta a la hora que se determina en el horario del Establecimiento.

5.ª Despachar con el Director dándole cuenta de las novedades, del movimiento de altas y balas en enfermería y muy especialmente del estado de los enfermos graves, así como de las necesidades de traslado a Centros hospitalarios y de aislamiento de los que padezcan enfermedades infecto-contagiosas.

En los casos de traslados de internos enfermos al Hospital de la localidad, deberá visitarlos cada cinco días recabando información de los facultativos del Centro.

6.ª Dar cumplimiento a las campañas preventivas organizadas por las Autoridades sanitarias nacionales, regionales o provinciales, y disponer las necesarias respecto a los internos del Establecimiento.

7.ª Formular los pedidos de medicamentos y de material e instrumental clínico-sanitario y cuidar que se guarden en lugar adecuado y seguro de la enfermería, organizando un control efectivo de los mismos.

8.ª Organizar e inspeccionar los servicios de higiene, informando y proponiendo al Director lo conveniente en relación con:

a) El estado, preparación y distribución de alimentos.

b) La higiene y limpieza de los internos, así como de sus vestidos y equipo.

c) La higiene, limpieza, salubridad, calefacción, iluminación y ventilación de los locales.

d) Los servicios de peluquería, barbería y duchas.

e) Los servicios de desinsectación y desinfección.

9.ª Organizar y dirigir la documentación administrativa de la enfermería, cuidar el archivo de historias clínicas, libros de reconocimiento, ficheros y demás que el servicio requiera; redactar los partes, informes y estadísticas ordenadas por la superioridad.

10. Acudir inmediatamente cuando sea requerido por el Director o quien haga sus veces para el ejercicio de sus funciones.

11. Girar las visitas precisas al Economato y hacer constar en el libro destinado al efecto el estado de sanidad de los artículos. Cuando no reúnan las condiciones debidas, ordenará la retención de los mismos, dando conocimiento inmediato al Director, que ratificará la orden facultativa y, si lo cree necesario, reunirá a la Junta de Régimen y Administración a fin de tomar los acuerdos que se estimen precisos.

12. Las demás obligaciones que se deriven del presente Reglamento y las que resulten de las disposiciones e instrucciones que, en materia de su competencia, reciban de la Dirección General.

ART. 289.

1. En los Establecimientos en los que, por el número de internos o por otras circunstancias, la Dirección General lo juzgue conveniente, podrá establecerse un servicio médico permanente.

2. En todo caso, cuando hubiere más de un Médico el más antiguo, sin perjuicio de atender las obligaciones que le correspondan, tendrá la consideración de Jefe de los Servicios Médicos, correspondiéndole la organización y la distribución de funciones.

ART. 290.

Cuando el Médico creyere necesario escuchar la opinión de otro compañero respecto a determinados enfermos y solicitar su cooperación en ciertas intervenciones, lo pondrá en conocimiento del Director para la autorización correspondiente.

ART. 291.

Los Médicos de los Establecimientos que radiquen en la misma localidad se sustituirán mutuamente en ausencias y enfermedades. Donde exista un solo Médico será sustituido por el Forense de la población o el que de éstos designe el Juez Decano cuando sean más de uno.

Sección 12.ª De los capellanes

ART. 292.

Los funcionarios del Cuerpo de Capellanes de Instituciones Penitenciarias tendrán a su cargo los servicios religiosos en los Establecimientos y la asistencia espiritual y enseñanza religiosa de los internos que lo soliciten.

ART. 293.

1. Los Capellanes ejercen en los Establecimientos funciones cuasi parroquiales aunque, por no estar exentos de la jurisdicción ordinaria, dependan del Párroco correspondiente en todo lo que concierne a los llamados derechos parroquiales. Por esta razón, podrán los Párrocos ejercer su sagrado ministerio en los Establecimientos Penitenciarios pertenecientes a su Parroquia, de acuerdo con el Capellán y con sujeción a las disposiciones de este Reglamento.

2. Son funciones específicas de los Capellanes:

1.ª Celebrar la Santa Misa los domingos y días festivos para facilitar el cumplimiento del precepto dominical a la población reclusa.

2.ª Organizar y dirigir la Catequesis, explicar el Evangelio en la Misa de los domingos y días de precepto, y dar charlas sobre temas de dogma, moral o formación humana.

3.ª Administrar los Sacramentos e inscribir en el libro correspondiente los datos relativos a bautismos, matrimonios y defunciones acaecidos en el Establecimiento, sin perjuicio de que, por medio del Director, se dé cuenta al Registro Civil y al Párroco para las inscripciones legales.

4.ª Visitar a los internos a su ingreso en el Establecimiento y dedicar, al menos, una hora al día para recibir en su despacho a aquellos que deseen exponerle las dudas y problemas que les afecten.

5.ª Acudir al establecimiento cuando fuere requerido por el Director o quien haga sus veces y despachar con él para darle cuenta de la marcha de las actividades que tiene a su cargo.

6.ª Organizar y dirigir la documentación administrativa de la Capellanía, los inventarios de objetos sagrados y de culto, y remitir al Centro Directivo los partes, informes y estadísticas que éste le ordene.

Sección 13.ª De los profesores de Educación General Básica

ART. 294.

(DEROGADO)

Derogado por Real Decreto 1203/1999, de 9 de julio, por el que se integran en el Cuerpo de Maestros a los funcionarios pertenecientes al Cuerpo de Profesores de Educación General Básica de Instituciones Penitenciarias y se disponen normas de funcionamiento de las unidades educativas de los establecimientos penitenciarios

ART. 295.

(DEROGADO)

Derogado por Real Decreto 1203/1999, de 9 de julio, por el que se integran en el Cuerpo de Maestros a los funcionarios pertenecientes al Cuerpo de Profesores de Educación General Básica de Instituciones Penitenciarias y se disponen normas de funcionamiento de las unidades educativas de los establecimientos penitenciarios

Sección 14.ª De los educadores

ART. 296.

Los educadores, funcionarios de los Cuerpos de Instituciones Penitenciarias con una capacitación específica para tal función, como colaboradores directos e inmediatos de los equipos de observación y de tratamiento, realizarán las tareas complementarias que con respecto a observación y tratamiento se señale en cada caso, especialmente las siguientes:

1.ª Atender al grupo o subgrupo de internos que se les asigne, a quienes deberán conocer lo mejor posible, intentando mantener con ellos una buena relación personal, y a los que ayudarán en sus problemas y dificultades durante su vida de reclusión, intercediendo, presentando e informando ante la Dirección del Establecimiento sus solicitudes o pretensiones.

2.ª Constituir progresivamente la carpeta de información personal sobre cada interno del grupo o subgrupo que tenga atribuido que se iniciará a partir de una copia del protocolo del mismo, que se les entregará en el primer momento, y que completarán posteriormente día a día con todo tipo de datos que obtenga.

3.ª Practicar la observación directa del comportamiento de los mismos, con arreglo a las técnicas que se determinen, emitiendo los correspondientes informes al Equipo y en cuantas ocasiones se les soliciten.

4.ª Colaborar con los especialistas miembros del Equipo, cumpliendo las indicaciones y sugerencias de los mismos en orden al acopio de datos de interés para cada uno de ellos y realizando las tareas auxiliares que se les indiquen con respecto a la ejecución de los métodos de tratamiento.

5.ª Asistir a las reuniones periódicas cuyo programa fijará el Subdirector-Jefe del Equipo, y despachar con éste y con los especialistas cuantas veces se les requiera.

6.ª Organizar y controlar la ejecución de las actividades deportivas y recreativas de los internos.

7.ª Cumplir cuantas tareas se les encomiende por sus superiores referentes a su cometido.

ART. 297.

Excepcionalmente la Dirección del Establecimiento podrá ordenar a los Educadores la colaboración con el Profesor de Educación General Básica en la labor de instrucción cultural, así como, en los Establecimientos de régimen abierto, con los Asistentes Sociales en la solución de los problemas laborales derivados de la colocación de los internos en puestos de trabajo extrapenitenciario.

ART. 298.

Los Educadores, mientras desempeñan tal puesto de trabajo, están excluidos de funciones de régimen interior del Establecimiento. Si tuvieren conocimiento de faltas reglamentarias, salvo aquellas que constituyan delito o pongan en grave peligro el orden general o la seguridad del Establecimiento, actuarán con un criterio de discrecionalidad tratando de armonizar su deber de funcionarios con el fin principal del tratamiento y la correspondencia a la confianza que hayan depositado en ellos los internos.

ART. 299.

Ingresado un interno en un Establecimiento y cumplida la fase de aislamiento sanitario, el Educador que dirija el grupo a que haya sido asignado, le informará de las peculiaridades del Centro, así como de su régimen y vida en el mismo.

ART. 300.

1. El Educador adscrito al servicio de observación resumirá la información obtenida del expediente del observado y la aportada por los diversos servicios o funcionarios del Establecimiento y la entregará al Subdirector juntamente con la resultante de sus propias entrevistas y observaciones con el interesado,

2. Estas funciones se entenderán sin perjuicio de las tareas específicas que habrá de realizar respecto a los penados que cumplan condena en el Centro.

Sección 15.ª De los asistentes sociales

ART. 301.

Los Asistentes Sociales realizarán las tareas siguientes:

a) Entrevistarse con los internos observados o tratados, con sus familiares y en general con las personas que los conozcan, trasladándose si es necesario al domicilio de los mismos, recogiendo por todos los medios a su alcance la mayor información periférica posible acerca de aquéllos.

b) Escribir solicitando datos sobre los internos a familiares o personas de la localidad donde hayan vivido, Centros o Empresas donde hayan permanecido o trabajado, y en general a quienes puedan proporcionar información para el estudio de su personalidad.

c) Emitir el informe propio de su especialidad y aportarlo a las reuniones del Equipo, así como cuando se les solicite por la Dirección del Establecimiento.

d) Asistir como Vocales a las reuniones de los Equipos de Observación y de Tratamiento, participando en sus acuerdos y actuaciones.

e) Colaborar en la ejecución de los méritos de tratamiento, en especial por medio de métodos sociales.

f) Gestionar a los internos del Establecimiento la ayuda que precisen en asuntos propios o referentes a su familia.

g) Recoger la documentación de la información obtenida en el desempeño de su función, archivándola y custodiándola en su departamento.

h) Mantener las relaciones profesionales adecuadas con los demás Asistentes Sociales que trabajen en Instituciones Penitenciarias y sobre todo con la Comisión de Asistencia Social.

i) Cumplir cuantas tareas se les encomienden por el Director o el Subdirector-Jefe del Equipo dentro del campo estrictamente profesional.

ART. 302.

En el caso de nombrarse, por necesidades del Servicio, más de un Asistente Social para un Equipo de Observación o de Tratamiento, solamente uno de ellos actuará como Vocal del mismo, designándole el Organismo de la Comisión de Asistencia Social que corresponda.

Sección 16.ª De los jefes de centro

ART. 303.

Son tareas específicas de los funcionarios que ocupen Jefaturas de Centro:

1.ª Controlar los desplazamientos de internos de unas dependencias a otras, cuidando que se mantenga adecuadamente la clasificación interior.

2.ª Llevar la documentación, libros y ficheros de la oficina de Jefatura de Servicios, así como los partes de recuento, requisas y cacheos.

3.ª Organizar o, en su caso, proponer al Jefe de Servicios los equipos de internos que hayan de efectuar trabajos o reparaciones señalando el funcionario que deba hacerse cargo de los mismos

4.ª Cumplir cuantas tareas le encomiende el Jefe de Servicios, conforme a su categoría, adoptando cuando aquél no esté presente las medidas indispensables para mantener el orden, dándole cuenta de las mismas.

5.ª Cuidar que los funcionarios hagan entrega de las llaves de los dormitorios y locales que no hayan de ser inmediatamente utilizados, guardándolas en el lugar adecuado.

Sección 17.ª De las distintas unidades de servicio

A. De las Unidades de servicio en las oficinas de Dirección, Régimen y Administración

ART. 304.

Teniendo en cuenta la distinta complejidad y peculiaridades del Centro Penitenciario de que se trate, las tareas que se deriven de la realización de los cometidos descritos en el título noveno de este Reglamento, se distribuirán con arreglo a un plan organizado, entre distintas Unidades o puestos de trabajo, cuyas funciones determinarán, en cada caso, los Directores de los Centros respectivos.

B. Unidades de servicio de acceso

ART. 305.

1. Serán consideradas unidades de acceso la puerta principal y cualquier otra entrada de personas o vehículos al interior del establecimiento.

2. Cada unidad de acceso estará integrada por la puerta y los locales o dependencias anejos a la misma,

3. El funcionario encargado de la Unidad de acceso tendrá las siguientes funciones:

a) Atender la vigilancia de la Unidad, efectuar personalmente las operaciones de apertura y cierre, conservando en todo momento las llaves en su poder, y hacer entrega de las mismas al Jefe de la Guardia exterior o al Jefe de Servicios según proceda, cuando, finalizada la jornada, deba cerrarlas conforme al horario establecido.

b) Identificar a toda persona que haya de entrar en el establecimiento, comprobando la oportunidad o autorización para hacerlo, y recoger la documentación de quienes sean ajenos al mismo, conservándola en su poder hasta la salida.

c) Identificar a cuantas personas salgan del establecimiento, haciendo entrega de los documentos recogidos y, en el caso de salida de los internos, firmar y diligenciar las órdenes de salida, bien sea por libertad, diligencias, trabajos en el exterior o en conducción a otros Establecimientos Penitenciarios.

d) Controlar las entradas y salidas de vehículos, anotando la matrícula y la identidad del conductor, y comprobar su contenido.

e) Evitar que en las proximidades de la puerta se formen grupos que dificulten el normal acceso al interior.

f) Cuidar de la limpieza y el orden en la Unidad, haciéndose cargo de los internos que hayan de efectuar estas operaciones cuando no salga con ellos otro funcionario.

g) Cumplir cualquier otra tarea que, relacionada con el servicio, le sea encomendada por sus Superiores,

ART. 306.

En aquellos Establecimientos en los que el movimiento de vehículos o las características de la carga lo aconsejen, podrá el Director dar normas para que, desde la puerta de acceso, uno o varios funcionarios acompañen a los vehículos hasta el lugar en que hayan de ser descargados. Igualmente podrá disponer que los funcionarios que presencien en el interior la carga de los vehículos acompañen a éstos hasta la salida del Establecimiento. En uno y otro caso, los funcionarios designados serán responsables de que no entre ni salga ningún interno ni objeto que no deba hacerlo, entregando justificante escrito al funcionario de la puerta.

C. Unidades de servicio de rastrillo

ART. 307.

1. Las Unidades de servicio de rastrillo estarán integradas por uno o dos de éstos cuando se hallen en proximidad inmediata, y por los locales o dependencias anejos, constituyendo un punto de paso.

2. El funcionario encargado de la Unidad tendrá las siguientes funciones:

a) Efectuar personalmente las operaciones de apertura y cierre, conservando, en todo momento, las llaves en su poder durante el servicio. Por la noche no abrirá sin previo conocimiento y autorización del Jefe de Servicios.

b) Cuidar que no entren en el Establecimiento ni salgan del mismo más que los funcionarios de la plantilla y las personas debidamente autorizadas o que por razón de su cargo deban tener acceso al mismo.

c) Impedir, cuando se trate de rastrillos interiores, el paso de los internos, salvo cuando exista orden escrita superior, exigiendo la firma del funcionario que se haga cargo de los mismos.

d) Identificar individualmente o constatar numéricamente el contingente de internos, con anotación de la hora en que se produce el movimiento de los mismos. Asimismo, diligenciar las órdenes de libertad, traslados o salidas a diligencias o a trabajos en el exterior.

e) Mantener despejado el rastrillo, impidiendo a los internos su permanencia o aglomeración junto al mismo y cuidar la limpieza y orden en el rastrillo y sus dependencias.

f) Cumplir cualquier otra tarea que, relacionada con este servicio, le sea encomendada por sus superiores.

D. Unidades de servicio de patios

ART. 308.

1. Cada patio del Establecimiento puede considerarse como Unidad de servicio juntamente con los locales o dependencias a los que sirva de acceso y que no estén adscritos a otra Unidad.

2. El funcionario encargado del patio tendrá las siguientes obligaciones:

a) Controlar a los internos que permanezcan en el mismo, conociendo en todo momento su contingente.

b) Impedir la entrada o salida de internos, salvo que se encuentren expresamente autorizados para ello o que se haga cargo de aquéllos otro funcionario.

c) Observar la conducta de los internos, procurando conocerlas personalmente y, dentro de sus atribuciones, atender o cursar sus peticiones.

d) Informar al superior jerárquico de cualquier novedad que se produzca y, en general, proporcionar las informaciones que le sean requeridas sobre el comportamiento de los internos.

e) Velar por el orden y limpieza en todas las dependencias de la Unidad.

f) Practicar los cacheos, requisas y registros que estime necesarios o que se le ordenen, con el fin de lograr un mejor control y seguridad de la Unidad.

g) Cumplir las indicaciones que les hagan los encargados de las Unidades y cualquier otra tarea relacionada con este servicio que les encomienden sus superiores jerárquicos.

E. Unidades de servicio en galerías

ART. 309.

1. Las Unidades de servicio en galerías o departamentos comprenderán una o varias de estas dependencias cuando su proximidad o las necesidades del servicio así lo requieran.

2. Al frente de las mismas figurará un funcionario como encargado y de él podrán depender otros que desempeñarán las tareas complementarias correspondientes.

3. Los funcionarios encargados de estas Unidades tendrán las siguientes obligaciones:

a) Llevar relación actualizada de los internos albergados en la Unidad, con anotación de la celda o puesto ocupado y de las circunstancias regimentales que a ellos se refieran.

b) Conocer a los internos de la Unidad, informar sobre su comportamiento y atender o cursar sus peticiones según corresponda.

c) Autorizar mediante la correspondiente orden escrita las salidas de internos y diligenciar las entradas de éstos en la Unidad.

d) Velar por la limpieza y conservación de locales, mobiliario, equipo y utensilio de los internos, practicando a tal efecto las inspecciones necesarias.

e) Cuidar de que los restantes funcionarios de servicio en la Unidad cumplan eficiente y puntualmente las tareas que tengan asignadas e instruirles en la ejecución de las mismas.

f) Comunicar al superior inmediato, mediante el correspondiente parte por escrito, cualquier incidencia o irregularidad ocurrida, así como dejar constancia escrita del movimiento de internos y de las incidencias del servicio para conocimiento del funcionario de relevo.

ART. 310.

Los funcionarios adscritos a estas Unidades y que actúen bajo la dependencia de los encargados de las mismas tendrán las obligaciones siguientes:

a) Controlar el movimiento de internos, conociendo en cada momento el contingente de los mismos.

b) Conservar en su poder las llaves correspondientes, practicando personalmente las operaciones de apertura y cierre de puertas.

c) Impedir las entradas y salidas de internos mientras no tengan constancia evidente de la autorización para hacerlo o reciban las órdenes oportunas de sus superiores jerárquicos.

d) Observar la conducta de los internos, conocerles personalmente y proporcionar las informaciones que sobre los mismos les sean requeridas.

e) Practicar cacheos, requisas y registros que estimen necesarios o se les ordenen.

f) Cumplir las indicaciones que les hagan los encargados de las Unidades y cualquier otra tarea relacionada con este servicio que les encomienden sus superiores jerárquicos.

F. Unidades de servicio en Enfermería

ART. 311.

A efectos del servicio, la Enfermería constituye una Unidad integrada por las salas y habitaciones para enfermos, comedor, sala de reconocimiento, despachos médicos, botiquín, patio, y, en general, cuantas dependencias relacionadas con la asistencia sanitaria estén ubicadas en una galería o departamento del Establecimiento.

ART. 312.

Al funcionario de servicio en Enfermería le corresponden las obligaciones que en el artículo 309 se atribuyen a los encargados de galerías o departamentos, teniendo además estas otras:

a) Cuidar de que los enfermeros e internos auxiliares desempeñen puntual y fielmente sus cometidos.

b) Velar por la conservación del material sanitario y porque se efectúen las curas, se administren los medicamentos, se distribuyan las comidas y se realicen las demás actividades en la forma prescrita por el Médico.

c) Impedir que se extraigan medicamentos, comidas, ropas u otros efectos, o que sean facilitados a los enfermos sin autorización del facultativo.

d) Proceder a reducir a los enfermos agitados, solicitando las ayudas que precisen, en tanto dure el estado de agresividad.

ART. 313.

Si en el Establecimiento hubiera Comunidad de Religiosas, a ellas estará encomendado especialmente el cuidado de los enfermos, así como la preparación y reparto de comidas, la distribución de medicamentos, la conservación de ropas y utensilio y el servido de lavado, higiene y aseo. En tal caso el funcionario encargado limitará sus actividades al cumplimiento de las restantes obligaciones que le están atribuidas.

ART. 314.

Cuando resultare necesario para el servicio, podrán adscribirse otros funcionarios al servicio de Enfermería, debiendo actuar como ayudantes del encargado de ésta y cumplir las obligaciones que en el artículo 310 se asignan a los funcionarios de galerías o departamentos.

G. Unidades de servicio en cocina

ART. 315.

1. La Cocina es una Unidad en la que se integran las dependencias, los almacenes, fregaderos y patios correspondientes, así como los locales anexos relacionados con sus tareas específicas.

2. El control de la Unidad será desempeñado por un funcionario cuyas obligaciones serán las siguientes:

a) Conocer y controlar en todo momento a los internos destinados a la Unidad, observando el comportamiento de los mismos, y cuidar de que desempeñen adecuada y puntualmente sus tareas.

b) Practicar, a la hora señalada, la extracción de víveres correspondientes al racionado diario, efectuando la operación conjuntamente con el funcionario que tenga a su cargo el almacén y comprobando que la cantidad y calidad de los artículos se ajusta a la hoja del racionado, de lo que firmará la recepción y conformidad.

c) Impedir el acceso a la Unidad a internos extraños a la misma, y autorizar la salida de los que figuren a su cargo, asegurándose de que quedan controlados.

d) Conservar en todo momento las llaves de la Unidad, especialmente de la despensa en que se guarden los artículos del racionado, realizando personalmente la apertura y cierre de puertas.

e) Controlar la elaboración y distribución de las comidas, subsanando, en cuanto sea posible o le esté autorizado, las anomalías que se produzcan.

f) Cuidar muy especialmente de la limpieza de las dependencias, la de los internos y sus ropas, y la del utensilio y menaje de la cocina así como velar por el orden debido en la Unidad.

g) Poner en conocimiento de sus superiores, mediante los correspondientes partes, las novedades que se produjesen, e informar cuando sea requerido sobre el comportamiento de los internos de la Unidad.

h) Practicar los cacheos y requisas que estime necesarios o que se le ordenen y, en general, realizar cualquier otra tarea que se le encomiende en relación con este servicio.

H. Unidades de servicio en comunicaciones y visitas

ART. 316.

1. El servicio de comunicaciones orales y escritas constituye una Unidad a cargo de un funcionario, del que podrán depender los funcionarios que requiera el eficaz cumplimiento de las tareas.

2. El funcionario encargado de esta Unidad tendrá las obligaciones siguientes:

a) Velar por el debido cumplimiento de las disposiciones legales y reglamentarias, así como de las órdenes de la Dirección del Establecimiento referentes a este servicio.

b) Organizar y llevar convenientemente actualizada la documentación administrativa relativa al servicio y que en cada caso se determine, efectuando las anotaciones correspondientes, así como facilitar la información que sobre tales datos se le requiera.

c) Cuidar del orden y disciplina en la Unidad, comunicando al superior jerárquico las novedades o incidentes que tengan lugar en la misma.

d) Atender e informar a los visitantes, dentro de sus atribuciones o de las que le hayan sido delegadas.

ART. 317.

Además de las obligaciones señaladas en el artículo anterior, el funcionario encargado de la Unidad, realizará por sí o en su caso, controlará la ejecución por los funcionarios que de él dependan, de las siguientes tareas:

a) Confeccionar las relaciones de personas que soliciten comunicar, comprobando que reúnen las condiciones para poder hacerlo.

b) Organizar y controlar la entrada de los visitantes, procediendo a su identificación y a la recogida y devolución de documentos.

c) Vigilar la celebración de comunicaciones, interviniéndolas en los casos previstos por las disposiciones legales y reglamentarias, y proponer la suspensión al Jefe de servicios, cuando proceda con arreglo a las citadas normas.

d) Cuidar de que los comunicantes se comporten con la debida corrección y dar cuenta al encargado de la Unidad cuando observe cualquier anormalidad en el desarrollo de la visita.

ART. 318.

En relación con la intervención de las comunicaciones escritas, corresponde al encargado de la Unidad ejecutar o, en su caso, controlar la realización por los funcionarios que de él dependan, de las siguientes tareas:

a) Recoger, a la hora señalada, la correspondencia depositada por los internos, rechazando aquella cuyo curso no correspondía legalmente.

b) Conocer el contenido de los escritos cuando proceda, conforme a lo dispuesto en las leyes y reglamentos.

c) Anotar en los libros de registro toda la correspondencia que expidan o reciban los internos.

d) Cuidar de que la correspondencia recibida, una vez registrada, sea entregada personalmente a los destinatarios, previa comprobación de que no contiene sustancias u objetos no autorizados o bien entregarla al funcionario del departamento para que la haga llegar en la misma forma a los interesados.

e) Hacer entrega al encargado de la Unidad o al Director, según proceda, de los escritos interceptados con arreglo a las normas vigentes.

I. Unidades de servicio en ingresos y salidas

ART. 319.

1. La Unidad de ingresos y salidas está integrada por las dependencias y los locales en los que permanecen los internos a su ingreso o salida del Establecimiento con el fin de pro-

ceder al registro de los mismos y de sus ropas y enseres, a la recogida del dinero, valores, joyas, documentación y objetos no autorizados en el interior de que sean portadores, o a la devolución de los mismos en el caso de salida. A dicha Unidad corresponden asimismo los locales donde se guardan, provisional o definitivamente, los referidos objetos y, en general, cualquier dependencia relacionada con este servicio.

2. Son obligaciones del funcionario encargado de la Unidad:

a) Hacerse cargo de los internos que ingresen, previa comprobación por el funcionario designado para ello de la documentación de que sea portadora la Fuerza pública, así como de los que vayan a salir del Establecimiento y que le sean entregados por el funcionario correspondiente. En uno u otro caso, los distribuirá en las celdas o locales, siguiendo en lo posible los criterios de clasificación penitenciaria establecidos.

b) Efectuar el registro personal de los internos que ingresen o salgan del Establecimiento, así como de sus ropas, maletas y objetos de que sean portadores.

c) Recoger a los ingresados el dinero, alhajas y valores, y custodiarlos hasta que haga su entrega al Administrador, facilitando a los internos el recibo provisional que será canjeado por el definitivo que extienda éste.

d) Recoger y custodiar ordenadamente las ropas, maletas y objetos cuya posesión no se autorice a los internos durante su permanencia en el Establecimiento, y hacer entrega a los que salgan de los objetos recogidos y depositados en la Unidad, diligenciando para ello los libros y fichas necesarias.

e) Recabar del Administrador para su entrega a los que salgan del Establecimiento, el dinero, valores y joyas depositados en la Administración, previa presentación del correspondiente recibo.

f) Procurar, cuando la Unidad esté dotada de los medios adecuados, que todos los ingresados se duchen convenientemente, retirándoles las ropas que no estén debidamente limpias y haciéndoles entrega de las que la Administración facilite para estos casos.

g) Entregar a los internos que ingresen el equipo o la parte del equipo almacenado en la Unidad y, en su caso, recoger a su salida los que corresponda.

h) Acompañar a los internos que ingresen, una vez efectuado el registro, hasta que se haga cargo de ellos el funcionario que deba ordenar su ingreso en las galerías o departamentos que correspondan.

i) Hacer entrega de los internos que salgan del Establecimiento al funcionario que haya de tomar las huellas y diligenciar las órdenes u hojas de salida.

j) Informar al Jefe de Servicios de cualquier anomalía que observe y de cualquier incidencia que ocurra en el desarrollo de este servicio.

k) Entregar al interno que ingrese la cartilla o folleto informativo general a que se refiere el artículo 133.

J. Unidades de servicio en recepción y salida de paquetes y encargos

ART. 320.

1. La Unidad de recepción y salida de paquetes y encargos estará integrada por los locales donde estén ubicadas las ventanillas al público y las dependencias o almacenes donde se efectúe el registro de envíos y salidas de objetos y donde se guarden los mismos hasta su entrega a los interesados.

2. Son obligaciones del funcionario encargado de esta Unidad:

a) Llevar la relación actualizada de los internos del Establecimiento, en la que conste la galería o departamento en que se encuentren y las peculiaridades regimentales que pueden afectar al servicio.

b) Organizar la recogida de paquetes en las ventanillas del público, anotando en los libros el nombre del destinatario, y el nombre, domicilio y número del documento de identidad de quien los entrega.

c) Solicitar de las personas que hagan entrega de paquetes que presenten una relación detallada del contenido de los mismos con el fin de rechazar en el acto los objetos no autorizados en el Establecimiento.

d) Organizar la recogida en el Establecimiento de los paquetes y encargos que, debidamente autorizados, remitan los internos, y custodiarlos ordenadamente hasta que sean recogidos por los destinatarios o sean entregados en Correos o a Agencias de transportes.

e) Registrar minuciosamente por sí o auxiliado de los funcionarios adscritos a la Unidad, el contenido de todos los paquetes y encargos que reciban o remitan los internos.

f) Hacer entrega de los paquetes recibidos a los internos a quienes vengan destinados, cuidando de que firmen en el libro correspondiente, donde constará el nombre del remitente.

g) Dar cuenta al superior jerárquico de cualquier novedad que ocurra en el servicio.

K. Unidades de servicio en obras y reparaciones

ART. 321.

1. Comprenderá este servicio el control y vigilancia de locales y almacenes donde se guarden materiales y herramientas para obras de conservación y reparaciones, la vigilancia de los internos que intervengan en ellas y el control de los mismos.

2. Son obligaciones del funcionario encargado de este servicio:

a) Despachar con el Administrador para recoger los partes de averías entregados por los Jefes de Servicios y los promovidos por el propio Administrador como consecuencia de sus observaciones o de las indicaciones del Director.

b) Controlar a los internos que efectúen las distintas reparaciones y las obras de adecentamiento y mejora, conocer sus cualidades y laboriosidad, e informar sobre ellos cuando sea requerido.

c) Solicitar del Administrador los materiales y piezas necesarios, así como las herramientas y útiles con que hayan de trabajar los internos.

d) Ejercer el control sobre dichas herramientas y materiales y sobre los locales donde se guarden.

e) Solicitar del Director el nombramiento de internos especialistas en los diversos oficios relacionados con obras y reparaciones e informar de los que sean sometidos a prueba a efectos de nombramiento definitivo.

L. Unidades de servicio en economato

ART. 322.

El economato, con sus almacenes, depósito de víveres y oficinas, constituye una Unidad de servicio al frente de la cual figurará, en su caso, un funcionario, auxiliado por otros si resultare necesario, que se encargará de todo lo referente al orden interior de la Unidad, almacén y venta de artículos autorizados, así como de conservar en su poder y llevar ordenadamente la documentación correspondiente y los libros del economato, conforme a lo prescrito en este Reglamento.

El funcionario encargado del economato estará particularmente obligado a:

a) Llevar bajo la dirección y fiscalización del Administrador, cuando éste no lo haga por sí mismo, los libros de contabilidad y el de reconocimiento sanitario de los artículos.

b) Conservar en su poder la documentación, tanto la que se genere en el economato como la que le facilite el Administrador por los pagos que éste realice.

c) Rendir la cuenta bimensual, cuyos documentos firmará conjuntamente con el Administrador y el Director.

LL. Unidades de servicio en el departamento de información al exterior

ART. 323.

El Servicio de información al exterior constituye una Unidad a cargo de un funcionario, el cual tendrá las siguientes funciones:

a) Llevar, actualizándolo diariamente, un fichero de todos los internos presentes en el Establecimiento, en el que constará la fecha de ingreso, el departamento donde están clasificados y cuantos datos se consideren de interés para la inmediata localización y para informes a las personas que se interesen por los mismos.

b) Informar a los familiares sobre los extremos contenidos en el número anterior, así como de los días y horas de comunicación y de recepción de paquetes y dinero.

c) Indicar a los visitantes las ventanillas de imposición de dinero y encargos así como la de comunicaciones, las oficinas de Dirección y los días y horas en que puedan ser recibidos por el Director.

d) Recabar, cuando proceda, información a Enfermería, Régimen Administración y otros servicios acerca de los datos que deba facilitar a quienes se interesen por los internos.

e) Procurar que el público guarde el debido comportamiento, comunicando cualquier alteración al Jefe de Servicios.

f) Cuidar de la limpieza y aseo de la dependencia.

Sección 18.ª De los ayudantes técnicos sanitarios

ART. 324.

Los funcionarios del Cuerpo de Ayudantes Técnicos Sanitarios de Instituciones Penitenciarias desempeñarán en los Establecimiento las tareas propias de su profesión a las órdenes inmediatas de los Médicos, estando particularmente obligados a:

a) Acompañar al Médico en la visita de enfermería, en la consulta y en el reconocimiento de los ingresos, tomando nota de sus indicaciones para administrar personalmente los inyectables y demás tratamientos que aquél prescriba.

b) Realizar las curas que con arreglo a su titulación deba realizar.

c) Controlar los medicamentos y material e instrumental clínico-sanitario cuidando de que no se utilicen otros que los prescritos por el Médico.

d) Dirigir personalmente las operaciones de desinsectación y desinfección, ateniéndose a las indicaciones que reciba del Médico.

e) Llevar personalmente la documentación administrativa de la Enfermería y concretamente el archivo de historias clínicas, libros de reconocimiento, ficheros y demás que el servicio requiera.

f) Acudir inmediatamente cuando sean requeridos por el Director o quien haga sus veces para el ejercicio de sus funciones.

Sección 19.ª Del personal laboral

ARTS. 325 A 327

(DEROGADOS)

Sección 20.ª Del delegado de trabajos penitenciarios

ART. 328.

El Director del Establecimiento en el que estén instalados sectores laborales será el Delegado del Organismo Autónomo «Trabajos Penitenciarios», y orientará, dirigirá y controlará la planificación y desarrollo del trabajo de acuerdo con las instrucciones recibidas, autorizaciones que se le concedan por el Consejo de Administración o la Gerencia, y normas de general aplicación.

En relación con la actividad laboral, tendrá las obligaciones siguientes:

a) La organización, dirección y control de las actividades laborales de los internos.

b) Las que le sean de competencia general en la distribución de los servicios, mantenimiento de la disciplina, asignación de puestos de trabajo y control del estado de los locales, instalaciones y material de los sectores laborales.

c) Representar a «Trabajos Penitenciarios» en la relación de los negocios jurídicos, tráfico mercantil y demás gestiones que requieran el cumplimiento de las formalidades legales establecidas.

d) Intervenir las cuestiones económicas y administrativas, fiscalizar los libros de contabilidad, conformar los inventarios y balances, controlar y recibir las adquisiciones y realizaciones de obra.

e) Comunicar directamente con la Gerencia, con urgencia, cualquier incidencia grave, informando y proponiendo cuantos asuntos conciernan al trabajo y su desarrollo, así como recibir de la misma comunicaciones e instrucciones y darles cumplimiento.

f) Presentar un informe trimestral, motivado y fundamentado, sobre el desarrollo de las actividades laborales, comprensivo de las cuestiones económicas y administrativas y remitir cuantos informes periódicos le sean requeridos.

g) Disponer y controlar el desarrollo y formalización del proceso de ascenso en las categorías profesionales de los trabajadores y en el cumplimiento de sus obligaciones y derechos laborales y sociales.

h) Actuar, asimismo, como elemento coordinador de los Jefes Administrativos y Maestros de Taller de los distintos Centros de trabajo, cumpliendo y haciendo cumplir las órdenes emanadas del Director, con quien despachará para informar sobre el desarrollo del trabajo y recibir las instrucciones sobre el mismo.

En los Establecimientos en que por el volumen de las actividades laborales se considere necesario, existirá, a las inmediatas órdenes del Director, un Subdirector delegado de la Gerencia de Trabajos Penitenciarios, designado por la Dirección General a propuesta de aquella Entidad, el cual asumirá las competencias del Director delegado con exclusión de las comprendidas en el apartado c) de este artículo.

Sección 21.ª Del administrador-interventor de los sectores laborales

ART. 329.

El Administrador, que actuará como Interventor de las actividades económicas de los sectores laborales que dependan del Establecimiento, estará obligado a cumplir las funciones que se le asignan en el artículo 280.

Sección 22.ª De los jefes administrativos de los sectores laborales

ART. 330.

1. Los Jefes Administrativos de los sectores laborales dependerán directamente del Director o Subdirector-Delegado, en su caso, del establecimiento y actuarán bajo sus órdenes y orientaciones en todo lo referente a trabajo.

Serán sus obligaciones:

a) Despachar con el Director o Subdirector-Delegado cuantas incidencias surjan en los sectores laborales, proponiéndole, mediante información razonada, la gestión y realización de cuantos asuntos y sugerencias consideren oportunas para la planificación y desarrollo del trabajo.

b) Despachar con el Administrador-Interventor cuantos asuntos se relacionen con el tráfico económico de los sectores laborales en razón a la competencia que se les confiera.

c) Llevar la contabilidad de las actividades económicas de acuerdo con las disposiciones vigentes y conforme a las instrucciones que reciban de la Gerencia y organizar y custodiar la documentación administrativa de los talleres, cuidando del archivo y de los ficheros que el servicio requiera.

d) Comprobar la entrada en almacenes de materias primas, productos fabricados o cultivados y subproductos, firmando la conformidad con el Maestro del sector laboral, así como autorizar la salida del almacén de los materiales pedidos por los Maestros de las distintas actividades, haciendo las anotaciones correspondientes en las fichas de fabricación, cultivos y en las pecuarias, e informando al Administrador-Interventor de los resultados e incidencias que se presenten a fin de que preste su conformidad o reparo.

e) Participar en la adquisición directa, en unión del Administrador-Interventor, de materias primas, herramientas y utillaje de pequeña entidad.

f) Llevar al día los expedientes laborales de los internos y personal contratado, y organizar, conforme a los sistemas de trabajo que se establezcan, un fichero adecuado al control de la productividad, clasificación profesional de los trabajadores y constancia de la situación, cotización y pago de prestaciones respecto a la Seguridad Social de los trabajadores, y participar administrando y controlando el desarrollo del trabajo y acción formativa.

g) Formalizar las nóminas y recibos de jornales y seguros sociales de los internos trabajadores y personal contratado, abonar los salarios y gratificaciones y liquidar los beneficios anuales de cada sector laboral, de acuerdo con lo establecido en la normativa laboral penitenciaria.

h) Gestionar la expedición y recepción de facturas y documentos comerciales y de crédito, presentándolos al Administrador-Interventor para hacerlos efectivos, proceder al cobro y realizarlos o establecer los depósitos oportunos.

i) Confeccionar las cuentas y justificantes que hayan de ser remitidos a la Oficina Central y proceder a la confección material de los oportunos presupuestos.

j) Proponer el sistema salarial para cada puesto de trabajo y escandallar los que a rendimiento se proyecten, en la forma establecida en el presente Reglamento, notificando al Director-Delegado los cálculos realizados y salarios establecidos, a fin de que éste los presente a la Gerencia para su aprobación si procediese.

k) Redactar y cursar, a través de la Dirección Delegada, cuantos informes, estadísticas y memorias sean requeridos por la Gerencia en los plazos y forma que determine.

l) Mantener la disciplina laboral y general en los sectores de su competencia, coordinando la actuación en los servicios de los funcionarios de vigilancia o informando al Jefe de Servicios de cualquier incidencia que en este orden pudiera producirse.

2. Los Jefes Administrativos de los sectores laborales serán nombrados, a propuesta del Director del establecimiento, por el Consejo de Administración, y no podrán ser sustituidos, salvo en los casos de ausencia o enfermedad, o revocados sin consentimiento y aprobación del mencionado Consejo.

Sección 23.ª De los maestros de los sectores laborales

ART. 331.

Los Maestros de los sectores laborales tendrán la calidad de Profesores de las actividades laborales que se organicen y desarrollen y serán sus obligaciones:

a) Dirigir y distribuir el trabajo de acuerdo con las necesidades estructurales de cada sector laboral y modalidades del trabajo que en ellos se efectúe.

b) Atender especialmente al desarrollo del trabajo formativo, dirigiendo los sistemas de aprendizaje y formación profesional en régimen de trabajo, y colaborar en los cursos de Acción Formativa que se programen y desarrollen en los establecimientos.

c) Participar en la planificación y desarrollo del trabajo, vigilando la actividad laboral, el rendimiento de los trabajadores, y la calidad de la obra realizada, así como el control de la producción e intervenir en la determinación de los salarios, presentando informe sobre la valoración de tiempos y organización de métodos.

d) Colaborar a la formación de los inventarios, aportando los datos que fueran necesarios.

e) Interesar del Jefe Administrativo del sector laboral la presentación al Director-Delegado, con la debida antelación, del personal trabajador que se considere necesario para el normal desarrollo de las actividades laborales, y proponer, por el mismo conducto, la suspensión o extinción de las relaciones laborales de los trabajadores, de acuerdo con la normativa señalada en el presente Reglamento.

f) Llevar el control del cumplimiento de la jornada y horarios laborales, medir el tiempo real de trabajo realizado, sugerir los turnos de vacaciones de los trabajadores, controlar el volumen de la obra realizada cuando el sistema de trabajo se proyecte a rendimiento o destajo, proponer la realización de horas extraordinarias cuando las necesidades lo requieran y la prestación personal obligatoria para la realización de trabajos en los casos y formas establecidos en el artículo 186 del presente Reglamento.

g) Cuidar de la conservación y uso apropiado de las instalaciones, maquinaria, herramientas, utillaje, materias primas, productos fabricados y subproductos depositados en el sector laboral, y de su correcta utilización y aprovechamiento, y revisar los sistemas de seguridad e higiene en el trabajo e instalaciones de protección.

h) Velar por el cumplimiento de los compromisos adquiridos en la realización de la obra, en el tiempo y forma proyectados, y comprobar su correcta ejecución.

i) Presentarse en el sector laboral antes de la iniciación del trabajo y permanecer en el mismo mientras duren las actividades, no pudiendo ausentarse salvo por razones justificadas y en relación con la ejecución de gestiones relativas al servicio, poniendo en conocimiento del Jefe Administrativo del sector laboral la necesidad de la ausencia.

j) Dar cumplimiento a cuantas otras obligaciones relacionadas con el trabajo le sean encomendadas.

Sección 24.ª De los funcionarios de vigilancia en sectores laborales

ART. 332.

1. A los funcionarios de vigilancia en los sectores laborales les corresponderán cuantas obligaciones generales quedan establecidas en el presente Reglamento a fin de ordenar y ejercer la custodia y vigilancia de los internos, locales y sistemas de seguridad.

2. Especialmente cuidarán de:

a) Llevar relación actualizada de los internos que trabajen en el taller o granja.

b) Cuidar de que los internos trabajadores acudan a diario, puntual y ordenadamente, al trabajo.

c) Conocer a los internos que trabajen en el taller o granja, e informar sobre su comportamiento y laboriosidad cuando se les requiera para ello.

d) Impedir el acceso al taller o granja de internos que no estén autorizados, y autorizar la salida de los trabajadores que estén a su cargo, asegurándose de que quedan controlados.

e) Velar por la limpieza, el orden y la disciplina en el taller o granja, procurando que cada interno ocupe el puesto que tiene asignado.

f) Presenciar la carga y descarga de vehículos que lleven materiales o saquen productos del taller o granja, evitando que estas operaciones sean efectuadas por internos no autorizados.

g) Realizar la apertura y el cierre de los talleres, recogiendo y haciendo entrega personalmente de las llaves, así como conservar en su poder durante la jornada de trabajo las de las dependencias que estén a su cargo.

h) Presidir la salida ordenada de los internos trabajadores al término de la jornada laboral, practicando los cacheos, requisas y recuentos de herramientas que consideren convenientes o se les ordenen, y cerciorándose personalmente del buen estado de los locales e instalaciones a efectos de seguridad de los talleres y granjas.

i) Comunicar a los superiores jerárquicos cualquier novedad que tuviere lugar y realizar, en general, cualquier tarea que, en relación con este servicio, se les encomiende.

3. De las anomalidades observadas se dará cuenta inmediata al Jefe Administrativo.

Sección 25.ª Disposición general

ART. 333.

(DEROGADO)

ART. 333 BIS.

(DEROGADO)

TÍTULO NOVENO
De los servicios de oficinas y procedimientos económicos, administrativos y contables

CAPÍTULO I
Servicios de oficinas

ART. 334.

El servicio de oficinas en los establecimientos comprenderá las siguientes:

1.ª Oficina de Dirección, en la que se tramitará todo lo referente a funcionarios, sus expedientes personales y documentación, comunicación con las Autoridades, órdenes en general y libros de servicio.

2.ª Oficina de Régimen, en la que se formalizará cuanto se refiere a la población interna: expedientes personales y de libertad condicional, libros, fichas y estadística.

3.ª Oficina de Equipos de Observación y Tratamiento, en la que se formalizarán los informes y protocolos de los internos, así como toda actividad burocrática derivada de los mismos.

4.ª Oficina de Administración, en la que se tramitará la documentación correspondiente a la gestión económica del establecimiento y servicios de habilitación, con sus correspondientes libros de contabilidad, cuentas y documentación necesaria.

5.ª Oficina de Servicio Interior, en la que se redactarán y cursarán los partes reglamentarios al Director y en la que se llevarán los libros y ficheros necesarios para el mejor desempeño del servicio.

6.ª Oficina de Identificación, que formalizará la filiación e identificación dactiloscópica y fotográfica de los internos, y tramitará y archivará la documentación correspondiente.

7.ª Oficina de Servicios Sanitarios, en la que se tramitará la asistencia sanitaria y farmacológica, la formalización de libros, ficheros y demás documentación relacionados con los mismos.

8.ª Oficina de los Servicios de Instrucción y Educación, en la que se tramitará la documentación relacionada con las actividades educativas, culturales, de formación profesional, artísticas y deportivas.

9.ª Oficina de Economato Administrativo, en la que se formalizará la contabilidad y la confección de las actas y balances del mismo.

ART. 335.

En la Oficina de Dirección se llevará:

1.º Las fichas y expedientes de cada uno de los funcionarios del establecimiento.

En la ficha, además de una fotografía tamaño carné, deberá constar: Nombre y apellidos, estado, Cuerpo, cargo, fecha de nacimiento, fecha de ingreso en el Cuerpo, posesión, cese, número de Registro de Personal y de la Mutualidad de funcionarios de la Administración Civil del Estado, recompensas y correcciones, datos familiares, domicilio y teléfono o dirección donde pueda ser localizado.

En el expediente personal se irán anotando, por orden de fechas, cuantas vicisitudes de carácter oficial hagan referencia al funcionario, desde su nombramiento al cese, uniéndose todos los documentos que se reciban e iniciándose con la copia certificada de su título con las diligencias que en el mismo figuren. Todas las notas del expediente llevarán la firma del Director y, en caso de traslado, se remitirá al establecimiento de destino, quedando la ficha en el de origen.

2.º El fichero de población interna con datos suficientes para atender a una primera información.

3.º El Libro de Servicios, que recogerá de forma precisa todos los del establecimiento y los funcionarios a quienes se les asignan, con expresión del número de orden, Cuerpo, nombre y apellidos, servicio que corresponde y horario. Tendrá un encasillado lo suficientemente amplio para la firma de cada uno y en él se anotarán todas las modificaciones que en el transcurso del día puedan surgir respecto a la distribución de los servicios. Se confeccionará con veinticuatro horas de antelación y será firmado por todos los funcionarios en el momento de hacerse cargo de los servicios o de darse por enterados de los mismos. Tendrá el carácter de orden de Dirección.

4.º Los libros de Registro de comunicaciones orales y, en su caso, telefónicas de los recluidos, con sus familiares y amigos, así como con sus Abogados defensores, Jueces o funcionarios de la Administración de Justicia, Autoridades, representantes de Embajadas o Consulados, ministros de su religión y demás personas autorizadas. En estos libros se consignarán los datos suficientes que permitan la identificación de los comunicantes, el día, la hora y duración de dichas comunicaciones.

5.º Los libros de entrada y salida de correspondencia oficial, en los que se anotarán toda la que se reciba o salga del establecimiento, numerada correlativamente transcribiendo el respectivo número en el documento y estampando en el mismo el sello de entrada o salida. La numeración se renovará en 1 de enero.

6.º Los partes reglamentarios del servicio, las relaciones diarias de encargos, de comunicaciones orales y escritas de los internos con el público o con sus Abogados defensores, así como las órdenes de Dirección, que se archivarán en legajos mensuales por orden de fechas.

7.º Todas aquellas tareas burocráticas que el Director disponga para la mejor marcha de los servicios del establecimiento.

Los documentos que se reciban y deban quedar en la oficina de Dirección sin trámite interior se archivarán por anualidades, habiendo un legajo diferente para cada una de las Autoridades de quienes procedan.

ART. 336.

En la Oficina de Régimen se llevará:

1.º El libro de ingresos y filiaciones, ajustado al modelo oficial.

2.º El fichero general y los parciales de población interna que sean precisos para la buena marcha de los servicios. En ellos constarán extractados los datos personales, procesales, penales y penitenciarios, así como los convenientes para la fácil localización del expediente.

3.º Los expedientes personales de los internos, que contendrán la portada, con los datos de identificación y filiación, y las hojas de vicisitudes, con breves extractos referidos a los cambios de situaciones y todas las demás circunstancias a que se refieran los documentos que habrán de ser unidos y numerados sucesivamente.

Toda anotación irá autorizada con la firma del funcionario de la oficina, la del Jurista-Criminólogo, cuando corresponda, la del Subdirector y el visto bueno del Director.

Si un individuo ingresara de nuevo no se le abrirá otro expediente, sino que ha de continuarse el que tuviere, formalizándose con claridad las diligencias y documentos correspondientes a cada ingreso.

De los datos obrantes en los expedientes se extraerá la información necesaria para los Registros del Centro Directivo, que se verificará sobre los siguientes soportes:

a) Fichas de información básica para cada persona que ingrese, a la que se asignará un número de identificación sistemática.

b) Hojas de modificaciones relativas a la localización física, responsabilidades preventivas y penadas, liquidaciones de condena y beneficios penitenciarios.

c) Hojas de modificaciones relativas a las áreas criminológicas, biosanitarias y socioculturales de cada interno.

4.º La formación de los expedientes de libertad condicional, que contendrán cada uno de ellos:

a) Testimonio literal de la sentencia o sentencias recaídas y la correspondiente liquidación de condena e informe del Tribunal sentenciador sobre la oportunidad del beneficio.

b) Certificación acreditativa de los beneficios penitenciarios.

c) Justificantes relativos al empleo o medio de vida de que disponga el interesado y de que éste se somete a la vigilancia tutelar del personal de la Comisión de Asistencia Social.

d) Informe del Organismo correspondiente de la Comisión de Asistencia Social sobre el certificado de trabajo y aceptación de la tutela y vigilancia del interno.

e) Certificación del acta de nacimiento, pedida oficialmente, si el penado fuera propuesto por su condición de septuagenario, así como informe facultativo del Médico del establecimiento sobre sus condiciones físicas, y, en el caso de que fuera propuesto por enfermedad grave o irreversible, justificante de la persona o institución benéfica que se hará cargo del mismo al ser liberado.

f) Informe pronóstico final del Equipo de Tratamiento, en el que se manifestarán los resultados conseguidos por el tratamiento y un juicio de probabilidad sobre el comportamiento futuro del sujeto en libertad.

g) Certificación literal del acta en que se recoja el acuerdo de la Junta de Régimen y Administración sobre la incoación del expediente a que se refiere el artículo 61 de este Reglamento.

5.º El Servicio de Estadística, que confeccionará las siguientes:

1) La Estadística general clasificada de los internos existentes a las veinticuatro horas del día último de cada mes, que se remitirá al Centro Directivo del día 1 del siguiente. Deberá ir acompañada de:

a) Movimiento de la población reclusa por edades y situaciones, con expresión de altas y bajas habidas en el mes.

b) Relación nominal de los internos por los tipos de delitos que en cada caso solicite el Centro Directivo.

c) Movimiento de altas y bajas de libertades condicionales.

2) Las hojas de condena de todos los penados cuando se reciba el testimonio de sentencia y liquidación de condena.

3) La Estadística de los permisos concedidos en el mes con expresa indicación de los beneficiarios.

6.º El archivo de documentos, para lo cual recabará mensualmente de las otras oficinas los que al mismo hayan de ser destinados, excepto los de Dirección. Se formarán legajos anuales con las separaciones convenientes según los asuntos. Los expedientes de baja se irán agrupando ordenadamente por estantes y legajos, disponiéndose de fichas alfabéticas y libro de archivo, con las indicaciones precisas para su pronta localización.

7.º Las agendas para anotación de fechas de licenciamientos definitivos; cumplimientos de la primera, tercera y cuarta parte de la totalidad de las condenas; revisiones de clasificación, y cualquier otro dato que pueda ser exigible con arreglo a las normas de este Reglamento.

8.º Todas las comunicaciones de la Oficina de Régimen llevarán la rúbrica del Subdirector y la firma del Director, y las certificaciones, la firma del Subdirector como responsable del servicio y el visto bueno del Director.

En los documentos, informes y propuestas de la Junta de Régimen y Administración, el Subdirector cuidará de la exactitud de todos los datos penales, procesales y penitenciarios integrados en los mismos.

ART. 337.

En las Oficinas de los Equipos de Observación y Tratamiento se formalizarán:

1.º El fichero de cuantos internos ingresen en el establecimiento con los datos de filiación y los que hagan referencia a la clasificación inicial en el mismo y modificaciones posteriores.

2.º Los protocolos de los internos, que se abrirán con los datos de filiación de los mismos y constarán de tres partes, que se diligenciarán, respectivamente, en las fases de detención, cumplimiento y reinserción social:

a) En la parte correspondiente a la fase de detención se incluirán ordenadamente todos los documentos e impresos que recojan las informaciones referentes al sujeto observado, procurándose con este fin una constancia escrita de todas ellas, incluso de las procedentes de entrevistas y de observación del comportamiento. Asimismo, se incluirán copias de las resoluciones y acuerdos sobre la clasificación interior y de las propuestas razonadas de destino. Existirá en esta parte una hoja de anotaciones en que se irán resumiendo por orden cronológico todos los documentos e impresos citados.

b) La parte del protocolo correspondiente a la fase de cumplimiento se iniciará con un resumen que, previo al estudio de la documentación de la fase de detención, emitirá, como conclusión de ella, el Equipo de Tratamiento, haciéndose constar a continuación los estudios e informaciones complementarias que éste juzgue pertinentes realizar, el programa de tratamiento acordado, la distribución de tareas entre los distintos miembros del Equipo y entre los Educadores, la asignación a grupo o subgrupo, los cambios en esta asignación y en el tratamiento programado, los informes periódicos y extraordinarios de los Educadores, el informe anual que preceptivamente se debe enviar al Centro Directivo y los acuerdos sobre progresión y regresión de grado. Se determinará la parte del protocolo correspondiente a esta fase con la documentación correspondiente al juicio pronóstico final.

c) Aprobada la libertad condicional de un penado, el protocolo será enviado al organismo de la Comisión de Asistencia Social correspondiente a la provincia en que el liberto fije su residencia, quien lo conservará e irá formando la tercera y última parte del mismo, anotando el resumen de los informes recibidos sobre la conducta y actividades de aquél y, en especial, las procedentes del funcionario encargado de la vigilancia del liberado y del Asistente Social. Llegado el momento de libertad definitiva o, en su caso, la revocación de la libertad condicional, se hará constar en el protocolo y se enviará éste al Centro de cumplimiento de procedencia, sin perjuicio de que en la Comisión se conserve un extracto del mismo, en el que se procurará anotar cuantas informaciones se reciban sobre la vida posterior del individuo.

d) El protocolo de cada observado se unirá, con carácter de reservado y en sobre cerrado, al expediente que acompañará al mismo cuando sea trasladado a otro establecimiento.

3.º Los informes y propuestas de los Equipos de Observación y Tratamiento irán firmados por todos los miembros integrantes de los mismos cuyas aportaciones profesionales específicas se redactarán o presentarán de modo que se puedan individualizar y distinguir, salvo en las conclusiones finales que deberán ser comunes a todos ellos, menos en los casos en que se mantenga algún voto distinto a lo acordado por la mayoría. En dichos informes y propuestas el Jurista-Criminólogo cuidará de la exactitud de todos los datos penales, procesales y penitenciarios integrantes de los mismos, así como de las partes de condena cumplidas que tengan efectos legales.

ART. 338.

En la Oficina de Administración se llevará la parte burocrática de la gestión económica y servicios de administración y contabilidad del establecimiento comprendidos en el título noveno de este Reglamento.

ART. 339.

1. La Oficina de Servicio Interior formulará, para su entrega al Director:

1.º Los partes de recuento de la población interna, en los que se recogerán los parciales presentados por los funcionarios de los distintos departamentos.

2.º Los partes de requisa y enseres que normalmente o de modo extraordinario se efectúen y los que se deban promover por novedades ocurridas durante la guardia.

2. Asimismo, las Jefaturas de Servicios o las de Centro, en su caso, llevarán los siguientes libros:

a) El de incidencias, en que harán constar las que por su interés aconsejen su anotación.

b) El de estado de conservación de instalaciones y dependencias, en el que se reflejarán los desperfectos que se observen en los departamentos, con indicación de las fechas en que se han producido y las de su reparación, así como los materiales recibidos para estas atenciones.

c) El de recompensas y castigos, en los que constarán las fechas, nombres y cuantos datos sean precisos para mejor conocimiento de los mismos.

d) El de órdenes de la Dirección, donde se transcribirán íntegramente las que se reciban.

e) El de instancias de internos a las Autoridades, en el que constará el número de orden, fecha, nombre y apellidos del remitente, Autoridad a quien va destinada y extracto del contenido.

A cada interno se le entregará un recibo por cada instancia. El Jefe de Servicios, a su vez, entregará en Dirección el total de las instancias presentadas durante su guardia, que serán recepcionadas por el titular, quien estampará su firma en el citado libro.

f) El de depósito de objetos y pertenencias, que han de ser guardados en lugar seguro, donde constará, además del nombre del depositado y el número de resguardo, los datos imprescindibles para identificarlos.

ART. 340.

La Oficina de identificación tendrá como cometidos:

a) La impresión dactilar del pulgar derecho en el expediente del interno a su ingreso y salida, cualquiera que sea el motivo.

b) La impresión dactilar del pulgar derecho en las hojas de conducción por traslado a otro establecimiento y en las licencias de cumplidos y liberados condicionalmente.

c) La expedición de antecedentes e informes periciales sobre identificación de los internos que soliciten los Tribunales de Justicia o Autoridades competentes.

d) Reseñar todos los ingresos, hombres o mujeres, haciendo para cada uno dos fichas dactilares y dos alfabéticas, excepto los tránsitos, los arrestos y los que a su ingreso ya tuvieren en la Oficina del establecimiento, haciendo estampación de fórmula y subfórmula en el expediente del mismo:

e) La formación de dos archivos de tarjetas de identificación dactiloscópica, alfabético el uno y dactilar el otro, de todos los ingresados.

f) La remisión al Centro Directivo, del 1 al 10 de cada mes, de todo lo realizado en el anterior o comunicación negativa, caso de no haber ingresos, enviando un ejemplar de cada reseña nueva, debidamente formulada y con subfórmula de la mano derecha, a excepción de aquella fórmula en la que todos los dactilogramas pertenezcan al tipo bidelto, en cuyo caso deberán subformularse ambas manos.

g) La realización, control y archivo de las fotografías de los internos.

h) La remisión al Centro Directivo de cuantos documentos relacionados con este Servicio se determinen.

De la exactitud del Servicio de Identificación serán responsables, en primer término, los funcionarios encargados del mismo; secundariamente, el Subdirector como Jefe de todo servicio burocrático y encargado de la revisión, formalización y archivo de las tarjetas.

En los establecimientos penitenciarios de un contingente medio anual de quinientos o más reclusos habrá personal especialmente nombrado para el Servicio de Identificación. En los demás establecimientos el funcionario de dicho Servicio simultaneará con el de Oficina u otro ordinario que el Director designe.

ART. 341.

En la Oficina de Servicios Sanitarios se formalizarán:

1.º El fichero y libros de enfermos y toxicómanos tratados, con los resultados obtenidos.

2.º El libro de reconocimientos, en el que se anotarán los resultados de las exploraciones médicas efectuadas a los ingresados en el Centro, detallándose: Nombre, apellidos, fecha de ingreso, procedencia, anomalías físicas y mentales y los traumatismos que se aprecien, con las circunstancias que se obtengan sobre el origen de los mismos, según las anamnesis. También se inscribirán los internos que hubieren de ser tratados en Centros hospitalarios locales, consignándose el diagnóstico que lo motive y la evolución del proceso, comprobado en las visitas que se realicen por el facultativo.

3.º El libro de consultas, donde se anotarán los internos que hayan sido explorados en la consulta diaria y en la Enfermería, consignándose el resultado del reconocimiento con el tratamiento farmacológico y dietético prescrito.

4.º El libro de medicamentos, en el que figurarán los productos farmacéuticos que se hallen en existencia, detallándose el número de envases.

5.º El libro de tóxicos, en el que se relacionarán la clase y cantidad y estupefacientes que hubiera en existencias, detallando en las salidas los nombres de los internos que los precisaren y las causas que motivaron su prescripción. Este libro deberá estar depositado en la Jefatura de Servicios.

6.º Las hojas clínicas, donde se detallará el historial del enfermo, con las exploraciones y tratamiento prescrito. El historial médico acompañará al expediente penitenciario en los diferentes traslados que realice el interno, y en él se anotarán todas las vicisitudes sanitarias, archivándose en las Enfermerías de los establecimientos.

7.º Los informes a la Junta de Régimen y Administración, a efectos de clasificación interior de los internos y en relación con la capacidad física para el trabajo y para las actividades deportivas de los mismos.

8.º Los pedidos de medicamentos de material e instrumental clínico-sanitario.

9.º Los informes al Director sobre las ausencias al servicio de los funcionarios por causa de enfermedad, certificando la dolencia si fuese preciso solicitar las oportunas licencias o permisos por enfermedad.

10. Los partes del movimiento de altas y bajas en la Enfermería, con especial detalle del estado de los enfermos graves, así como de las necesidades de traslado a Centros hospitalarios y de aislamiento de los que padezcan enfermedades infecto-contagiosas. A la petición de traslado que se formule a la Inspección de Sanidad, se acompañará certificación en la que conste una sucinta descripción de los síntomas y el diagnóstico que se formule.

11. La estadística sanitaria, que constará de:
a) Estadística general anual.
b) Estadística general anual de toxicómanos.

12. El archivo de historias clínicas y de toda la documentación administrativa relacionada con este servicio.

ART. 342.

En la Oficina de los Servicios de Instrucción y Educación se llevarán:

1.º Las fichas y registros escolares.

2.º Los libros de matrículas de alumnos.

3.º El libro de promoción cultural, en el que se reflejará la historia educativa de los titulares y nivel de especialización.

4.º Los informes a la Junta de Régimen y Administración y a los Equipos de Observación y de Tratamiento que le sean solicitados.

5.º La expedición de los certificados de los estudios cursados por los internos y calificaciones obtenidas según resulten de las actas del examen.

6.º La estadística correspondiente al movimiento educativo:
a) Mensual.
b) Anual de enseñanzas, que contendrá la clasificación de las actividades docentes y culturales durante el año y sus resultados.

7.º El archivo de actas de exámenes y de la documentación necesaria que se derive de la aplicación de los medios técnicos en la evaluación de los alumnos.

8.º Las fichas por materias y autores, y los catálogos de libros que existan en la Biblioteca a disposición de los internos.

ART. 343.

Todos los libros oficiales estarán encuadernados y foliados, y en la hoja de la portada se extenderá una diligencia de apertura suscrita por el Subdirector y visada por el Director. A la terminación de cada libro, inmediatamente después de la última anotación, se consignará la diligencia de cierre.

En general, cuantos documentos se tramiten en las oficinas se ajustarán a los modelos oficiales establecidos.

LEGISLACIÓN COMPLEMENTARIA

JUZGADOS DE VIGILANCIA PENITENCIARIA

IV.
LEY ORGÁNICA 6/1985, DE 1 DE JULIO, DEL PODER JUDICIAL

(Extracto: arts. 84, 92, 95, D.A. 5.ª)

–BOE n.º 157, de 2 de julio de 1985–

LIBRO I
DE LA EXTENSIÓN Y LÍMITES DE LA JURISDICCIÓN Y DE LA PLANTA Y ORGANIZACIÓN DE LOS TRIBUNALES

Rúbrica del Libro I modificada por la Ley Orgánica 1/2025, de 2 de enero, de medidas en materia de eficiencia del Servicio Público de Justicia. (BOE 03-01-25).

[...]

TÍTULO IV
De la composición y atribuciones de los órganos jurisdiccionales

[...]

CAPÍTULO V
De los Tribunales de Instancia y del Tribunal Central de Instancia

Rúbrica del capítulo V del título IV del libro I modificada por la Ley Orgánica 1/2025, de 2 de enero, de medidas en materia de eficiencia del Servicio Público de Justicia. (BOE 03-01-25).

Modificado por Ley Orgánica 1/2004, de 28 de diciembre, de Medidas de Protección Integral contra la Violencia de Genero. (BOE de 29-12-2004).

ART. 84.

1. Habrá un Tribunal de Instancia en cada partido judicial, con sede en su capital, de la que tomará su nombre.

2. Los Tribunales de Instancia estarán integrados por una Sección Única, de Civil y de Instrucción. En los supuestos determinados por la Ley 38/1988, de 28 de diciembre, de Demarcación y de Planta Judicial, el Tribunal de Instancia se integrará por una Sección Civil y otra Sección de Instrucción.

Además de las anteriores, los Tribunales de Instancia podrán estar integrados por alguna o varias de las siguientes Secciones:

a) De Familia, Infancia y Capacidad.
b) De lo Mercantil.
c) De Violencia sobre la Mujer.
d) De Violencia contra la Infancia y la Adolescencia.
e) De lo Penal.
f) De Menores.
g) De Vigilancia Penitenciaria.

h) De lo Contencioso-Administrativo.

i) De lo Social.

3. Cada Tribunal de Instancia contará con una Presidencia. Las Secciones del Tribunal de Instancia contarán con una Presidencia de Sección cuando concurran las siguientes circunstancias:

a) Que en el Tribunal de Instancia hubiere dos o más Secciones.

b) Que en la Sección de que se trate existan ocho o más plazas judiciales.

c) Que el número total de plazas judiciales del Tribunal de Instancia sea igual o superior a doce.

4. El ejercicio de la función jurisdiccional corresponde a los jueces, las juezas, los magistrados y las magistradas destinados o destinadas en las diferentes Secciones que integren los Tribunales de Instancia. Su adscripción a las referidas Secciones será funcional. Conforme a criterios de racionalización del trabajo, los jueces, las juezas, los magistrados y las magistradas destinados o destinadas en una Sección del Tribunal de Instancia podrán conocer de los asuntos de nuevo ingreso de otras Secciones que lo integren, siempre que se trate de asuntos del mismo orden jurisdiccional. Esta asignación se realizará mediante acuerdo del Consejo General del Poder Judicial, a propuesta de la Presidencia del Tribunal y oída la Junta de Jueces y Juezas del orden jurisdiccional al que se refiera. Cuando la asignación se acuerde para cubrir ausencias provocadas por la concesión de comisiones de servicio o licencias de larga duración, podrá afectar a los asuntos de nuevo ingreso o a aquellos de los que esté conociendo el juez, la jueza, el magistrado o la magistrada que se encuentre en alguna de tales situaciones. Dichos acuerdos deberán publicarse en el "Boletín Oficial del Estado".

5. Se podrá establecer que algunas de las Secciones que integren los Tribunales de Instancia extiendan su jurisdicción a uno o varios partidos judiciales de la misma provincia, o de varias provincias limítrofes dentro del ámbito de un mismo Tribunal Superior de Justicia.

6. En el Tribunal de Instancia se podrá nombrar a dos de sus jueces, juezas, magistrados o magistradas, conforme a un turno anual preestablecido y público, para que, junto con aquel o aquella a quien le hubiere sido turnado el asunto inicialmente, se encarguen de la instrucción de un determinado proceso penal o conozcan en primera instancia de un procedimiento de cualquier orden jurisdiccional cuando, en atención al volumen, la especial complejidad o el número de intervinientes de un procedimiento, tal nombramiento favorezca el ejercicio de la función jurisdiccional. En estos casos, para la adopción de cuantas resoluciones se dictaren en el curso del proceso, actuará como ponente aquel o aquella a quien le hubiere sido turnado el asunto inicialmente. Estos jueces, juezas, magistrados o magistradas conocerán de dicho procedimiento hasta su completa terminación, sin perjuicio de que se les puedan seguir repartiendo otros asuntos.

Modificado por la Ley Orgánica 1/2025, de 2 de enero, de medidas en materia de eficiencia del Servicio Público de Justicia. (BOE 03-01-25).

Ver arts. 30, 32, 35, 75.1.º, 82.4 1.º, 85 a 95, 99, 149.3, 166.1 y 3,167, 168, 169.1 y 6, 170, 210.1 y 4, 211.1.ª, 224.5.º, 227.8.º, 264.4, 329.9, 355 bis 2 y 3, 393.2 y 3, 435.5, 436.3, 437, 439 ter 2 LOPJ; arts. 3.6, 4.1, 20.1, 26, LDYPJ.

ART. 92.

1. Con carácter general, en el Tribunal de Instancia con sede en la capital de cada provincia, dentro del orden jurisdiccional penal, existirá una Sección de Vigilancia Penitenciaria, que tendrá las funciones jurisdiccionales previstas en la ley en materia de ejecución de penas privativas de libertad y medidas de seguridad, emisión y ejecución de los instrumentos de reconocimiento mutuo de resoluciones penales en la Unión Europea que les atribuya la ley, control jurisdiccional de la potestad disciplinaria de las autoridades penitenciarias, amparo de los derechos y beneficios de los internos en los establecimientos penitenciarios y demás que señale la ley.

2. Podrán establecerse Secciones de Vigilancia Penitenciaria en Tribunales de Instancia que tengan su sede en poblaciones distintas de la capital de provincia, delimitándose en cada caso el ámbito territorial de su jurisdicción. El Gobierno establecerá la sede de estas

Secciones, previa audiencia de la comunidad autónoma afectada y del Consejo General del Poder Judicial.

3. El número de Tribunales de Instancia con Secciones de Vigilancia Penitenciaria, su ámbito territorial y número de magistrados y magistradas integrantes de cada una de ellas, se determinará en la Ley de Demarcación y Planta Judicial, atendiendo principalmente a los establecimientos penitenciarios existentes y a la clase de éstos.

4. Podrá establecerse que la Sección de Vigilancia Penitenciaria extienda su jurisdicción a dos o más provincias de la misma comunidad autónoma, o uno o más partidos dentro de la misma provincia.

5. El juez, jueza, magistrado o magistrada destinado o destinada en una Sección de Vigilancia Penitenciaria podrá compatibilizar las funciones propias de esta Sección con las de otras Secciones del orden jurisdiccional penal del mismo Tribunal de Instancia.

Modificado por la Ley Orgánica 1/2025, de 2 de enero, de medidas en materia de eficiencia del Servicio Público de Justicia. (BOE 03-01-25).

Ver art. 167.3 LOPJ; arts. 3.1 b), 8.3, 15.2 c) LDYPJ.

ART. 95.

En la Villa de Madrid y con jurisdicción en todo el territorio nacional existirá un Tribunal Central de Instancia, que contará con las siguientes Secciones:

a) Sección de Instrucción, que instruirá las causas cuyo enjuiciamiento corresponda a la Sala de lo Penal de la Audiencia Nacional o, en su caso, a la Sección de lo Penal del propio Tribunal Central de Instancia y tramitará los expedientes de ejecución de las órdenes europeas de detención y entrega, los procedimientos de extradición pasiva, los relativos a la emisión y la ejecución de otros instrumentos de reconocimiento mutuo de resoluciones penales en la Unión Europea que les atribuya la ley, así como las solicitudes de información entre los servicios de seguridad de los Estados miembros de la Unión Europea cuando requieran autorización judicial, en los términos previstos en la ley.

En la Sección de Instrucción, los jueces y juezas de garantías conocerán de las peticiones de la Fiscalía Europea relativas a la adopción de medidas cautelares personales, la autorización de los actos que supongan limitación de los derechos fundamentales cuya adopción esté reservada a la autoridad judicial y demás supuestos que expresamente determine la ley.

Igualmente, conocerán de las impugnaciones que establezca la ley contra los decretos de los Fiscales europeos delegados.

b) Sección de lo Penal, que conocerá, en los casos en que así lo establezcan las leyes procesales, de las causas por los delitos a que se refiere el artículo 65 y de los demás asuntos que señalen las leyes. Corresponde asimismo a la Sección de lo Penal la ejecución de las sentencias dictadas en causas por delito grave o menos grave por la Sección de Instrucción del propio Tribunal Central de Instancia, y los procedimientos de decomiso autónomo por los delitos para cuyo conocimiento sean competentes.

c) Sección de Menores, que conocerá de las causas que le atribuya la legislación reguladora de la responsabilidad penal de los menores, así como de la emisión y la ejecución de los instrumentos de reconocimiento mutuo de resoluciones penales en la Unión Europea que le atribuya la ley.

d) Sección de Vigilancia Penitenciaria, que tendrá las funciones jurisdiccionales previstas en la Ley Orgánica 1/1979, de 26 de septiembre, General Penitenciaria, descritas en el apartado 1 del artículo 92 de esta ley, la competencia para la emisión y ejecución de los instrumentos de reconocimiento mutuo de resoluciones penales en la Unión Europea que les atribuya la ley y demás funciones que señale la ley, en relación con los delitos competencia de la Audiencia Nacional. En todo caso, la competencia de esta Sección será preferente y excluyente cuando el penado cumpla también otras condenas que no hubiesen sido impuestas por la Audiencia Nacional.

e) Sección de lo Contencioso-Administrativo, que conocerá, en primera o única instancia, de los recursos contencioso-administrativos contra disposiciones y actos emanados de autoridades, organismos, órganos y entidades públicas con competencia en todo el territorio nacional, en los términos que la ley establezca.

Corresponde también a la Sección de lo Contencioso-Administrativo autorizar, mediante auto, la cesión de los datos que permitan la identificación a que se refiere el artículo 8.2 de la Ley 34/2002, de 11 de julio, de servicios de la sociedad de la información y de comercio electrónico, la ejecución material de las resoluciones adoptadas por el órgano competente para que se interrumpa la prestación de servicios de la sociedad de la información o para que se retiren contenidos que vulneran la propiedad intelectual, en aplicación de la citada Ley 34/2002, de 11 de julio, así como la limitación al acceso de los destinatarios al servicio intermediario prevista en el artículo 51.2 b) del Reglamento (UE) 2022/2065 del Parlamento Europeo y del Consejo de 19 de octubre de 2022, relativo a un mercado único de servicios digitales y por el que se modifica la Directiva 2000/31/CE. Igualmente conocerá la Sección de lo Contencioso-Administrativo del procedimiento previsto en el artículo 12 bis de la Ley Orgánica 6/2002, de 27 de junio, de Partidos Políticos.

Corresponde a la Sección de lo Contencioso-Administrativo autorizar, mediante auto, el requerimiento de información por parte de la Agencia Española de Protección de Datos y otras autoridades administrativas independientes de ámbito estatal a los operadores que presten servicios de comunicaciones electrónicas disponibles al público y de los prestadores de servicios de la sociedad de la información, cuando ello sea necesario de acuerdo con la legislación específica.

Modificado por la Ley Orgánica 1/2025, de 2 de enero, de medidas en materia de eficiencia del Servicio Público de Justicia. (BOE 03-01-25).

Ver arts. 26 e), 27.2, 65.1.º, 5.º y 6.º, 66.a) c) y e), 106.1, 166.4 y 5, 167.1, 2 y 5, 168.4, 169.2 y 7, 172.3, 210.6, 224.5.º, 227.8.º, 329.5 y 9, 437.2, 521.3 LOPJ; arts. 1, 6, 15.2 d), 20.3 y 4, 22 a 26 LDYPJ.

[...]

D.A. 5.ª

1. El recurso de reforma podrá interponerse contra todos los autos del Juez de Vigilancia Penitenciaria.

2. Las resoluciones del Juez de Vigilancia Penitenciaria en materia de ejecución de penas serán recurribles en apelación y queja ante el tribunal sentenciador, excepto cuando se hayan dictado resolviendo un recurso de apelación contra resolución administrativa que no se refiera a la clasificación del penado.

En el caso de que el penado se halle cumpliendo varias penas, la competencia para resolver el recurso corresponderá al juzgado o tribunal que haya impuesto la pena privativa de libertad más grave, y en el supuesto de que coincida que varios juzgados o tribunales hubieran impuesto pena de igual gravedad, la competencia corresponderá al que de ellos la hubiera impuesto en último lugar.

3. Las resoluciones del Juez de Vigilancia Penitenciaria en lo referente al régimen penitenciario y demás materias no comprendidas en el apartado anterior serán recurribles en apelación o queja siempre que no se hayan dictado resolviendo un recurso de apelación contra resolución administrativa. Conocerá de la apelación o de la queja la Audiencia Provincial que corresponda, por estar situado dentro de su demarcación el establecimiento penitenciario.

4. El recurso de queja a que se refieren los apartados anteriores sólo podrá interponerse contra las resoluciones en que se deniegue la admisión de un recurso de apelación.

5. Cuando la resolución objeto del recurso de apelación se refiera a materia de clasificación de penados o concesión de la libertad condicional y pueda dar lugar a la excarcelación del interno, siempre y cuando se trate de condenados por delitos graves, el recurso tendrá efecto suspensivo que impedirá la puesta en libertad del condenado hasta la resolución del recurso o, en su caso, hasta que la Audiencia Provincial o la Audiencia Nacional se haya pronunciado sobre la suspensión.

Los recursos de apelación a que se refiere el párrafo anterior se tramitarán con carácter preferente y urgente.

6. Cuando quien haya dictado la resolución recurrida sea la Sección de Vigilancia Penitenciaria del Tribunal Central de Instancia, tanto en materia de ejecución de penas como de régimen penitenciario y demás materias, la competencia para conocer del recurso de apelación y queja, siempre que no se haya dictado resolviendo un recurso de apelación contra resolución administrativa, corresponderá a la Sala de lo Penal de la Audiencia Nacional.

7. Contra el auto por el que se determine el máximo de cumplimiento o se deniegue su fijación, cabrá recurso de casación por infracción de ley ante la Sala de lo Penal del Tribunal Supremo, que se sustanciará conforme a lo prevenido en la Ley de Enjuiciamiento Criminal.

8. Contra los autos de las Audiencias Provinciales y, en su caso, de la Audiencia Nacional, resolviendo recursos de apelación, que no sean susceptibles de casación ordinaria, podrán interponer, el Ministerio Fiscal y el letrado del penado, recurso de casación para la unificación de doctrina ante la Sala de lo Penal del Tribunal Supremo, el cual se sustanciará conforme a lo prevenido en la Ley de Enjuiciamiento Criminal para el recurso de casación ordinario, con las particularidades que de su finalidad se deriven. Los pronunciamientos del Tribunal Supremo al resolver los recursos de casación para la unificación de doctrina en ningún caso afectarán a las situaciones jurídicas creadas por las sentencias precedentes a la impugnada.

9. El recurso de apelación a que se refiere esta disposición se tramitará conforme a lo dispuesto en la Ley de Enjuiciamiento Criminal para el procedimiento abreviado. Estarán legitimados para interponerlo el Ministerio Fiscal y el interno o liberado condicional. En el recurso de apelación será necesaria la defensa de letrado y, si no se designa procurador, el abogado tendrá también habilitación legal para la representación de su defendido. En todo caso, debe quedar garantizado siempre el derecho a la defensa de los internos en sus reclamaciones judiciales.

10. En aquellas Audiencias donde haya más de una sección, mediante las normas de reparto, se atribuirá el conocimiento de los recursos que les correspondan según esta disposición, con carácter exclusivo, a una o dos secciones.

Apdo. 6 modificado por la Ley Orgánica 1/2025, de 2 de enero, de medidas en materia de eficiencia del Servicio Público de Justicia. (BOE 03-01-25).

Apdo. 5 se añade, y los anteriores apdos. 5 y siguientes se renumeran como 6, 7, 8, 9 y 10, por Ley Orgánica 7/2003, de 30 de junio, de medidas de reforma para el cumplimiento íntegro y efectivo de las penas. (BOE de 01-07-2003).

IV

RELACIÓN LABORAL DE CARÁCTER ESPECIAL DE LOS PENADOS

V.
REAL DECRETO 782/2001, DE 6 DE JULIO, POR EL QUE SE REGULA LA RELACIÓN LABORAL DE CARÁCTER ESPECIAL DE LOS PENADOS QUE REALICEN ACTIVIDADES LABORALES EN TALLERES PENITENCIARIOS Y LA PROTECCIÓN DE SEGURIDAD SOCIAL DE LOS SOMETIDOS A PENAS DE TRABAJO EN BENEFICIO DE LA COMUNIDAD

–BOE n.º 162, de 7 de julio de 2001–

La Ley 55/1999, de 29 de diciembre, de Medidas fiscales, administrativas y del orden social, en su artículo 21, encomienda al Gobierno la regulación de dos aspectos diferenciados en relación con los penados: por un lado, le habilita para articular la relación laboral de carácter especial de los penados que realicen actividades laborales en talleres penitenciarios, contemplando, además, un marco de protección de Seguridad Social de este colectivo acorde con sus especiales características. Y así mismo, determina que a las cotizaciones a la Seguridad Social que hayan de efectuarse por las contingencias cuya cobertura se establezca, se les aplicarán las bonificaciones generales que se otorguen a favor de los trabajadores con especiales dificultades de inserción laboral o las que específicamente se fijen para este colectivo. Por otro lado, le habilita para regular la protección de Seguridad Social de los sometidos a penas de trabajo en beneficio de la comunidad.

Así mismo, la Ley 14/2000, de 29 de diciembre, de Medidas fiscales, administrativas y del orden social, en su artículo 24, apartado cuarto, introduce una nueva disposición adicional trigésima en el texto refundido de la Ley General de la Seguridad Social, aprobado por Real Decreto legislativo 1/1994, de 20 de junio, por la que se establecen determinadas bonificaciones en las cotizaciones a la Seguridad Social por los conceptos de recaudación conjunta, respecto de los penados que realicen actividades laborales en instituciones penitenciarias, y declara aplicables a las cuotas empresariales por contingencias comunes las bonificaciones generales que se otorguen a la contratación de trabajadores con especiales dificultades de inserción laboral. Por otro lado, la citada Ley 14/2000, en su disposición adicional trigésima primera (actualmente derogada), declaró aplicable el Programa de Fomento del Empleo al colectivo anteriormente mencionado, y prorrogó el Programa para el año 2000 establecido en el artículo 28 de la Ley 55/1999, hasta el 17 de mayo de 2001. El Real Decreto-ley 5/2001, de 2 de marzo, de medidas urgentes de reforma del mercado de trabajo para el incremento del empleo y mejora de su calidad, incluye nuevamente al colectivo citado en el Programa de Fomento de Empleo para el año 2001, derogando el anterior.

El primer aspecto, es decir, la relación laboral especial de los internos en los centros penitenciarios tiene como antecedentes próximos el artículo 25.2 de la Constitución, en cuanto que establece el derecho de los condenados a penas de prisión a un trabajo remunerado y a los beneficios correspondientes de la Seguridad Social, el capítulo II del Título II, y en particular el artículo 27.2, de la Ley Orgánica 1/1979, de 26 de septiembre, General Penitenciaria, que establece que el trabajo directamente productivo que realicen los internos será remunerado y, por otro lado, el párrafo c) del apartado primero, del artículo 2 del texto refundido de la Ley del Estatuto de los Trabajadores, aprobado por Real Decreto legislativo 1/1995, de 24 de marzo, que enuncia como relación laboral de carácter especial la de los penados en las instituciones penitenciarias.

Estas previsiones fueron desarrolladas en el capítulo IV del Título V del Reglamento Penitenciario, aprobado por Real Decreto 190/1996, de 9 de febrero.

En virtud del Real Decreto citado anteriormente y del Real Decreto 326/1995, de 3 de marzo, de regulación del Organismo Autónomo Trabajo y Prestaciones Penitenciarias, éste y el organismo autonómico equivalente tiene atribuidas, entre otras funciones, la gestión del trabajo de los internos.

Dentro de este marco el artículo 28 de la Ley 55/1999, regula el Programa de Fomento del Empleo para el año 2000, incluyendo, entre los colectivos beneficiarios de los incentivos previstos, a las empresas y entidades sin ánimo de lucro que contraten, indefinida o temporalmente, trabajadores desempleados en situación de exclusión social figurando entre ellos los internos de centros penitenciarios cuya situación penitenciaria les permita acceder a un empleo, así como los liberados condicionales y ex-reclusos.

Estos tres aspectos destacados anteriormente suponen un gran avance en el fomento de las políticas de inserción laboral del colectivo de reclusos, liberados condicionales y ex-reclusos, que es uno de los que presenta un mayor riesgo de exclusión social.

Por lo que respecta a los internos en régimen abierto que accedan a un empleo en el exterior del centro penitenciario, a los liberados condicionales y a los ex-reclusos, su relación laboral se somete a la normativa común.

Sin embargo, en el caso de los demás internos los principios básicos de la misma se contemplan actualmente en el Reglamento Penitenciario.

La habilitación que el artículo 21 de la Ley 55/1999 hace al Gobierno, las modificaciones que en la normativa laboral común se han producido en los últimos años, las medidas citadas en materia de fomento del empleo que afectan en particular a este colectivo y los propios cambios introducidos por la política penitenciaria para acomodarse a las nuevas tendencias en materia de formación integral de la persona adulta o de formación profesional ocupacional justifican su desarrollo reglamentario.

Esta norma está presidida por una concepción del trabajo de los internos que conjuga aspectos de formación y de ejercicio de una actividad laboral que tienen como finalidad última facilitar su futura inserción laboral.

Entre las novedades más relevantes que este Real Decreto incorpora destacan las siguientes: su propia filosofía general, combinando formación y actividad laboral; la incorporación de un catálogo de oferta de los puestos de trabajo existentes por actividades que, en la medida de lo posible, han de seguir la tendencia del sector laboral, con el fin de que la tarea de inserción laboral sea lo más fácil posible; la posibilidad de que la labor de preparación para la inserción no se vea interrumpida con motivo de traslados entre centros penitenciarios, en determinadas condiciones; una mayor concreción en la regulación de aquellas situaciones en que la organización del trabajo se lleva a cabo en colaboración con personas físicas o jurídicas del exterior, que contribuyen así al objetivo de reinserción, proporcionando puestos de trabajo en el interior de los centros penitenciarios y constituyendo auténticas unidades productivas en los mismos; y por último, se establece el marco normativo de protección de Seguridad Social de este colectivo, acorde con sus especiales características, tal como dispone el artículo 21 de la Ley 55/1999.

En cuanto al segundo aspecto, esto es, la regulación de la protección de la Seguridad Social de los sometidos a penas de trabajo en beneficio de la comunidad, se debe tener presente que una de las novedades más importantes del sistema de penas de la Ley Orgánica 10/1995, de 23 de noviembre, del Código Penal, es la pena de trabajo en beneficio de la comunidad. Con ella se evita alguno de los inconvenientes de las penas privativas de libertad, como la separación del delincuente de la sociedad, y, al mismo tiempo, se le hace partícipe de intereses públicos, al tener que cooperar con actividades que tienen ese carácter.

Según el artículo 49 del Código Penal "Los trabajos en beneficio de la comunidad, que no podrán imponerse sin consentimiento del penado, le obligan a prestar su cooperación no retribuida en determinadas actividades de utilidad pública". Consiste, por lo tanto, en una obligación asumida voluntariamente por el penado para prestar su cooperación en ciertas actividades de utilidad pública.

El Real Decreto 690/1996, de 26 de abril, por el que se establecen las circunstancias de ejecución de las penas de trabajo en beneficio de la comunidad y de arresto de fin de semana, además de establecer las circunstancias de ejecución de esta pena, aporta a la definición de la misma, por una parte, que la actividad de utilidad pública a la que se preste la colaboración personal tenga "interés social" y "valor educativo", haciendo énfasis en la prevención especial, y, por otra parte, que "sirva de reparación para la comunidad perjudicada", es decir, que sirva como retribución por el delito cometido.

Tanto el Código Penal como el Real Decreto citado disponen que los sentenciados a la pena de trabajo en beneficio de la comunidad gozarán de la protección dispensada a los penados por la legislación penitenciaria en materia de Seguridad Social. No obstante, el artículo 132 y siguientes del Reglamento Penitenciario regula el trabajo de los internos en los centros penitenciarios, como una actividad productiva y remunerada, características que no concurren en la pena de trabajo en beneficio de la comunidad por no tratarse de una relación laboral. La protección que en este caso se les dispensa es, al modo como se protegen las prestaciones personales obligatorias, la derivada de su inclusión en la acción protectora del sistema de la Seguridad Social en los casos de accidente de trabajo y enfermedad profesional.

En su virtud, a propuesta conjunta del Vicepresidente Primero del Gobierno y Ministro del Interior y del de Trabajo y Asuntos Sociales, previo informe del Consejo General del Poder Judicial y del Consejo Económico y Social, de acuerdo con el Consejo de Estado y previa deliberación del Consejo de Ministros en su reunión del día 6 de julio de 2001,

DISPONGO:

CAPÍTULO I
Disposiciones generales

V

ART. 1. Ámbito de aplicación y exclusiones.

1. El presente Real Decreto regula la relación laboral de carácter especial existente entre el Organismo Autónomo Trabajo y Prestaciones Penitenciarias u organismo autonómico equivalente y los internos que desarrollen una actividad laboral en los talleres productivos de los centros penitenciarios, así como la de quienes cumplen penas de trabajo en beneficio de la comunidad.

2. Queda excluida de su ámbito de aplicación la relación laboral de los internos en régimen abierto, sometidos a un sistema de contratación ordinaria con empresarios, que se regulará por la legislación laboral común, sin perjuicio de la tutela que en la ejecución de estos contratos pueda realizarse por la autoridad penitenciaria.

3. También quedan excluidas de esta regulación las diferentes modalidades de ocupación no productiva que se desarrollen en los establecimientos penitenciarios, tales como la formación profesional ocupacional, el estudio y la formación académica, las ocupacionales que formen parte de un tratamiento, las prestaciones personales en servicios auxiliares comunes del establecimiento, las artesanales, intelectuales y artísticas y, en general, todas aquellas ocupaciones que no tengan naturaleza productiva.

4. La relación laboral especial penitenciaria se regula por lo dispuesto en este Real Decreto. Las demás normas de la legislación laboral común, incluido el texto refundido de la Ley del Estatuto de los Trabajadores, aprobado por Real Decreto legislativo 1/1995, de 24 de marzo, sólo serán aplicables en los casos en que se produzca una remisión expresa desde este Real Decreto o la normativa de desarrollo.

5. Las cuestiones litigiosas derivadas de los conflictos individuales que se promuevan por los internos trabajadores encuadrados en la relación laboral especial penitenciaria se regirán por el texto refundido de la Ley de Procedimiento Laboral, aprobado por Real Decreto legislativo 2/1995, de 7 de abril. Para demandar al Organismo Autónomo Trabajo y Prestaciones Penitenciarias u órgano autonómico equivalente, será requisito previo haber reclamado en vía administrativa en la forma establecida en el artículo 69 y siguientes del texto refundido de la Ley de Procedimiento Laboral y en el artículo 125 de la Ley 30/1992, de 26 de noviembre, de Régimen Jurídico de las Administraciones Públicas y del Procedimiento Administrativo Común.

ART. 2. Sujetos de la relación laboral.

1. A los efectos del presente Real Decreto son trabajadores los internos que desarrollen actividades laborales de producción por cuenta ajena en los talleres productivos de los centros penitenciarios.

2. También a dichos efectos el empleador será en todos los casos el Organismo Autónomo Trabajo y Prestaciones Penitenciarias u órgano autonómico equivalente.

ART. 3. Acceso a los puestos de trabajo.

1. El Organismo Autónomo Trabajo y Prestaciones Penitenciarias u órgano autonómico equivalente mantendrá una oferta de puestos de trabajo acorde con las disponibilidades económicas, ordenada en un catálogo y clasificada por actividades, especificando la formación requerida y las características de cada puesto.

2. El Organismo Autónomo Trabajo y Prestaciones Penitenciarias elaborará periódicamente la lista de puestos vacantes en los talleres productivos, detallando sus características. La Junta de Tratamiento, como órgano administrativo competente, adjudicará los puestos a los internos, siguiendo el siguiente orden de prelación:

1.º Los internos en cuyo programa individualizado de tratamiento se contemple el desarrollo de una actividad laboral.

2.º Los internos penados sobre los preventivos.

3.º La aptitud laboral del interno en relación con las características del puesto de trabajo.

4.º La conducta penitenciaria.

5.º El tiempo de permanencia en el establecimiento penitenciario.

6.º Las cargas familiares.

7.º La situación prevista en el artículo 14.1 de este Real Decreto.

ART. 4. Objeto y finalidad de la relación laboral.

1. La finalidad esencial del trabajo es la preparación para la futura inserción laboral del interno, por cuya razón ha de conectarse con los programas de formación profesional ocupacional que se desarrollen en los centros penitenciarios, tanto a efectos de mejorar las capacidades de los mismos para el posterior desempeño de un puesto de trabajo en los talleres productivos como para su futura incorporación laboral cuando accedan a la libertad.

2. El trabajo que realice el penado objeto de relación laboral, deberá ser productivo y remunerado.

3. Con el fin de propiciar que la oferta de puestos de trabajo siga la evolución de la demanda del sector productivo, se revisará la misma, cuando las circunstancias así lo aconsejen.

CAPÍTULO II
Derechos y deberes laborales

ART. 5. Derechos laborales.

1. Los internos trabajadores tendrán los siguientes derechos laborales básicos:

a) A no ser discriminados para el empleo o una vez empleados, por razones de nacionalidad, sexo, estado civil, por la edad, dentro de los límites marcados por la legislación laboral penitenciaria, raza, condición social, ideas religiosas o políticas, así como por el idioma.

b) A su integridad física y a una adecuada política de prevención de riesgos laborales, de acuerdo con lo dispuesto en la legislación vigente sobre dicha materia.

c) Al trabajo productivo y remunerado que pudiere ofertar la Administración penitenciaria, así como a la percepción puntual de la remuneración establecida por la legislación penitenciaria, al descanso semanal y a las vacaciones anuales.

d) Al respeto a su intimidad, con las limitaciones exigidas por la ordenada vida en prisión, y a la consideración debida a su dignidad, comprendida la protección frente a ofensas verbales o físicas de naturaleza sexual.

e) A participar en la organización y planificación del trabajo en la forma y con las condiciones establecidas en la legislación penitenciaria.

f) A la formación para el desempeño del puesto, así como a la promoción en el trabajo.

2. Asimismo, tendrán derecho a que se valore el trabajo productivo realizado y la laboriosidad del interno en orden al régimen y tratamiento penitenciario, así como para la concesión de beneficios penitenciarios cuando se cumplan los requisitos establecidos por la legislación.

ART. 6. Deberes laborales.

Los internos trabajadores tendrán los siguientes deberes laborales básicos:

a) Cumplir con las obligaciones concretas de su puesto de trabajo, con arreglo a las reglas de la buena fe, diligencia y disciplina, así como con las que se deriven de la actividad laboral comprendida en su programa individualizado de tratamiento.

b) Observar las medidas de prevención de riesgos laborales que se adopten.

c) Cumplir las órdenes e instrucciones del personal responsable de la organización y gestión de los talleres, en el ejercicio regular de sus funciones.

d) Contribuir a conseguir el cumplimiento de los fines de la relación laboral, tanto desde el punto de vista de su preparación para la inserción laboral, como en relación con el cumplimiento de los objetivos de la actividad laboral que se le encomienda.

CAPÍTULO III
Duración de la relación laboral

ART. 7. Inicio y duración de la relación laboral.

1. La relación laboral especial penitenciaria se formalizará con la inscripción del interno en el correspondiente Libro de Matrícula, con efectos desde la fecha en que se produzca el alta efectiva en el puesto de trabajo. También se anotará en dicho Libro la extinción de la relación laboral, así como su suspensión por causa de traslado del interno a otro centro penitenciario por tiempo no superior a dos meses.

2. La duración de la relación laboral coincidirá con la de la obra o servicio que se le encomiende.

CAPÍTULO IV
Promoción

ART. 8. Promoción en el trabajo.

1. Los internos trabajadores, atendiendo a su nivel de conocimientos, capacidad laboral y funciones desempeñadas, serán clasificados en las siguientes categorías:

a) Operario base: los que desempeñen el conjunto de tareas necesarias para el funcionamiento de los talleres productivos.

b) Operario superior: los que, además de desempeñar las tareas necesarias para el funcionamiento de los talleres productivos, colaboran en su organización y su desarrollo.

2. Esta distinción se tendrá en cuenta en la fijación del módulo retributivo.

CAPÍTULO V
Causas de suspensión y de extinción de la relación laboral

ART. 9. Suspensión de la relación laboral.

1. La relación laboral especial penitenciaria podrá suspenderse por las siguientes causas:

a) Mutuo acuerdo de las partes.

b) Incapacidad temporal de los trabajadores penitenciarios.

c) Maternidad y riesgo durante el embarazo. En el supuesto de parto la suspensión tendrá una duración de dieciséis semanas ininterrumpidas, ampliables en el supuesto de parto múltiple en dos semanas más por cada hijo a partir del segundo, distribuidas antes o después del parto a opción de la interesada, siempre que seis semanas sean inmediatamente posteriores al mismo.

d) Fuerza mayor temporal.

2. Asimismo, la relación laboral especial penitenciaria podrá suspenderse por las siguientes causas:

a) Suspensión de empleo y sueldo por el cumplimiento de sanciones disciplinarias penitenciarias de aislamiento.

b) Razones de tratamiento apreciadas por la Junta de Tratamiento.

c) Por traslados de los internos siempre que la ausencia no sea superior a dos meses, así como durante el disfrute de los permisos o salidas autorizadas.

d) Razones de disciplina y seguridad penitenciaria.

3. La suspensión de la relación laboral exonerará de las obligaciones recíprocas de trabajar y de remunerar el trabajo. En estos supuestos, el Director del centro penitenciario podrá designar a otro interno trabajador para el desempeño del puesto de trabajo mientras dure la suspensión.

ART. 10. Extinción de la relación laboral.

1. La relación laboral especial penitenciaria se extinguirá:

a) Por mutuo acuerdo de las partes.

b) Por la terminación de la obra o servicio.

c) Por ineptitud del interno trabajador conocida o sobrevenida con posterioridad al desempeño del puesto de trabajo adjudicado.

d) Por muerte, gran invalidez o invalidez permanente total o absoluta del trabajador penitenciario.

e) Por jubilación del interno trabajador.

f) Por fuerza mayor que imposibilite definitivamente la prestación del trabajo.

g) Por renuncia del interno trabajador.

h) Por falta de adaptación del trabajador a las modificaciones técnicas operadas en su puesto de trabajo, siempre que hayan transcurrido, como mínimo, dos meses desde que se introdujo la modificación.

2. Asimismo, la relación laboral especial penitenciaria se extinguirá:

a) Por la excarcelación del trabajador penitenciario.

b) Por contratación con empresas del exterior en el caso de internos clasificados en tercer grado.

c) Por razones de tratamiento apreciadas por la Junta de Tratamiento.

d) Por traslado del interno trabajador a otro establecimiento penitenciario por un período superior a dos meses.

e) Por razones de disciplina y seguridad penitenciaria.

f) Por incumplimiento de los deberes laborales básicos en la relación laboral especial penitenciaria.

3. La extinción de la relación laboral penitenciaria se acordará, previa valoración de las circunstancias de cada caso, por el Director del centro penitenciario en su calidad de delegado del Organismo Autónomo Trabajo y Prestaciones Penitenciarias u organismo autonómico equivalente.

CAPÍTULO VI
Organización del trabajo

ART. 11. Organización y dirección del trabajo.

1. Corresponde al Organismo Autónomo Trabajo y Prestaciones Penitenciarias u órgano autonómico equivalente la planificación, organización y control del trabajo desarrollado por los internos en los talleres penitenciarios.

2. El trabajo de los internos en los talleres penitenciarios podrá organizarse directamente por el Organismo Autónomo Trabajo y Prestaciones Penitenciarias u órgano autonómico equivalente o en colaboración con personas físicas o jurídicas del exterior. En todo caso, el Organismo autónomo u órgano autonómico equivalente no perderá su condición de empleador en relación con los internos trabajadores.

3. La organización y los métodos de trabajo que se apliquen en los talleres penitenciarios tratarán de asemejarse lo más posible a los de las empresas del exterior, con el fin de favorecer su futura inserción laboral.

4. La actividad desarrollada en los talleres penitenciarios estará sometida a la normativa correspondiente en materia de prevención de riesgos laborales, sin perjuicio de las adaptaciones que fueren necesarias en función de las especifidades del medio penitenciario.

5. Sin perjuicio de lo previsto en el apartado segundo de este artículo, en el caso de que el trabajo se organice en colaboración con personas físicas o jurídicas del exterior, éstas vendrán obligadas a asegurar que se cumplan las obligaciones, de evaluación de riesgos y planificación de su prevención en el trabajo, de formación preventiva y de cumplimiento de las medidas preventivas que correspondan en función de la actividad desarrollada, de acuerdo con lo establecido en la Ley 31/1995, de 8 de noviembre, de Prevención de Riesgos Laborales. Asimismo estarán obligadas a respetar la intimidad y dignidad del interno trabajador, a conservar adecuadamente las instalaciones que ocupe, a colaborar con el Organismo Autónomo Trabajo y Prestaciones Penitenciarias u órgano autonómico equivalente en cuantos aspectos e informaciones le sean requeridas y, en general, a cumplir los compromisos acordados en el acuerdo de colaboración suscrito por ambas partes.

6. La dirección y control de la actividad concreta de los internos corresponde al Director del establecimiento penitenciario y al personal encargado de realizar las funciones de dirección y gestión de los talleres.

7. En sus relaciones recíprocas, el Organismo Autónomo Trabajo y Prestaciones Penitenciarias u órgano autonómico equivalente y los trabajadores penitenciarios se someterán a las exigencias de la buena fe.

ART. 12. Control de la actividad laboral.

El Organismo Autónomo Trabajo y Prestaciones Penitenciarias u órgano autonómico equivalente podrá adoptar las medidas que estime más oportunas de vigilancia y control para verificar el cumplimiento por el trabajador de sus obligaciones y deberes laborales.

ART. 13. Participación.

Para la mejora de los resultados, los internos que realicen trabajos productivos podrán participar, siempre que no interfieran los planes productivos establecidos por el organismo autónomo u órgano equivalente autonómico, en la organización y planificación del trabajo, con arreglo a los siguientes criterios:

a) Aportando ideas, individual o colectivamente, sobre los planes de trabajo y los sistemas laborales.

b) Participando en la evaluación y análisis de los sistemas de producción y formulando, a través de las comisiones sectoriales correspondientes, propuestas para la fijación anual del módulo retributivo por el Consejo de Administración del Organismo Autónomo Trabajo y Prestaciones Penitenciarias u órgano autonómico equivalente.

c) Formando parte de los equipos encargados del control y mantenimiento de los sistemas de seguridad y prevención de riesgos laborales.

ART. 14. Movilidad.

1. Con el fin de propiciar que la preparación para la inserción laboral no se vea interrumpida con ocasión de traslados entre centros penitenciarios motivados por razones de arraigo familiar u otras que redunden en beneficio del interno, los internos que hubiesen desempeñado un puesto de trabajo en un centro penitenciario por un período superior a un año, siempre que este desempeño haya sido valorado positivamente por el centro de procedencia, tendrán prioridad a la hora de acceder a puestos de trabajo vacantes del centro penitenciario de destino.

2. En caso de traslado del interno a otro centro penitenciario se le expedirá certificación acreditativa de todas sus circunstancias laborales.

CAPÍTULO VII
Salarios y calendario laboral

ART. 15. Régimen retributivo.

1. La retribución que reciban los internos trabajadores se determinará en función del rendimiento normal de la actividad de que se trate y del horario de trabajo efectivamente cumplido.

2. Para la determinación de la retribución, se aplicarán los parámetros señalados en el apartado anterior a un módulo, para cuyo cálculo se tomará como referencia el salario mínimo interprofesional vigente en cada momento, de tal manera que el salario resultante se fijará proporcionalmente al número de horas realmente trabajadas y al rendimiento conseguido por el trabajador.

3. El módulo retributivo a que se refiere el apartado anterior, que se determinará anualmente por el Consejo de Administración del Organismo Autónomo Trabajo y Prestaciones Penitenciarias u órgano autonómico equivalente, incluirá la parte proporcional de la retribución de los días de descanso semanal y de vacaciones anuales retribuidas, así como las gratificaciones extraordinarias, en su caso.

4. Las retribuciones podrán calcularse por producto o servicio realizado, por tiempo o por cualquier otro sistema, aplicando lo señalado en los apartados anteriores.

Si el sistema aplicado es el de producto, y en el caso de que la organización del trabajo se lleve a cabo en colaboración con personas físicas o jurídicas del exterior, el Organismo Autónomo Trabajo y Prestaciones Penitenciarias u órgano autonómico competente se reserva el derecho a establecer los métodos y tiempos aplicables en la elaboración de los distintos productos.

5. El Organismo Autónomo Trabajo y Prestaciones Penitenciarias u órgano autonómico equivalente podrá establecer primas a la producción, en función de la mejora de la calidad del trabajo, de la superación de determinados niveles de producción o de cualquier otra variable que se determine.

ART. 16. Pago de las retribuciones.

1. El Organismo Autónomo Trabajo y Prestaciones Penitenciarias u órgano autonómico equivalente efectuará el pago de las retribuciones mediante su ingreso mensual en la cuenta de peculio del interno.

2. Las retribuciones del trabajo de los internos sólo serán embargables en las condiciones y con los requisitos establecidos para el salario en el texto refundido de la Ley del Estatuto de los Trabajadores.

ART. 17. Tiempo de trabajo.

1. El Director del centro penitenciario, en su calidad de delegado del Organismo Autónomo Trabajo y Prestaciones Penitenciarias u organismo autonómico equivalente, establecerá el calendario laboral que regirá a lo largo del año, incorporando, en su caso, las especifidades que proceda, sistemas de jornada continua, partida, nocturna o por turnos.

2. Los internos trabajadores tendrán derecho a un descanso semanal de día y medio ininterrumpido que se disfrutará, con carácter general, la tarde del sábado y el día completo del domingo, excepto en el sistema por turnos que se estará a lo establecido para la actividad de que se trate. También serán días de descanso las fiestas laborales de la localidad donde radique el centro penitenciario.

3. El horario de trabajo, dentro de los límites establecidos legalmente para la jornada de trabajo, será el necesario para el correcto desarrollo de la actividad productiva.

4. Previo acuerdo con los trabajadores, el Director del centro penitenciario podrá modificar, cuando las circunstancias excepcionales de producción lo exijan, el calendario laboral aprobado o la jornada habitual.

5. Las vacaciones anuales de los internos trabajadores tendrán una duración de treinta días naturales o la parte proporcional que corresponda en su caso. El momento de disfrute se condicionará a las orientaciones del tratamiento y a las necesidades de trabajo en los sectores laborales.

ART. 18. Permisos e interrupciones.

El trabajador, previo aviso y justificación, podrá ausentarse del trabajo durante cualquier clase de permiso o salida autorizada. Las ausencias del trabajo no serán retribuidas.

CAPÍTULO VIII
Protección de Seguridad Social de los internos que trabajen en talleres penitenciarios

ART. 19. Acción protectora de la Seguridad Social.

Los internos trabajadores sujetos a la relación laboral especial penitenciaria quedarán incluidos en el Régimen General de la Seguridad Social y gozarán de la prestación de asistencia sanitaria, así como de la acción protectora del mismo en las situaciones de maternidad, riesgo durante el embarazo, incapacidad permanente, muerte y supervivencia derivadas de enfermedad común y accidente no laboral, jubilación y situaciones derivadas de las contingencias de accidente de trabajo y enfermedad profesional. Asimismo, estarán protegidos por la contingencia de desempleo cuando sean liberados de prisión, en los términos establecidos en el Título III del texto refundido de la Ley General de la Seguridad Social, aprobado por Real Decreto legislativo 1/1994, de 20 de junio.

ART. 20. Afiliación, altas, bajas y cotización.

1. El Organismo Autónomo Trabajo y Prestaciones Penitenciarias o el órgano autonómico equivalente competente asumirá, respecto de estos trabajadores, las obligaciones de afiliación, alta, baja y cotización, que las normas de Seguridad Social imponen al empresario.

2. Con carácter general, la cotización se realizará conforme a las normas siguientes:

a) El tipo de cotización será el correspondiente a las situaciones por contingencias comunes incluidas en la acción protectora de estos internos.

b) La cotización por las contingencias profesionales se efectuará aplicando la tarifa de primas vigente a las retribuciones efectivamente percibidas en función de las horas trabajadas, sin que, con carácter general, dicha base sea inferior a las bases mínimas de cotización por contingencias profesionales aplicables a los contratos a tiempo parcial.

c) En la cotización por la contingencia de desempleo se aplicará el tipo de cotización establecido para la contratación indefinida vigente en cada momento.

ART. 21. Obligación de cotizar.

1. La obligación de cotizar se mantendrá mientras dure la relación laboral.

2. En los casos de suspensión de la relación laboral únicamente continuará la obligación de cotizar en las situaciones de maternidad y riesgo durante el embarazo.

CAPÍTULO IX
Protección de Seguridad Social de los sentenciados a la pena de trabajo en beneficio de la comunidad.

ART. 22. Protección de la Seguridad Social.

Los sentenciados a la pena de trabajo en beneficio de la comunidad que se encuentren cumpliéndola únicamente estarán incluidos en la acción protectora del Régimen General de la Seguridad Social a efectos de las contingencias de accidentes de trabajo y enfermedades profesionales por los días de prestación efectiva de dicho trabajo. La cobertura de dichas contingencias corresponderá al Instituto Nacional de la Seguridad Social.

El Ministerio del Interior asumirá las obligaciones que para la cobertura de las contingencias indicadas se establecen en el artículo siguiente.

Modificado por Real Decreto 2131/2008, de 26 de diciembre, por el que se modifica el Real Decreto 782/2001, de 6 de julio, por el que se regula la relación laboral de carácter especial de los penados que realicen actividades laborales en talleres penitenciarios y la protección de Seguridad Social de los sometidos a penas de trabajo en beneficio de la comunidad. (BOE de 19-01-2009).

ART. 23. Relaciones jurídicas de Seguridad Social.

1. A efectos de la cotización por la cobertura prevista en el artículo anterior se procederá a la afiliación y/o alta de dichos penados en el Régimen General de la Seguridad Social, con efectos desde el día inicial del cumplimiento de la pena. La baja en el citado régimen se solicitará una vez que finalice la ejecución de la pena, con efectos desde el día de finalización de ésta y sin que proceda la comunicación de altas y bajas intermedias por los días de prestación efectiva de trabajo.

2. La cotización por las contingencias de accidentes de trabajo y enfermedades profesionales se efectuará aplicando al tope mínimo de cotización fijado en cada ejercicio en el Régimen General de la Seguridad Social el tipo de cotización establecido en la tarifa de primas vigente que corresponda a la actividad económica de prestación de servicios a la comunidad en general (CNAE-09.84.2), efectuándose el ingreso de las cuotas que procedan a favor de la Tesorería General de la Seguridad Social con carácter anual, dentro de los 15 primeros días del mes de diciembre de cada ejercicio.

A tal efecto, el Ministerio del Interior certificará los importes adeudados correspondientes a las cotizaciones devengadas en los 12 meses naturales anteriores, en los términos y con los requisitos que se determinen por la Tesorería General de la Seguridad Social.

3. A efectos del reconocimiento y pago de las prestaciones que pudieran causarse por las contingencias indicadas y como título acreditativo para su cobertura, el Ministerio del Inte-

rior emitirá los partes de accidentes de trabajo por el procedimiento legalmente establecido cuando estos se produzcan como consecuencia de los trabajos realizados en cumplimiento de las penas en beneficio de la comunidad.

Modificado por Real Decreto 2131/2008, de 26 de diciembre, por el que se modifica el Real Decreto 782/2001, de 6 de julio, por el que se regula la relación laboral de carácter especial de los penados que realicen actividades laborales en talleres penitenciarios y la protección de Seguridad Social de los sometidos a penas de trabajo en beneficio de la comunidad. (BOE de 19-01-2009).

DISPOSICIONES DEROGATORIAS

D.DT. Única. Derogación normativa.

1. Quedan derogadas todas las normas de igual o inferior rango en lo que contradigan o se opongan a lo dispuesto en el presente Real Decreto.

2. Quedan derogadas expresamente las siguientes disposiciones:

a) El Decreto 573/1967, de 16 de marzo, por el que se asimilan a trabajadores por cuenta ajena, a efectos de su inclusión en el Régimen General de la Seguridad Social, a los reclusos que realicen trabajos penitenciarios retribuidos.

b) Los artículos 134 a 152, ambos inclusive, del Reglamento Penitenciario, aprobado por Real Decreto 190/1996, de 9 de febrero.

DISPOSICIONES FINALES

D.F. 1.ª Desarrollo normativo.

Se autoriza a los Ministros del Interior y de Trabajo y Asuntos Sociales a dictar, en el ámbito de sus respectivas competencias, cuantas disposiciones sean necesarias para el desarrollo y ejecución de lo dispuesto en este Real Decreto, sin perjuicio de las habilitaciones específicas de desarrollo conferidas al Organismo Autónomo Trabajo y Prestaciones Penitenciarias u órgano autonómico equivalente en otros preceptos del mismo.

D.F. 2.ª Entrada en vigor.

El presente Real Decreto entrará en vigor el día siguiente al de su publicación en el «Boletín Oficial del Estado». No obstante lo anterior, respecto de las cotizaciones a la Seguridad Social y demás conceptos de recaudación conjunta se aplicará con efectos desde el día 1 de enero de 2001.

Dado en Madrid a 6 de julio de 2001.
JUAN CARLOS R.

El Ministro de la Presidencia,
JUAN JOSÉ LUCAS GIMÉNEZ

PENAS DE TRABAJO
EN BENEFICIO DE LA COMUNIDAD

VI.
REAL DECRETO 840/2011, DE 17 DE JUNIO, POR EL QUE SE ESTABLECEN LAS CIRCUNSTANCIAS DE EJECUCIÓN DE LAS PENAS DE TRABAJO EN BENEFICIO DE LA COMUNIDAD Y DE LOCALIZACIÓN PERMANENTE EN CENTRO PENITENCIARIO, DE DETERMINADAS MEDIDAS DE SEGURIDAD, ASÍ COMO DE LA SUSPENSIÓN DE LA EJECUCIÓN DE LA PENAS PRIVATIVAS DE LIBERTAD Y SUSTITUCIÓN DE PENAS

–BOE n.º 145, de 18 de junio de 2011–

La Ley Orgánica 5/2010, de 22 de junio, ha incidido de manera tan relevante en el sistema de medidas penales -penas y medidas de seguridad- diseñado por el vigente Código Penal, que por sí misma hace necesario un nuevo marco reglamentario regulador de las circunstancias de ejecución de las penas de trabajos en beneficio de la comunidad y de localización permanente, de determinadas medidas de seguridad, así como de la suspensión y sustitución de la ejecución de las penas privativas de libertad, del mismo modo que la Ley Orgánica 15/2003, de 25 de noviembre, determinó el Real Decreto 515/2005, de 6 de mayo.

Así, respecto de la pena de localización permanente, pueden destacarse como novedades significativas la ampliación de su límite de cumplimiento, que como pena leve pasa de doce días a tres meses; su expresa previsión como pena menos grave, con duración comprendida entre tres meses y un día hasta los seis meses; la expresa regulación de su cumplimiento excepcional en centro penitenciario en régimen de fin de semana y días festivos, como respuesta apropiada para supuestos de reiteración de infracciones, actualmente limitadas a las faltas de hurto; la novedosa proyección de su ámbito de aplicación al marco de la sustitución de las penas privativas de libertad; y finalmente la habilitación de manera expresa a la Autoridad Judicial para que pueda acordar la utilización de medios de control mecánicos y electrónicos que permitan la localización del reo.

A su vez, respecto de la pena de trabajos en beneficio de la comunidad dicha reforma legal ha supuesto una clara ampliación de su contenido estricto, consistente en la prestación no remunerada de actividades de utilidad social, al contemplarse la posibilidad de la eventual participación del penado en talleres o programas formativos o de reeducación de contenido y proyección plural -laborales, culturales, de educación vial, sexual y otros similares-, que si bien ya se había anticipado en el Real Decreto 1849/2009, de 4 de diciembre, que modificó el Real Decreto 515/2005, de 6 de mayo, ahora ya no ve restringida su aplicación a infracciones relacionadas con la seguridad vial.

Además la reforma legal ha abordado una importante modificación de la regulación de las medidas de seguridad, que se articula entre otros aspectos, en primer lugar, en que se ha sustituido el catálogo de las medidas de seguridad no privativas de libertad, destacando la introducción de la libertad vigilada, que impone el cumplimiento por el sentenciado de ciertas obligaciones y prohibiciones judicialmente establecidas -a las que se han reconducido las medidas de seguridad suprimidas, juntamente con otras diferentes-, y a ello debe sumarse la previsión dentro de la libertad vigilada de una modalidad postpenitenciaria, cuya aplicación se reserva por la ley a una peligrosidad criminal asociada no ya a supuestos de inimputabilidad o semiimputabilidad, sino a la propia tipología delictiva, bien que limitada a casos muy tasados -delitos de terrorismo y ciertos delitos contra la libertad e indemnidad sexual. Por otra parte la reforma de la Ley Orgánica 5/2010, de 22 de junio, ha suprimido la intervención del Juez de Vigilancia en la dinámica del procedimiento revisor de las medidas de seguridad no privativas de libertad, dando así acogida al criterio establecido por el Tribunal Supremo, que a su vez asumió en este sentido anteriores advertencias doctrinales y de los propios Jueces de Vigilancia; tan solo se ha conservado su presencia en la custodia familiar y en relación con la libertad vigilada postpenitenciaria, atendida en este último caso la inmediata relación del Juez de Vigilancia con las Instituciones Penitenciarias a las que se confió el cumplimiento material de la pena de prisión, tras cuyo término se activa esta modalidad de libertad vigilada.

La necesidad de adaptar la actividad de las Instituciones Penitenciarias en relación con estas nuevas previsiones legales justifica, como se ha dicho, la necesidad de un nuevo marco reglamentario. Pero además se han incorporado varias novedades, de índole terminológica unas; nacidas otras de la conveniencia de racionalizar la intervención de las Instituciones Penitenciarias conforme a los cometidos naturales que le son propios; y finalmente, la reordenación del procedimiento de definición de los planes administrativos -de ejecución, o control e intervención y seguimiento-, otorgándole carácter ejecutivo, bien que sometido al necesario control judicial, ante las distorsiones originadas por el modelo aplicado hasta ahora.

Respecto de las novedades terminológicas, puede reseñarse en primer lugar la mención de los Servicios de gestión de penas y medidas alternativas, unidades administrativas dependientes de la Administración penitenciaria que están configuradas como equipos multidisciplinares en los que se integran los servicios sociales penitenciarios, y que tienen encomendado el cumplimiento de las penas y medidas alternativas a la privación de libertad; en segundo lugar la expresa referencia a la resolución o mandamiento judicial de la medida penal de que se trate, para designar la resolución que comunica a la Institución Penitenciaria su deber de activar el correspondiente plan de ejecución, o de intervención, control y seguimiento; y finalmente, la cita del órgano jurisdiccional competente para la ejecución, que viene a sustituir a la mención del Juez o Tribunal sentenciador: las nuevas realidades derivadas de la aparición de los Jueces de Ejecutorias y especialmente de la posibilidad que el Juez de Instrucción sea el juez sentenciador en los casos de conformidad contemplados en el trámite del artículo 801 de la Ley de Enjuiciamiento Criminal, se entiende que obligan a contemplar una nueva denominación de esa Autoridad Judicial a la que se atribuye la competencia de hacer ejecutar lo juzgado, que ya no necesariamente se corresponde con la tradicional denominación de Juez o Tribunal sentenciador.

Entre las demás novedades, cabe destacar las realizadas en la pena de trabajo en beneficio de la comunidad. Así, debe partirse de que la legislación impone que el cumplimiento de todas las penas y medidas de seguridad debe realizarse bajo el control de los Jueces y Tribunales, conforme a lo establecido en el art. 3.2 del vigente Código Penal; pero la existencia de un control judicial de ejecución presupone la existencia de una ejecución administrativa que pueda llegar a ser controlada, y en este sentido el mecanismo elegido por el Real Decreto 515/2005 era el de un control judicial a priori, basado en una propuesta de la Administración que en el caso del trabajo en beneficio de la comunidad el Juez de Vigilancia debía previamente aprobar, lo que en la práctica implicaba dificultades de notificación de las resoluciones judiciales a reos que no se encuentran a inmediata disposición del Juzgado correspondiente. En el nuevo modelo diseñado por el presente real decreto, ordenada la ejecución por el órgano jurisdiccional competente, articulada a través de la oportuna orden o mandamiento judicial de ejecución -o de control y seguimiento-, la Administración Penitenciaria procederá a su materialización, definiendo un plan administrativo que se concretará previa citación para audiencia del sentenciado, que tiene así la oportunidad de expresar sus prioridades individuales y sociales -familiares, educativas, laborales-; una vez notificado al sentenciado el plan, éste tiene ejecutividad, y el sentenciado deberá proceder a su cumplimiento escrupuloso, sin perjuicio de las facultades revisoras de la Autoridad Judicial a la que se confíe el control judicial de legalidad de la ejecución administrativa de la medida penal de que se trate, articuladas a través de la puesta en conocimiento del plan, sin perjuicio de que el sentenciado pueda oponerse al mismo.

Por lo demás, en el capítulo I se regula el objeto del real decreto, que se concentra en la ordenación de la actividad penitenciaria ante la regulación de estas medidas penales -penas y medidas de seguridad-, e incorpora las definiciones de conceptos que aparecen reiteradamente a lo largo del articulado para facilitar su comprensión; en el capítulo II se regulan las circunstancias de ejecución de la pena de trabajos en beneficio de la comunidad; en el capítulo III se regula las condiciones de ejecución de la pena de localización permanente en la modalidad de cumplimiento en Centro Penitenciario; en el capítulo IV se regula el procedimiento de control y seguimiento, realizado por la Administración penitenciaria, de las obligaciones y prohibiciones impuestas como condición de la suspensión de ejecución de penas privativas de libertad o de la sustitución judicialmente establecidas; en el capítulo V se regula el procedimiento de ejecución de medidas de seguridad, dividiéndose en dos secciones, la primera relativa a las medidas de seguridad privativas de libertad, donde se hace una remisión a lo establecido en el Reglamento Penitenciario respecto del cumplimiento en Hospital Psiquiátrico Penitenciario; la segunda, dedicada a la libertad vigilada pospenitenciaria, regulando la necesidad de elevación de un informe que concrete el contenido de dicha libertad vigilada por parte de la Junta de Tratamiento a solicitud del Juez de Vigilancia penitenciaria, en orden a la propuesta que el mismo debe dirigir al órgano jurisdiccional competente para la ejecución. Finalmente, el capítulo VI regula las disposiciones comunes aplicables a todo el real decreto.

En su virtud, a propuesta del Ministro del Interior, con la aprobación previa del Ministro de Política Territorial y Administración Pública, de acuerdo con el Consejo de Estado, y previa deliberación del Consejo de Ministros en su reunión del día 17 de junio de 2011,

DISPONGO:

CAPÍTULO I
Disposiciones generales

VI

ART. 1. Objeto.

Este real decreto tiene por objeto la regulación de las actuaciones que debe realizar la Administración penitenciaria para hacer efectivo el cumplimiento de las penas de localización permanente en centro penitenciario, de trabajos en beneficio de la comunidad, de determinadas medidas de seguridad, así como de la sustitución y suspensión de la ejecución de las penas privativas de libertad.

ART. 2. Definiciones.

A los efectos de este real decreto, se entenderá por:

1. Trabajos en beneficio de la comunidad, que no podrán imponerse sin el consentimiento del penado, le obligan a prestar su cooperación no retribuida en determinadas actividades de utilidad pública, que podrán consistir, en relación con delitos de similar naturaleza al cometido por el penado, en labores de reparación de los daños causados o de apoyo o asistencia a las víctimas, así como en la participación del penado en talleres o programas formativos o de reeducación, laborales, culturales, de educación vial, sexual y otros similares

2. Localización permanente: La localización permanente tendrá una duración de hasta seis meses. Su cumplimiento obliga al penado a permanecer en su domicilio o en un lugar determinado fijado por el juez en la sentencia, o posteriormente en auto motivado.

No obstante, en los casos en los que la localización permanente esté prevista como pena principal, atendiendo a la reiteración en la comisión de la infracción y siempre que así lo disponga expresamente el concreto precepto aplicable, el Juez podrá acordar en sentencia que la pena de localización permanente se cumpla los sábados, domingos y días festivos en el centro penitenciario más próximo al domicilio del penado.

3. Libertad vigilada: La libertad vigilada consistirá en el sometimiento del condenado a control judicial a través del cumplimiento por su parte de alguna o algunas de las siguientes medidas señaladas en el artículo 106 del Código Penal:

a) La obligación de estar siempre localizable mediante aparatos electrónicos que permitan su seguimiento permanente.

b) La obligación de presentarse periódicamente en el lugar que el Juez o Tribunal establezca.

c) La de comunicar inmediatamente, en el plazo máximo y por el medio que el Juez o Tribunal señale al efecto, cada cambio del lugar de residencia o del lugar o puesto de trabajo

d) La prohibición de ausentarse del lugar donde resida o de un determinado territorio sin autorización del Juez o Tribunal.

e) La prohibición de aproximarse a la víctima, o a aquellos de sus familiares u otras personas que determine el Juez o Tribunal.

f) La prohibición de comunicarse con la víctima, o con aquellos de sus familiares u otras personas que determine el Juez o Tribunal.

g) La prohibición de acudir a determinados territorios, lugares o establecimientos.

h) La prohibición de residir en determinados lugares.

i) La prohibición de desempeñar determinadas actividades que puedan ofrecerle o facilitarle la ocasión para cometer hechos delictivos de similar naturaleza.

j) La obligación de participar en programas formativos, laborales, culturales, de educación sexual u otros similares.

k) La obligación de seguir tratamiento médico externo, o de someterse a un control médico periódico.

4. Servicios de gestión de penas y medidas alternativas: unidades administrativas multidisciplinares dependientes de la Administración penitenciaria que tienen encomendado la tarea de ejecución de las medidas y penas alternativas a la privación de libertad.

5. Establecimientos penitenciarios: aquellos centros de la Administración penitenciaria destinados al cumplimiento de las penas y de las medidas de seguridad privativas de libertad.

CAPÍTULO II
Del cumplimiento de la pena de trabajos en beneficio de la comunidad

ART. 3. Comunicación de la resolución judicial.

Recibida la resolución o mandamiento judicial que determine las condiciones de cumplimiento de la pena de trabajos en beneficio de la comunidad, así como los particulares necesarios, los servicios de gestión de penas y medidas alternativas del lugar donde el penado tenga fijada su residencia realizarán las actuaciones necesarias para hacer efectivo el cumplimiento de la pena.

ART. 4. Determinación de los puestos de trabajo.

1. El trabajo en beneficio de la comunidad será facilitado por la Administración estatal, autonómica o local. A tal fin, podrán establecer los oportunos convenios entre sí o con entidades públicas o privadas que desarrollen actividades de utilidad pública, debiendo remitir mensualmente a la Administración penitenciaria la relación de plazas disponibles en su territorio.

2. La Administración penitenciaria supervisará sus actuaciones y les prestará el apoyo y asistencia necesarios para su eficaz desarrollo.

3. El penado podrá proponer un trabajo concreto, que será valorado por la Administración penitenciaria para la verificación del cumplimiento de los requisitos establecidos en el Código Penal y en este real decreto, poniéndose en conocimiento del Juez de Vigilancia Penitenciaria.

ART. 5. Valoración y selección del trabajo.

1. Los servicios de gestión de penas y medidas alternativas, una vez recibidos el mandamiento u orden judicial de ejecución y los particulares necesarios, realizarán la valoración del caso para determinar la actividad más adecuada, informando al penado de las distintas plazas existentes, con indicación expresa de su cometido y del horario en que debería realizarlo; así mismo, se escuchará la propuesta que el penado realice.

Cuando las circunstancias o características vinculadas a la persona condenada, o derivadas de su etiología delictiva, así lo aconsejen, los profesionales de los servicios de gestión de penas y medidas alternativas ofertarán al penado que la pena de trabajo en beneficio de la comunidad se cumpla con su participación en talleres o programas formativos de reeducación, laborales, culturales, de educación vial, sexual y otros similares, de los que la Administración Penitenciaria venga desarrollando como parte de las políticas públicas de esta naturaleza, o que cuenten con su aprobación si el cumplimiento mediante esta modalidad se realizara en un ámbito o institución no penitenciaria.

2. Al citar al penado, los servicios de gestión de penas y medidas alternativas le advertirán de las consecuencias de su no comparecencia. En los supuestos de incomparecencia no justificada remitirán los testimonios oportunos al órgano jurisdiccional competente para la ejecución.

3. Realizada la valoración, se elaborará el plan de ejecución dándose traslado al Juzgado de Vigilancia Penitenciaria para su control, sin perjuicio de su inmediata ejecutividad.

No obstante, en el caso de que el penado acredite fehacientemente que se opone al cumplimiento del plan de ejecución, se informará al Juez de Vigilancia Penitenciaria de tal hecho, a los efectos que considere oportunos.

ART. 6. Jornada y horario.

1. Cada jornada tendrá una duración máxima de ocho horas diarias. Para determinar la duración y el plazo en el que deberán cumplirse las jornadas, se valorarán las cargas personales o familiares del penado, así como sus circunstancias laborales y, en el caso de programas o talleres, la naturaleza de los mismos.

2. La ejecución de esta pena estará regida por un principio de flexibilidad para compatibilizar, en la medida de lo posible, el normal desarrollo de las actividades diarias del penado con el cumplimiento de la pena impuesta. A tal efecto, cuando concurra causa justificada, se podrá contemplar el cumplimiento de la pena de forma partida, en el mismo o en diferentes días.

ART. 7. Seguimiento y control.

1. Durante el cumplimiento de la condena, el penado deberá seguir las instrucciones que reciba del Juez de Vigilancia Penitenciaria, de los servicios de gestión de penas y medidas alternativas, así como las directrices de la entidad para la que preste el trabajo.

2. La Administración pública o entidad privada que desarrolle actividades de utilidad pública y que haya facilitado el trabajo al penado, informará periódicamente a los servicios de gestión de penas y medidas alternativas de la actividad que va siendo desarrollada por el penado y de las incidencias relevantes durante el desarrollo del plan de ejecución, así como de la finalización del mismo.

ART. 8. Incidencias durante el cumplimiento.

Efectuadas las verificaciones necesarias, los servicios de gestión de penas y medidas alternativas comunicarán al Juez de Vigilancia Penitenciaria las incidencias relevantes de la ejecución de la pena, a los efectos y en los términos previstos en el artículo 49.6.ª y 7.ª del Código Penal.

ART. 9. Informe final.

Una vez cumplido el plan de ejecución, los servicios de gestión de penas y medidas alternativas informarán de tal extremo al Juez de Vigilancia Penitenciaria y al órgano jurisdiccional competente para la ejecución, a los efectos oportunos.

ART. 10. Información general y particular.

1. La Administración Penitenciaria facilitará, con carácter general a las autoridades judiciales y fiscales y a los colegios de abogados, cuando así se reclamen por éstas, información relativa a esta pena, su forma de ejecución y trabajo disponible.

2. Esta información también se transmitirá a todas aquellas personas, previa solicitud de éstas, que se encuentren en situación procesal susceptible de que se les aplique esta pena, así como a sus letrados.

ART. 11. Seguridad Social y prevención de riesgos laborales.

1. Los penados a trabajos en beneficio de la comunidad que se encuentren cumpliéndola, únicamente estarán incluidos en la acción protectora del Régimen General de la Seguridad Social a efectos de las contingencias de accidentes de trabajo y enfermedades profesionales por los días de prestación efectiva de dicho trabajo, salvo que realicen el cumplimiento de esta pena mediante su participación en talleres o programas formativos o de reeducación, laborales, culturales, de educación vial, sexual y otros similares, en cuyo caso estarán excluidos de la citada acción protectora.

2. En las mismas condiciones previstas en el apartado anterior, estarán protegidos por la normativa laboral en materia de prevención de riesgos laborales.

CAPÍTULO III
Del cumplimiento de la pena de localización permanente en centro penitenciario

ART. 12. Competencia de la Administración penitenciaria.

La Administración penitenciaria será competente para la ejecución de la pena de localización permanente en los casos en los que haya recaído resolución judicial que acuerde que el lugar de cumplimiento sea un establecimiento penitenciario.

ART. 13. Lugar, horario y modo de cumplimiento.

1. Cuando conforme a lo establecido en el artículo 37.1 del Código Penal así se disponga por la autoridad judicial, la pena de localización permanente se cumplirá los sábados, domingos y días festivos en el establecimiento penitenciario más próximo al domicilio del penado. En el caso de que existan varios establecimientos penitenciarios en la misma localidad, el lugar de cumplimiento se determinará por la Administración penitenciaria.

2. Recibida la resolución o mandamiento judicial que determine el cumplimiento de la pena de localización permanente en establecimiento penitenciario, así como los particulares necesarios, por el establecimiento penitenciario se definirá el plan de ejecución y será comunicado al órgano jurisdiccional competente para la ejecución, sin perjuicio de su inmediata ejecutividad. Se entregará una copia del mismo al penado, que firmará la notificación.

3. No obstante, en el caso de que el penado acredite fehacientemente que se opone al plan de ejecución, se informará al órgano jurisdiccional competente para la ejecución de tal hecho, a los efectos que considere oportunos.

4. El ingreso tendrá lugar el sábado o día festivo inmediatamente anterior entre las 9 y las 10 horas y la permanencia será ininterrumpida hasta las 21 horas del domingo o, en su caso, del día festivo inmediatamente posterior. Este mismo horario se observará en el supuesto de día festivo no enlazado.

No se admitirá al penado que se presente una vez transcurrido el horario de ingreso, o bien dentro de ese horario evidenciando un estado psicofísico incompatible con el normal cumplimiento de la pena, o concurriendo circunstancias que notoriamente obstaculicen el mismo. De estos hechos se levantará acta en la que se indicará expresamente la hora en la que se ha presentado y las razones alegadas por el penado para justificar el retraso, así como las circunstancias concurrentes, en su caso, remitiéndose al órgano jurisdiccional competente para la ejecución.

5. El penado cumplirá la pena de localización permanente en la celda que se le asigne. Se procurará que disfrute de un mínimo de 4 horas diarias fuera de la misma.

El penado tendrá derecho a disponer, a su costa, de un pequeño reproductor de música o radio en su celda, así como de libros, prensa y revistas impresas de pública circulación, y no podrá recibir comunicaciones, visitas ni paquetes.

6. El penado deberá respetar las normas de régimen interior, mantener en buen estado su celda, efectuando las labores de limpieza y aseo de la misma antes de desalojarla, adoptar las medidas de higiene personal que se le indiquen, mantener un buen comportamiento y acatar las instrucciones y órdenes que reciba.

7. La tenencia de ropa y demás efectos personales en el interior de la celda quedará limitada a la que sea normal para su uso durante el tiempo de permanencia en el Centro, debiendo ser objeto de determinación en las normas de régimen interior.

8. El penado estará sometido al régimen general del establecimiento, en cuanto resulte de aplicación a la naturaleza de esta pena y su forma de ejecución.

9. Cumplida la pena, el establecimiento penitenciario remitirá un informe final al órgano jurisdiccional competente para la ejecución.

10. En defecto de lo establecido en los apartados anteriores se aplicarán los preceptos de la Ley Orgánica General Penitenciaria y de su Reglamento de desarrollo, en cuanto no se opongan a la naturaleza de la pena ni a sus condiciones de cumplimiento.

CAPÍTULO IV
De la suspensión de la ejecución de penas privativas de libertad y de la sustitución de penas

ART. 14. Comunicación de la resolución judicial.

Recibida la resolución o mandamiento judicial que determine las condiciones de cumplimiento de la suspensión de la ejecución de una pena privativa de libertad, así como los particulares necesarios, cuando se imponga algunos de los deberes u obligaciones previstos en el artículo 83.1.5.ª y 6.ª del Código Penal o la condición de tratamiento y demás requisitos previstos en su artículo 87, los servicios que gestionan las penas y medidas alternativas del lugar donde el penado tenga fijada su residencia realizarán las actuaciones necesarias para hacer efectivo su cumplimiento.

ART. 15. Elaboración del plan de intervención y seguimiento.

1. Una vez recibida en los servicios de gestión de penas y medidas alternativas la documentación prevista en el artículo anterior, procederán al estudio y valoración de la situación del condenado y, en atención a la misma, elaborarán el plan individual de intervención y seguimiento, que se comunicará para su conocimiento al órgano jurisdiccional competente para la ejecución sin perjuicio de su inmediata ejecutividad.

2. En el caso de que las circunstancias del condenado hagan necesario modificar alguna de las obligaciones inicialmente impuestas, se realizará la propuesta en el plan de intervención y se estará a la espera de lo que resuelva el órgano jurisdiccional competente para la ejecución.

3. No obstante, en el caso de que el penado acredite fehacientemente que se opone al cumplimiento del plan de intervención, se informará al órgano jurisdiccional competente para la ejecución de tal hecho, a los efectos que considere oportunos

ART. 16. Remisión al centro o servicio específico.

Cuando corresponda, los servicios de gestión de penas y medidas alternativas remitirán el caso al servicio o centro correspondiente, para que el condenado inicie o continúe el tratamiento o programa judicialmente establecidos.

ART. 17. Seguimiento y control.

Durante el periodo de suspensión, los servicios de gestión de penas y medidas alternativas efectuarán el control de las condiciones fijadas en el plan de intervención y seguimiento.

ART. 18. Informes.

1. Los servicios de gestión de penas y medidas alternativas informarán al órgano jurisdiccional competente para la ejecución sobre la observancia de las reglas de conducta impuestas cuando así lo solicite o con la frecuencia que éste determine y, en todo caso, cada tres meses conforme al Código Penal.

2. Así mismo, informarán cuando las circunstancias personales del condenado se modifiquen, cuando se produzca cualquier incumplimiento de las reglas de conducta impuestas y cuando haya finalizado el cumplimiento de las obligaciones impuestas.

ART. 19. Sustitución de penas.

En el supuesto de sustitución regulado en el artículo 88.1 del Código Penal, si se impusiere al condenado, junto a la pena de trabajos en beneficio de la comunidad la obligación de seguir un programa específico de reeducación y tratamiento psicológico, los servicios de gestión de penas y medidas alternativas remitirán el condenado al centro, institución o servicio específico para la realización de dicho programa, de forma compatible con el cumplimiento de la pena, y realizarán el pertinente seguimiento del programa del que informarán oportunamente al órgano jurisdiccional competente para la ejecución.

CAPÍTULO V
Del cumplimiento de medidas de seguridad competencia de la administración penitenciaria

Sección 1.ª Medidas de seguridad privativas de libertad

ART. 20. Medidas de seguridad.

Las medidas de seguridad se cumplirán en los centros adecuados, públicos o concertados de las Administraciones públicas competentes por razón de la materia y del territorio.

ART. 21. Competencia de la Administración Penitenciaria.

La Administración penitenciaria será competente para la ejecución de las medidas privativas de libertad de internamiento en establecimiento o unidad psiquiátrica penitenciaria.

ART. 22. Cumplimiento en establecimiento o unidad psiquiátrica.

1. Cuando la autoridad judicial acuerde la imposición de una medida de seguridad de internamiento en un establecimiento o unidad psiquiátrica penitenciaria, se estará a lo dispuesto en los artículos 183 a 191 del Reglamento Penitenciario vigente.

2. Lo dispuesto en el apartado anterior es también aplicable a los casos en los que el Juez de Vigilancia Penitenciaria imponga una medida de seguridad de internamiento al amparo de lo previsto en el artículo 60 del Código Penal.

Sección 2.ª Libertad vigilada posterior al cumplimiento de la pena privativa de libertad

ART. 23. Competencia de la Administración Penitenciaria.

En los supuestos en que se haya impuesto al penado la medida de libertad vigilada de cumplimiento posterior a una pena privativa de libertad, la Administración Penitenciaria, antes de finalizar el cumplimiento de la pena privativa de libertad y a solicitud del Juez de Vigilancia Penitenciaria, elevará a éste un informe técnico sobre la evolución del penado, a los efectos previstos en el artículo 106, párrafo 2, del Código Penal. El referido informe será elaborado por la Junta de Tratamiento, u órgano autonómico equivalente, del Centro Penitenciario en el que el penado se encuentre cumpliendo condena, o del que esté adscrito si se encuentra en libertad condicional.

CAPÍTULO VI
Disposiciones comunes

ART. 24. Órganos penitenciarios competentes.

1. La Administración penitenciaria, a través de los servicios de gestión de penas y medidas alternativas del lugar donde el penado tenga fijada su residencia, recibirá las resoluciones judiciales, así como los particulares necesarios, dentro de su ámbito competencial.

2. No obstante, en el caso de la pena de localización permanente en establecimiento penitenciario, libertad vigilada pospenitenciaria y medidas de seguridad privativas de libertad, en su caso, dicha comunicación se efectuará al establecimiento penitenciario en el que se encuentre ingresado.

ART. 25. Coordinación en casos de penas o medidas de seguridad impuestas por hechos relacionados con la violencia de género.

En los casos en los que alguna de las penas o medidas previstas en este real decreto sean impuestas por hechos relacionados con la violencia de género, la Administración Penitenciaria coordinará sus actuaciones con las Fuerzas y Cuerpos de Seguridad, las Oficinas de Asistencia a las Víctimas y la Delegación del Gobierno para la Violencia de Género.

ART. 26. Traslados de expedientes.

Cuando una persona sometida a alguna de las penas, medidas o suspensión cuya ejecución regula este real decreto traslade su residencia de una provincia a otra, o a las Ciudades de Ceuta y Melilla, los servicios de gestión de penas y medidas alternativas informarán al juzgado o tribunal competente.

ART. 27. Comisión técnica de apoyo y seguimiento.

1. La Administración penitenciaria podrá crear una comisión técnica de apoyo y seguimiento, conformada por el personal penitenciario que se determine, para que realice funciones de mera información y apoyo técnico a los órganos competentes de la Administración penitenciaria, en aquellas tareas de implementación del sistema de ejecución de las penas desarrolladas en este real decreto. Dicha comisión tendrá la naturaleza jurídica propia de un grupo de trabajo, de conformidad con lo previsto en el apartado tercero del artículo 40 de la Ley 6/1997, de 14 de abril, de Organización y Funcionamiento de la Administración General del Estado.

2. De la comisión técnica de apoyo y seguimiento a la que se refiere el apartado anterior podrán formar parte, asimismo, los representantes de las entidades públicas o privadas que colaboren en la ejecución de las distintas penas y medidas de seguridad.

DISPOSICIONES DEROGATORIAS

D.DT. Única. Derogación normativa.

1. Queda derogado expresamente el Real Decreto 515/2005, de 6 de mayo, por el que se establecen las circunstancias de ejecución de las penas de trabajo en beneficio de la comunidad y de localización permanente, de determinadas medidas de seguridad, así como de la suspensión de la ejecución de las penas privativas de libertad.

2. Quedan derogadas todas las normas de igual o inferior rango en lo que contradigan o se opongan a lo dispuesto en este real decreto.

DISPOSICIONES FINALES

D.F. 1.ª Habilitación competencial.

El presente real decreto se dicta al amparo de lo dispuesto en el artículo 149.1.6.ª de la Constitución, que atribuye al Estado la competencia exclusiva para dictar la legislación penitenciaria.

D.F. 2.ª Desarrollo normativo.

Se autoriza a los Ministros de Justicia, del Interior, de Trabajo e Inmigración, de Sanidad, Política Social e Igualdad a dictar, en el ámbito de sus respectivas competencias, cuantas disposiciones sean necesarias para el desarrollo y ejecución de lo dispuesto en este real decreto.

D.F. 3.ª Entrada en vigor.

El presente real decreto entrará en vigor a los veinte días de su publicación en el «Boletín Oficial del Estado».

Dado en Madrid, el 17 de junio de 2011.
JUAN CARLOS R.

El Vicepresidente Primero del Gobierno y Ministro del Interior,
ALFREDO PÉREZ RUBALCABA

DETENIDOS

VII.
ORDEN INT/2573/2015, DE 30 DE NOVIEMBRE, POR LA QUE SE DETERMINAN LAS ESPECIFICACIONES TÉCNICAS QUE DEBEN REUNIR LOS VEHÍCULOS DESTINADOS A LA CONDUCCIÓN DE DETENIDOS, PRESOS Y PENADOS

–BOE n.º 290 de 4 de diciembre de 2015–

El Decreto 2355/1967, de 16 de septiembre, por el que se regulan las conducciones de detenidos, presos y penados, establece que dichas conducciones se realizarán normalmente por carretera y con vehículos adecuados y atribuye la obligación de adquirir el material necesario a las Direcciones Generales competentes, según los casos.

La Ley Orgánica 1/1979, de 26 de septiembre, General Penitenciaria, en su artículo 18, dispone que «los traslados de los detenidos, presos y penados se efectuarán de forma que se respeten la dignidad y los derechos de los internos y la seguridad de la conducción». Por su parte, el Reglamento Penitenciario, aprobado por el Real Decreto 190/1996, de 9 de febrero, en su artículo 36.2, precisa que «se llevarán a cabo por el medio de transporte más idóneo, generalmente por carretera, en vehículos adecuados y bajo custodia de la fuerza pública».

A fin de garantizar la adecuada prestación de este servicio, por Orden del entonces Ministro de Justicia e Interior de 15 de junio de 1995, se dictaron las especificaciones técnicas que debían reunir los vehículos destinados a la conducción de detenidos, presos y penados.

Desde la publicación de la citada orden han entrado en vigor nuevas normas técnicas, tanto europeas como españolas, y se ha producido un importante desarrollo tecnológico en los materiales, equipos y elementos utilizados para la construcción de vehículos que exigen la revisión de la misma.

La necesidad de conciliar la seguridad activa y pasiva de los vehículos y la seguridad de los traslados, en relación con los detenidos, presos y penados, por una parte, y de los componentes de la escolta, por otra; justifica la elaboración de una nueva normativa que regule las especificaciones técnicas que deben reunir los vehículos destinados a la conducción de detenidos, presos y penados.

Por último, y en cumplimiento de lo dispuesto en el artículo 561.1.8.ª de la Ley Orgánica 6/1985, de 1 de julio, del Poder Judicial, la presente disposición ha sido informada por el Consejo General del Poder Judicial.

En su virtud, dispongo:

ART. 1. Objeto y ámbito de aplicación.

Esta orden tiene por objeto regular las condiciones técnicas y de seguridad que, como mínimo, habrán de reunir los vehículos destinados al transporte de detenidos, presos y penados, utilizados por las Fuerzas y Cuerpos de Seguridad del Estado, que se adquieran a partir de su entrada en vigor.

ART. 2. Características técnicas y de seguridad.

Las características técnicas de los vehículos utilizados para el traslado de detenidos, presos y penados, se acomodarán a las especificaciones que figuran en el anexo I de esta orden, cuando el número de plazas no exceda de nueve, incluido el conductor y la escolta, y a las del anexo II, cuando se trate de vehículos de más de nueve plazas incluido el conductor y la escolta.

D.T. Única. Vehículos existentes.

Los vehículos existentes a la entrada en vigor de esta orden podrán seguir en uso hasta su baja definitiva.

La sustitución de estos vehículos por otros de nueva adquisición o su adaptación a lo establecido en los anexos de esta orden, cuando técnicamente sea posible, se realizará dentro de las disponibilidades presupuestarias o de los créditos extraordinarios que se habiliten al efecto, de acuerdo con las prioridades que determinen los órganos competentes.

D.DT. Única. Derogación normativa.

Queda derogada la Orden del Ministro de Justicia e Interior de 15 de junio de 1995, por la que se determinan las especificaciones técnicas que deben reunir los vehículos destinados a la conducción de detenidos, presos y penados, así como cualesquiera otras de igual o inferior rango en todo aquello que se oponga a esta orden.

D.F. 1.ª Habilitación de desarrollo.

Se autoriza a la Secretaría de Estado de Seguridad a dictar las instrucciones necesarias para la aplicación de esta orden.

D.F. 2.ª Entrada en vigor.

Esta orden entrará en vigor el día siguiente al de su publicación en el «Boletín Oficial del Estado».

Madrid, 30 de noviembre de 2015.–El Ministro del Interior, Jorge Fernández Díaz.

ANEXO I
Normas técnicas que deben reunir los vehículos celulares para el transporte de detenidos, presos y penados de hasta nueve plazas, incluido el conductor y escolta

1. Objeto

Este anexo tiene por objeto definir las condiciones técnicas y de seguridad mínimas, que deben reunir los vehículos dedicados al transporte urbano e interurbano de detenidos, presos y penados, de hasta nueve plazas, incluido el conductor y escolta.

2. Definiciones

2.1 Compartimentos.

Se entiende como tales los espacios del vehículo destinados a ser ocupados por los detenidos, presos y penados, así como aquellos destinados a ser ocupados por los miembros de las Fuerzas y Cuerpos de Seguridad del Estado, encargados de la conducción y escolta.

2.1.1 Compartimento de conducción y vigilancia.

Espacio ocupado por el conductor y los efectivos de la escolta.

2.1.2 Compartimento de detenidos, presos y penados.

Espacio ocupado por los detenidos, presos y penados.

2.2 Salidas.

Puertas de servicio y salida de socorro.

2.3 Puertas de servicio.

Accesos que se utilizan en condiciones normales de servicio estando sentado el conductor en su puesto de conducción.

2.4 Salida de socorro.

Trampilla de evacuación ubicada en el techo o puerta de acceso trasera, destinada a ser utilizada como salida en caso de emergencia. Se instalarán ambos sistemas siempre que la configuración específica y operativa del vehículo lo permita.

2.5 Maletero.

Espacio separado del resto de los compartimentos para el transporte de equipaje de los detenidos, presos y penados.

3. Especificaciones generales

Estos vehículos corresponderán a la categoría M1, debidamente homologados de acuerdo con el Real Decreto 2028/1986, de 6 de junio, sobre normas para la aplicación de determinadas directivas de la Unión Europea, relativas a la homologación de tipo de vehículos automóviles, remolques y semirremolques, así como de partes y piezas de dichos vehículos, y el Real Decreto 750/2010, de 4 de junio, por el que se regulan los procedimientos de homologación de vehículos de motor y sus remolques, máquinas autopropulsadas o remolcadas, vehículos agrícolas, así como de sistemas, partes y piezas de dichos vehículos.

3.1 Climatización.

Los vehículos irán provistos de climatización que permita mantener una temperatura aproximada en los distintos habitáculos entre 18 °C y 28 °C.

Existirá una renovación de aire en los compartimentos de, al menos, siete litros por segundo y por persona.

3.2 Alumbrado interior.

Cada habitáculo deberá disponer de alumbrado interior suficiente, sin que se produzcan deslumbramientos, ni molesten indebidamente a los demás usuarios de la vía pública. El alumbrado del habitáculo de detenidos, presos y penados debe estar protegido contra agresiones o manipulación, y debe disponer de una intensidad suficiente que permita visualizar todo el interior, tanto a través de la ventana del tabique o puerta de separación, como mediante las cámaras instaladas.

3.3 Compartimento de detenidos, presos y penados.

Estará separado del compartimento de conducción y vigilancia mediante una estructura con puerta, construida con materiales anti-vandálicos que podrán ser transparentes, para que permitan la visualización de la escolta hacia los detenidos, presos y penados, u opacos, en cuyo caso dispondrá de, al menos, una ventana no practicable.

3.3.1 Revestimiento interior.

Los laterales y el techo de este compartimento deben revestirse mediante materiales de suficiente resistencia.

El suelo de los vehículos, independientemente de los materiales que constituyan su estructura, deberá estar provisto de una chapa de acero que, como mínimo, cumpla con la norma UNE-108132:2002 con objeto de impedir el acceso de los detenidos, presos y penados al exterior.

Con la finalidad de facilitar la evacuación de líquidos y limpieza de este compartimento, el suelo debe ir provisto de varios orificios de desagüe de 1 centímetro de diámetro como mínimo, y con salida acodada al exterior.

3.3.2 Ventanas.

Este compartimento dispondrá, al menos, de dos ventanas laterales no practicables, provistas de oscurecimiento para dificultar la identificación visual desde el exterior, con resistencia anti-vandálica y que no pueda pasar una persona a través de ellas; en cualquier caso sus dimensiones mínimas serán de 12 centímetros en altura y 30 centímetros en longitud.

3.3.3 Asientos.

Los asientos de este compartimento deben estar constituidos por una estructura metálica, y recubiertos por un material rígido, resistente y fácilmente lavable con reposacabezas integrado del mismo material. Deben ir colocados en dirección de la marcha, con un sistema de retención homologado que se abra desde el puesto de vigilancia.

3.3.4 Maletero.

Si las dimensiones de los vehículos lo permiten, se dotará a los mismos de un maletero separado para el transporte de equipaje de los detenidos, presos y penados o equipo policial.

3.3.5 WC.

Los vehículos, dependiendo de las necesidades operativas y de sus características, cuando sean utilizados en distancias de largo recorrido, dispondrán de un habitáculo de dimensiones adecuadas destinado a urgencias fisiológicas que estará provisto de:

a) Puerta que dispondrá de una mirilla de material transparente e inastillable, debidamente protegida.

b) Un inodoro de acero inoxidable, desprovisto de aristas cortantes de tipo anti-vandálico.

c) Canalización blindada de entrada y salida de aguas residuales al depósito existente en el exterior de este compartimento. Su accionamiento de evacuación se realizará por mando ubicado en el compartimento de los efectivos de vigilancia.

d) Extractor-ventilador.

e) Desagüe para la evacuación de líquidos y limpieza situado en el suelo con salida acodada al exterior.

3.4 Sistemas electrónicos de vigilancia.

VII

Estos vehículos deberán estar dotados de dispositivos electrónicos de visualización que permitan, en todo momento, a los efectivos encargados de la conducción y vigilancia la observación del habitáculo de detenidos, presos y penados. Dicha observación podrá controlarse visualmente mediante la utilización de cámaras, a través de una o más pantallas instaladas en el habitáculo de conducción y vigilancia. Este sistema de vigilancia grabará las imágenes en un dispositivo de almacenamiento con capacidad suficiente.

4. Puertas de servicio y salidas de socorro

4.1 Puertas de servicio.

Constituidas por las puertas de acceso ordinario al interior del vehículo, tanto a los habitáculos de vigilancia como de detenidos, presos y penados.

La puerta que dé acceso al habitáculo de detenidos, presos y penados, tendrá unas dimensiones mínimas de 80 centímetros de ancho por 160 centímetros de alto.

4.2 Salidas de socorro.

Dependiendo de la configuración, el vehículo deberá contar, al menos, con una salida de socorro de las definidas en el punto 2.4 de este anexo.

La superficie de abertura será de 4.000 centímetros cuadrados de forma que se pueda hacer pasar por el hueco de ventana un rectángulo de 45 centímetros de altura y 70 centímetros de anchura. Su apertura se accionará por mando situado en los compartimentos de los efectivos encargados de la conducción y vigilancia.

5. Extintores

Los vehículos irán dotados de un extintor de polvo, de 6 kilogramos, situado de forma que sea fácilmente accesible a los miembros de la escolta.

ANEXO II
Normas técnicas que deben reunir los vehículos celulares para el transporte de detenidos, presos y penados de más de nueve plazas, incluido el conductor y escolta

1. Objeto

Este anexo tiene por objeto definir las condiciones mínimas en el orden técnico y de seguridad que deben reunir los vehículos dedicados al transporte urbano e interurbano de detenidos, presos y penados de más de nueve plazas, incluido el conductor y escolta.

2. Definiciones

2.1 Compartimentos.

Se entiende como tales los espacios del vehículo destinados a ser ocupados por detenidos, presos y penados, así como aquéllos destinados a ser ocupados por los miembros de las Fuerzas y Cuerpos de Seguridad del Estado, encargados de la conducción y vigilancia.

2.1.1 Compartimento delantero.

Espacio ocupado por el conductor y parte de los efectivos encargados de la vigilancia.

2.1.2 Compartimento central.

Espacio ocupado por los detenidos, presos y penados.

2.1.3 Compartimento trasero.

Espacio ocupado por el resto de los efectivos encargados de la vigilancia.

2.2 Celdas.

Habitáculos aislados destinados a ser ocupados por los detenidos, presos y penados.

2.3 Salidas.

Puertas de servicio y salidas de socorro.

2.4 Puertas de servicio.

Accesos que se utilizan en condiciones normales de servicio estando sentado el conductor en su puesto de conducción.

2.5 Salidas de socorro.

Son aquéllas destinadas a la salida en caso de emergencia, considerándose como tales la puerta de socorro, la ventana de socorro y la trampilla de evacuación.

2.5.1 Puerta de socorro.

Es una puerta diferente de la de servicio, destinada a ser utilizada como salida por los viajeros, únicamente en circunstancias excepcionales y, en particular, en caso de emergencia.

2.5.2 Ventana de socorro.

Una ventana, no necesariamente acristalada, destinada a ser utilizada como salida por los viajeros únicamente en circunstancias excepcionales y, en particular, en casos de emergencia.

2.5.3 Trampillas de evacuación.

Son unas aberturas en el techo, destinadas a ser utilizadas como salida únicamente en caso de emergencia.

2.6 Pasillo.

Espacio que permite acceder a las celdas y a las salidas.

2.7 Maletero.

Espacio aislado que, situado en la bodega del vehículo, está destinado al transporte de equipaje de los detenidos, presos y penados y equipo policial.

3. Especificaciones generales

Estos vehículos corresponderán a la categoría M-2 y M-3, debidamente homologados de acuerdo con el Real Decreto 2028/1986, de 6 de junio, sobre normas para la aplicación de determinadas directivas de la Unión Europea, relativas a la homologación de tipo de vehículos automóviles, remolques y semirremolques, así como de partes y piezas de dichos vehículos, y el Real Decreto 750/2010, de 4 de junio, por el que se regulan los procedimientos de homologación de vehículos de motor y sus remolques, máquinas autopropulsadas o remolcadas, vehículos agrícolas, así como de sistemas, partes y piezas de dichos vehículos.

3.1 Climatización.

Los vehículos irán provistos de climatización que permita mantener una temperatura aproximada en los distintos habitáculos entre 18 °C y 28 °C.

Existirá una renovación de aire en los compartimentos de, al menos, siete litros/segundo/persona.

3.2 Alumbrado interior.

Cada habitáculo deberá disponer de alumbrado interior suficiente, sin que se produzcan deslumbramientos, ni molesten indebidamente a los demás usuarios de la vía pública. El alumbrado del habitáculo de detenidos, presos y penados debe estar protegido contra agresiones o manipulación, y debe disponer de una intensidad suficiente que permita visualizar todo el interior, tanto a través de la mirilla de las puertas de las celdas y del pasillo, como mediante las cámaras instaladas.

3.3 Intercomunicador.

Los compartimentos delantero y trasero, ocupados por los efectivos encargados de la vigilancia, dispondrán de un intercomunicador que conecte ambos compartimentos.

3.4 Compartimento central.

Estará constituido por un pasillo y celdas a ambos lados. Estas serán aisladas, con capacidad para una o dos personas. Los materiales utilizados en su construcción, en la medida de lo posible, serán ignífugos.

Las celdas dispondrán de una ventana en sentido horizontal no practicable, protegida por rejilla metálica, sin visibilidad del exterior al interior, cuyas dimensiones no permitan el paso de una persona; en cualquier caso sus dimensiones mínimas serán de 12 centímetros en altura y 30 centímetros en longitud.

El suelo de los vehículos, independientemente de los materiales que constituyen su estructura, deberá estar provisto de una chapa de acero que, como mínimo, cumpla con la norma UNE-108132:2002 con objeto de impedir el acceso de los detenidos, presos y penados a la bodega del vehículo o al exterior.

3.4.1 Celdas.

Dimensiones mínimas:

Longitud: 90 centímetros.

Anchura: 60 centímetros en las individuales.

Anchura: 100 centímetros en las dobles.

Altura: 160 centímetros.

Puerta que será de la misma anchura que la del pasillo. Dispondrán de una mirilla de material transparente e inastillable, debidamente protegida. Su apertura estará centralizada y comandada desde los dos compartimentos de los efectivos de vigilancia.

Las celdas dispondrán de pulsador de aviso de emergencia. Además dispondrán de un intercomunicador y cámaras de visualización conectados con los compartimentos de los efectivos encargados de la conducción y vigilancia.

Desagüe: Con la finalidad de facilitar la evacuación de líquidos y limpieza de las celdas, el suelo debe ir provisto de un orificio de desagüe.

3.4.2 Asientos.

Los asientos de este compartimento deben estar constituidos por una estructura metálica, y recubiertos por un material rígido, resistente y fácilmente lavable. Deben ir colocados en el sentido de la marcha, con un sistema de retención homologado que se abra desde el puesto de vigilancia, y llevarán reposacabezas integrado del mismo material.

Dimensiones mínimas:

Anchura: 40 centímetros.

Profundidad: 35 centímetros.

Distancia del asiento al suelo: 35 centímetros.

Distancia desde el respaldo a la pared delantera: 70 centímetros.

3.4.3 Pasillo.

De una anchura mínima de 45 centímetros, dispondrá de dos puertas que aíslen el compartimento central de los compartimentos delantero y trasero; y con el fin de que permita la visibilidad en el pasillo por parte de los efectivos de vigilancia, parte de dichas puertas estarán dotadas de un material transparente e inastillable de dimensiones adecuadas.

3.4.4 WC.

Los vehículos dispondrán de un habitáculo de dimensiones adecuadas destinado a urgencias fisiológicas que estará provisto de:

a) Puerta que será de la misma anchura que la del pasillo. Dispondrán de una mirilla de material transparente e inastillable, debidamente protegida.

b) Un inodoro de acero inoxidable, desprovisto de aristas cortantes de tipo anti-vandálico.

c) Canalización blindada de entrada y salida de aguas residuales al depósito existente en el exterior de este compartimento. Su accionamiento de evacuación se realizará por mando ubicado en el compartimento de los efectivos de vigilancia.

d) Extractor-ventilador.

e) Desagüe para la evacuación de líquidos y limpieza situado en el suelo con salida acodada al exterior.

3.5 Sistemas electrónicos de vigilancia.

Estos vehículos deberán estar dotados de dispositivos electrónicos de visualización que permitan, en todo momento, a los efectivos encargados de la conducción y vigilancia la observación del habitáculo de detenidos, presos y penados. Dicha observación podrá controlarse visualmente mediante la utilización de cámaras, a través de una o más pantallas instalada/s en el habitáculo de conducción y vigilancia. Este sistema de vigilancia grabará las imágenes en un dispositivo de almacenamiento con capacidad suficiente.

4. Puertas de servicio, de socorro y trampilla de evacuación

4.1 Puertas de servicio.

Son las puertas de acceso de usuarios, que deberán estar ubicadas en los compartimentos delantero y trasero, en el lado derecho del vehículo según su sentido de la marcha.

4.2 Puerta de socorro.

Se considera como tal la de acceso directo del conductor, siempre que reúna los requisitos reglamentarios.

4.3 Trampillas de evacuación.

Irán colocadas en el techo de cada uno de los tres compartimentos. En el central la/s trampilla/s se instalará/n en el techo del pasillo.

La superficie de abertura será de 4.000 centímetros cuadrados de forma que se pueda hacer pasar por el hueco de ventana un rectángulo de 45 centímetros de altura y 70 centímetros de anchura. Su apertura se accionará por mando situado en los compartimentos de los efectivos encargados de la conducción y vigilancia.

4.4 Ventana de socorro.

La parte izquierda del compartimento delantero de escolta dispondrá de una ventana de socorro con unas dimensiones mínimas de 110 centímetros en el sentido de la marcha por 60 centímetros de alto.

5. Extintores

Los vehículos irán dotados de dos extintores de polvo de 12 kilogramos cada uno, situados de forma que sean fácilmente accesibles a los miembros de la escolta (uno en el compartimento delantero y otro en el trasero).

VIII.
REAL DECRETO 650/2023, DE 18 DE JULIO, POR EL QUE SE APRUEBA EL PROTOCOLO DE RECONOCIMIENTO MÉDICO FORENSE A LA PERSONA DETENIDA

–BOE N.º 172 de 20 de julio de 2023–

I

Entre las funciones de la medicina forense se encuentra la asistencia técnica a juzgados, tribunales y fiscalías en las materias de su disciplina profesional, emitiendo informes y dictámenes en el marco del proceso judicial o en las actuaciones de investigación criminal que aquellos soliciten.

Toda persona detenida, es decir, privada provisionalmente de libertad por orden de la autoridad competente, tiene derecho a ser reconocida por el/la médico/a forense o su sustituto legal y, en su defecto, por el de la institución en que se encuentre, o por cualquier otro dependiente del Estado o de otras administraciones públicas.

La actuación médico forense ante la persona detenida ha de dar oportuno cumplimiento a los anteriores preceptos lo que implica prestar asistencia pericial, cuando así se le requiere y velar por sus derechos a la protección de la salud y a recibir un trato digno.

La Orden de 16 de septiembre de 1997 por la que se aprueba el Protocolo que han de utilizar los médicos forenses en el reconocimiento de los detenidos, se promovió con los objetivos de lograr que la actuación de los médicos forenses en España se adaptara a técnicas y procedimientos internacionalmente reconocidos y de hacer efectivas las recomendaciones de las organizaciones internacionales, especialmente las Naciones Unidas y el Consejo de Europa.

A nivel internacional, el 9 de agosto de 1999 fue presentado a la Alta Comisionada de las Naciones Unidas para los Derechos Humanos el Manual para la investigación y documentación eficaces de la tortura y otros tratos o penas crueles, inhumanos o degradantes, denominado Protocolo de Estambul.

En nuestro país, se aprobó por Acuerdo del Consejo de Ministros de 12 de diciembre de 2008 el primer Plan de Derechos Humanos.

El Consejo Médico Forense, creado y regulado por Real Decreto 355/2014, de 16 de mayo, contempla entre sus funciones promover la armonización del servicio médico forense y la generación de procedimientos, proyectos y programas de calidad y de investigación para todos los institutos de medicina legal y ciencias forenses. En el año 2017 elaboró la Guía de trabajo para la asistencia médico-forense a personas en régimen de privación de libertad. El objetivo era servir de base para actualizar el Protocolo de reconocimiento médico forense de los detenidos del año 1997, y además hacer una especial referencia al reconocimiento de personas detenidas en régimen de incomunicación, dada la mayor vulnerabilidad que se puede generar.

También la versión revisada del Protocolo de Estambul presentada en Ginebra el 29 de junio de 2022 muestra el papel fundamental que cumplen los expertos forenses en la investigación de la tortura y del maltrato. Sus recomendaciones constituyen un estándar internacional más que debe aplicarse en nuestro país tanto en los institutos de medicina legal y ciencias forenses como en todas las instituciones que puedan asistir a personas privadas de libertad.

Además, el Real Decreto 144/2023, de 28 de febrero, por el que se aprueba el Reglamento de los Institutos de Medicina Legal y Ciencias Forenses, contempla que el personal destinado en los institutos en sus funciones técnicas tienen carácter independiente y emiten sus informes bajo criterios estrictamente científicos de acuerdo con las normas de procedimiento que se determinen en sus protocolos, guías o recomendaciones de actuación.

Por último, este Protocolo desarrolla en el ámbito médico forense las medidas del segundo Plan Nacional de Derechos Humanos (2023-2027) aprobado por Acuerdo del Consejo de Ministros de 6 de junio de 2023.

Todas estas circunstancias recomiendan una adaptación normativa a través del presente real decreto, que permita por un lado adaptar las funciones y los procedimientos a aplicar a la normativa vigente, a los estándares internacionales, al uso de nuevas tecnologías y a las especiales circunstancias y necesidades de las personas detenidas especialmente las más vulnerables, y por otro asegurar la eficacia, calidad del servicio público y excelencia de la actuación de la medicina forense en los servicios de clínica forense de los institutos de medicina legal y ciencias forenses.

Además, permite estar en la línea de la jurisprudencia del Tribunal Europeo de Derechos Humanos, y de las recomendaciones del Comité Europeo para la Prevención de la Tortura y de las Penas o Tratos Inhumanos o Degradantes y del Mecanismo Nacional de Prevención de la Tortura.

II

El presente real decreto responde a los objetivos señalados, estructurándose en tres artículos, una disposición adicional, una disposición derogatoria y tres disposiciones finales.

En el artículo 1 se determina el objeto.

En el artículo 2 se establece el ámbito subjetivo de aplicación.

En el artículo 3 se recomienda un conjunto mínimo básico de datos de actividad a incluir en las memorias de actividad de los institutos de medicina legal y ciencias forenses y a trasladar a la Comisión Nacional de Estadística Judicial.

En la disposición adicional única se establece el sometimiento a la Ley Orgánica 3/2018, de 5 de diciembre, de Protección de Datos Personales y garantía de los derechos digitales y demás disposiciones vigentes sobre la materia.

En la disposición derogatoria única se deroga expresamente la Orden de 16 de septiembre de 1997 por la que se aprueba el Protocolo que han de utilizar los médicos forenses en el reconocimiento de los detenidos.

En la disposición final primera se establece el título competencial.

En la disposición final segunda se establece la habilitación normativa.

En la disposición final tercera se establece la fecha de entrada en vigor de la norma.

Finalmente, se inserta el Protocolo de reconocimiento médico forense a la persona detenida.

III

Este real decreto se adecúa a los principios de buena regulación contenidos en el artículo 129 de la Ley 39/2015, de 1 de octubre, del Procedimiento Administrativo Común de las Administraciones Públicas y, en consecuencia, es acorde con los principios de necesidad y eficacia, al ser precisa la regulación del procedimiento de reconocimiento médico forense a la persona detenida.

Esta regulación tendrá un reflejo directo en el servicio público que se presta a la ciudadanía. Asimismo, la adecuación de los conocimientos profesionales de quienes reconocen a la persona detenida a los avances y medios tecnológicos actuales incidirá en una mejora de la praxis pericial médica y, por tanto, dotará de mayor rigor a la Administración de Justicia que, en esta materia, precisa apoyarse en conocimientos especializados y basados en la evidencia científica.

De igual forma, es acorde con el principio de proporcionalidad, al contener la regulación imprescindible para la consecución de los objetivos previamente mencionados y se ajusta al principio de seguridad jurídica, puesto que resulta plenamente coherente con el ordenamiento jurídico nacional, en tanto que da cumplimiento a las previsiones de la Ley Orgánica

VIII

6/1985, de 1 de julio, y se aviene íntegramente a la regulación vigente, asimismo, persigue mejorar la protección de los derechos a un proceso público con todas las garantías y a utilizar los medios de prueba pertinentes, así como el derecho a la protección de la salud, reconocidos en los artículos 24.2 y 43.1 de la Constitución Española.

Con respecto al principio de eficiencia, este real decreto contribuye a la gestión racional de los recursos públicos existentes. Finalmente, en cumplimiento del principio de transparencia, se ha favorecido la participación de las entidades y personas interesadas.

En su tramitación han sido consultadas, las comunidades autónomas que han recibido los traspasos de medios para el funcionamiento de la Administración de Justicia y se ha recabado el informe previo del Consejo General del Poder Judicial y del Consejo Médico Forense.

Por todo ello, y en cumplimiento de la previsión reglamentaria prevista en el artículo 479 de la Ley Orgánica 6/1985, de 1 de julio, del Poder Judicial, que contempla que mediante real decreto se determinarán las normas generales de organización y funcionamiento de los institutos de medicina legal y ciencias forenses y de actuación de los médicos forenses, se considera conveniente determinar la norma general de actuación de la medicina forense ante la persona detenida.

Por otro lado, en aras de una mayor seguridad jurídica, se deroga expresamente la Orden de 16 de septiembre de 1997 por la que se aprueba el Protocolo que han de utilizar los Médicos Forenses en el reconocimiento de los detenidos.

En su virtud, a propuesta de la Ministra de Justicia, de acuerdo con el Consejo de Estado, y previa deliberación del Consejo de Ministros en su reunión del día 18 de julio de 2023,

DISPONGO:

ART. 1. Objeto.

Este real decreto tiene como objeto la aprobación del Protocolo de reconocimiento médico forense a la persona detenida cuyo texto se inserta a continuación del articulado.

ART. 2. Ámbito de aplicación.

1. El Protocolo será de aplicación a la persona detenida que se hallare bajo la jurisdicción de juzgados y tribunales y a disposición de las fiscalías, por los servicios de clínica forense de los institutos de medicina legal y ciencias forenses.

2. El protocolo podrá adaptarse a las características y circunstancias de cada Instituto que garantizará los medios técnicos adecuados.

3. El Consejo Médico Forense elaborará una guía de buenas prácticas para su aplicación, donde formulará recomendaciones de actuación. Dicha guía se actualizará con la periodicidad que se considere necesaria en función del desarrollo normativo y de la práctica e investigación.

ART. 3. Datos estadísticos.

1. Los institutos de medicina legal y ciencias forenses registrarán un conjunto mínimo básico de datos de actividad con personas detenidas. Se recomienda incluir al menos el sexo, edad, país de origen, factores de vulnerabilidad y motivo de consulta, de manera que se pueda integrar en una estadística general.

2. Los institutos de medicina legal y ciencias forenses incluirán los datos de actividad con personas detenidas en sus memorias anuales de actividad y los pondrán a disposición de la Comisión Nacional de Estadística Judicial.

DISPOSICIONES ADICIONALES

D.A. Única. Protección de datos de carácter personal.

El tratamiento de datos de carácter personal derivado de la ejecución de las actuaciones previstas en el protocolo se somete, en todo caso, a lo dispuesto en la Ley Orgánica 3/2018, de 5 de diciembre, de Protección de Datos Personales y garantía de los derechos digitales, y demás disposiciones vigentes sobre la materia.

VIII

DISPOSICIONES DEROGATORIAS

D.DT. Única. Derogación normativa.

Queda derogada la Orden de 16 de septiembre de 1997 por la que se aprueba el Protocolo que han de utilizar los Médicos Forenses en el reconocimiento de los detenidos.

DISPOSICIONES FINALES

D.F. 1.ª Título competencial.

Este real decreto se dicta al amparo del artículo 149.1.5.ª de la Constitución Española, que atribuye al Estado la competencia en materia de Administración de Justicia.

D.F. 2.ª Desarrollo normativo.

Quien ostente la titularidad del Ministerio de Justicia podrá dictar las disposiciones pertinentes para el desarrollo y aplicación del presente real decreto sin perjuicio de las competencias que para su ejecución ostentan las comunidades autónomas con competencias asumidas en materia de justicia.

D.F. 3.ª Entrada en vigor.

El presente real decreto entrará en vigor el día siguiente de su publicación en el «Boletín Oficial del Estado».

Dado en Madrid, el 18 de julio de 2023.

FELIPE R.

La Ministra de Justicia,

MARÍA PILAR LLOP CUENCA

VIII

PROTOCOLO DE RECONOCIMIENTO MÉDICO FORENSE A LA PERSONA DETENIDA

Recogida de datos	
Datos institucionales.	Instituto de Medicina Legal y Ciencias Forenses. Identificación del ámbito territorial o servicio. Número de actuación, de registro o análogo.
Datos judiciales.	Número de Identificación General. Órgano judicial. Procedimiento judicial.
Persona peticionaria.	Autoridad judicial. Persona detenida. Otras.
Datos de la persona reconocida.	Nombre y apellidos. Documento Nacional de Identidad u otro documento de identidad o filiación obrante en el atestado policial o en el procedimiento judicial. Código Identificación Personal (sanitario). Sexo. Fecha de nacimiento y/o edad. Lugar de nacimiento/nacionalidad.

Recogida de datos	
Datos del reconocimiento.	Identificación del/de la médico/a forense. Identificación de las personas presentes. Lugar del reconocimiento. Presencial/telemático. Fecha. Hora de inicio y finalización. Sujeción: No/Sí ¿cómo?, ¿por qué?

Motivo de consulta.	Prestar asistencia médica.
	Prestar asistencia pericial:
	    Evaluación de lesiones.
	    Evaluación psiquiátrica.
	    Toma de muestras.
	    Alegación de tortura o trato inhumano o degradante.
	    Determinación de edad.
	    Otros.

Fuentes.	Historia clínica. Informes médicos. Atestado policial. Otros.

VIII

Reconocimiento médico forense	
Apartados	Actuaciones
Condiciones del reconocimiento.	Se procurará que el reconocimiento se lleve a cabo en condiciones que aseguren la privacidad e intimidad de la persona detenida.

Factores de vulnerabilidad.	Analizar la presencia de factores de vulnerabilidad por razón de (pueden darse varios en una persona):
	  – Sexo.
	  – Identidad de género.
	  – Orientación sexual.
	  – Edad (menores, persona adulta mayor ≥ 60 años).
	  – Personas extranjeras.
	  – Discapacidad.
	  – Enfermedad (física/psíquica), riesgo autolítico.
	  – Trata de seres humanos.
	  – Régimen de incomunicación.

Consentimiento informado.	Informar a la persona detenida del objeto del reconocimiento, garantizando la accesibilidad universal. Obtener el consentimiento informado para el reconocimiento, recogida de muestras, registro fotográfico, estudios complementarios y acceso a la historia clínica, en su caso.

Reconocimiento médico forense	
Apartados	**Actuaciones**
Condiciones de la detención.	Recabar información relativa a: – Lugar de la detención. – Duración de la detención. – Condiciones de alimentación, aseo y descanso. – Atención sanitaria prestada.
Anamnesis.	Antecedentes familiares. Antecedentes personales. Hábitos tóxicos. Enfermedad actual. Tratamiento actual.
Exploración física.	Constantes vitales. Exploración física general. Exploración física por aparatos. Descripción detallada de lesiones traumáticas. Registrar con esquemas corporales y/o fotografías.
Exploración psíquica.	Exploración psíquica general. Dificultades de comprensión. Factores estresantes a controlar en el entorno. Adaptación y respuesta psíquica a la situación de detención. Sintomatología aguda relacionada o no con el consumo de sustancias. Capacidad para declarar. Factores de riesgo asociados a la violencia de género y/o sexual, en su caso.
En caso de asistencia médica.	Orientación diagnóstica garantizando la comprensión de la información que se transmite. Tratamiento pautado. Evolución/seguimiento. Activación de otros recursos asistenciales o derivación.
En caso de alegación de tortura o tratos inhumanos o degradantes.	Evaluaciones clínicas en contextos legales. Adaptación de la Guía de evaluación clínica al ámbito médico-forense (Anexo IV. Protocolo de Estambul). I. Información del caso. II. Información de contexto. III. Alegación de tortura o malos tratos. IV. Síntomas y discapacidades físicas. V. Examen físico. VI. Examen psíquico. VII. Fotografías y esquemas corporales. VIII. Resultados de las pruebas de diagnóstico. IX. Consultas. X. Interpretación de los resultados. XI. Conclusiones y recomendaciones. XII. Declaración de restricciones a la evaluación clínica. XIII. Firma del/la médico/a forense, fecha y lugar. XIV. Anexos.

VIII

Reconocimiento médico forense	
Apartados	**Actuaciones**

En caso de toma de muestras.	Tipo:
	  Indicios en la persona investigada.
	  Muestra para estudio químico-toxicológico.
	  Muestra indubitada (de referencia).
	  Otras.
	Cadena de custodia:
	Recogida (fecha/hora), conservación y remisión.

Otras recomendaciones.	Solicitar pruebas complementarias (de tipo analítico, pruebas de imagen...). Proponer re-evaluación para secuelas físicas y/o psíquicas. Proponer apoyo profesional para garantizar la comprensión de la persona del procedimiento judicial. Proponer intervención multidisciplinar. Proporcionar cualquier recomendación para evaluaciones adicionales y atención. Contactar con servicios asistenciales y/o centro penitenciario. Otras.
Consideraciones y conclusiones médico-forenses.	Acerca del objeto del reconocimiento. Acerca de posibles recomendaciones o medidas.

VIII

ORGANIZACIÓN

IX.
REAL DECRETO 122/2015, DE 27 DE FEBRERO, POR EL QUE SE APRUEBA EL ESTATUTO DE LA ENTIDAD DE DERECHO PÚBLICO TRABAJO PENITENCIARIO Y FORMACIÓN PARA EL EMPLEO

–BOE n.º 51 de 28 de febrero de 2015–

El artículo 25 de la Constitución Española establece que las penas privativas de libertad estarán orientadas a la reeducación y reinserción social, así como que los condenados a penas de prisión tendrán derecho a un trabajo remunerado y a los beneficios correspondientes a la Seguridad Social. Para dar cumplimiento a dicho precepto constitucional así como a la Ley Orgánica 1/1979, de 26 de septiembre, General Penitencia, se creó el organismo autónomo Trabajo Penitenciario y Formación para el Empleo, cuyo objeto es la promoción, organización y control del trabajo productivo y la formación para el empleo de los reclusos en los centros penitenciarios.

La Ley 22/2013, de 23 de diciembre, de Presupuestos Generales del Estado para el año 2014, en su disposición adicional octogésima séptima, establece que, con efectos de 1 de enero de 2014 y vigencia indefinida, el organismo autónomo Trabajo Penitenciario y Formación para el Empleo se transforma en una entidad estatal de derecho público de las previstas en el artículo 2.1.g) de la Ley 47/2003, de 26 de noviembre, General Presupuestaria. Asimismo establece, que el Gobierno, en plazo de tres meses, modificará el Real Decreto 868/2005, de 15 de julio, por el que se aprueba el Estatuto del organismo autónomo Trabajo Penitenciario y Formación para el Empleo, para adaptarlo a las previsiones contenidas en tal disposición adicional.

El real decreto contiene un artículo único por el que se aprueba el Estatuto de la entidad, una disposición transitoria, una disposición derogatoria y cuatro disposiciones finales.

Por su parte, el Estatuto está integrado por 18 artículos. Los cuatro primeros regulan la naturaleza, régimen jurídico, objeto, funciones y normativa aplicable. Los artículos del 5 al 9 están dedicados a los órganos de dirección y funciones de los mismos, el artículo 10 a la estructura orgánica de la entidad, el artículo 11 a los recursos económicos, los artículos del 12 al 15 al régimen patrimonial, presupuestario, de contabilidad y económico-financiero, el artículo 16 al régimen de contratación, el 17 al régimen de personal y, por último, el 18 a la asistencia jurídica.

Los principales cambios vienen motivados por la necesidad de adaptar el Estatuto a las normas generales que regulan el régimen jurídico de las entidades estatales de derecho público, principalmente en relación al régimen presupuestario y contable.

Del presupuesto administrativo y comercial que para su funcionamiento tenía asignado el organismo autónomo, se pasa a un sistema de presupuesto de explotación y de capital, de carácter estimativo.

En cuanto a la contratación, se regirá por lo dispuesto en la legislación de contratos del sector público.

Respecto al control económico financiero al que se encuentra sujeta la entidad estatal de derecho público Trabajo Penitenciario y Formación para el Empleo, se establece que sin perjuicio de las competencias de fiscalización atribuidas al Tribunal de Cuentas, estará sometida al control financiero permanente y auditoría pública prevista en la Ley General Presupuestaria.

Respecto a las funciones de la nueva entidad, al igual que el extinto organismo autónomo, se encuentra, entre otras, la gestión de los economatos y cafeterías existentes en los establecimientos penitenciarios, la realización de actividades industriales, comerciales o análogas y, en general, cuantas operaciones se relacionen con el trabajo penitenciario o se le encomienden por las Administraciones Públicas para el cumplimiento de los fines que le son propios.

Para el ejercicio de tales funciones, Trabajo Penitenciario y Formación para el Empleo debe seguir teniendo la consideración de medio propio instrumental y servicio técnico de la Administración General del Estado y los poderes adjudicadores dependientes de ella, estando obligado a realizar, los trabajos que éstos le encomienden relacionados con los fines que le son propios.

Esto permitirá mantener e incrementar el nivel de ocupación de los internos trabajadores en los centros, y contribuir al objetivo final de inserción sociolaboral de los mismos.

En su virtud, a iniciativa del Ministerio del Interior, a propuesta del Ministro de Hacienda y Administraciones Públicas, de acuerdo con el Consejo de Estado y previa deliberación del Consejo de Ministros en su reunión del día 27 de febrero de 2015,

DISPONGO:

ART. Único. Aprobación del Estatuto.

Se aprueba el Estatuto de la entidad estatal de derecho público Trabajo Penitenciario y Formación para el Empleo, cuyo texto se inserta a continuación.

D.T. Única. Integración del personal funcionario y laboral.

El personal funcionario y laboral que preste sus servicios en el extinto organismo autónomo Trabajo Penitenciario y Formación para el Empleo en el momento de entrada en vigor de este real decreto, pasará a prestar sus servicios para la nueva entidad con los mismos derechos y obligaciones que tuviera en el organismo autónomo y con el mismo régimen jurídico.

A la entrada en vigor del presente real decreto, se procederá a la modificación de la relación de puestos de trabajo para adaptarla a su organigrama general, previa aprobación del Ministerio de Hacienda y Administraciones Públicas.

D.DT. Única. Derogación normativa.

Quedan derogados el Real Decreto 868/2005, de 15 de julio, por el que se aprueba el Estatuto del organismo autónomo Trabajo Penitenciario y Formación para el Empleo, así como cuantas disposiciones de igual o inferior rango se opongan a lo dispuesto en este real decreto.

D.F. 1.ª Facultades de desarrollo.

Se autoriza al Ministro del Interior para dictar, previo cumplimiento de los trámites legales oportunos, las disposiciones que fueran precisas para el desarrollo de este real decreto.

D.F. 2.ª Adecuación de créditos presupuestarios.

Por el Ministerio de Hacienda y Administraciones Públicas se realizarán las modificaciones presupuestarias y habilitaciones de créditos que sean precisas para el cumplimiento de lo previsto en este real decreto.

D.F. 3.ª No incremento del gasto de personal.

De conformidad con lo dispuesto en la disposición adicional vigésima cuarta de la Ley 36/2014, de 26 de diciembre, de Presupuestos Generales del Estado para el año 2015, esta disposición no podrá suponer aumento neto de los gastos de personal al servicio de la Administración.

D.F. 4.ª Entrada en vigor.

El presente real decreto entrará en vigor el día siguiente al de su publicación en el «Boletín Oficial del Estado».

Dado en Madrid, el 27 de febrero de 2015.
FELIPE R.

El Ministro de Hacienda y Administraciones Públicas,
CRISTÓBAL MONTORO ROMERO

ESTATUTO DE LA ENTIDAD ESTATAL DE DERECHO PÚBLICO TRABAJO PENITENCIARIO Y FORMACIÓN PARA EL EMPLEO

Ver Orden INT/382/2021, de 19 de abril, por la que se crea la Oficina de asistencia en materia de registros en la sede de la Entidad de Derecho Público Trabajo Penitenciario y Formación para el Empleo.

ART. 1. Naturaleza y régimen jurídico.

1. Trabajo Penitenciario y Formación para el Empleo es una entidad estatal de derecho público de las previstas en la letra g) del apartado 1 del artículo 2 de la Ley 47/2003, de 26 de noviembre, General Presupuestaria, con personalidad jurídica pública diferenciada, patrimonio y tesorería propios, así como autonomía de gestión y plena capacidad jurídica y de obrar.

Dentro de su esfera de competencias, le corresponden las potestades administrativas precisas para el cumplimiento de sus fines, en los términos previstos en este Estatuto, salvo la potestad expropiatoria.

2. Se encuentra adscrita al Ministerio del Interior, a través de la Secretaría General de Instituciones Penitenciarias.

Corresponde al Ministerio del Interior la dirección estratégica, la evaluación y el control de resultados de su actividad, a través de la Secretaría General de Instituciones Penitenciarias. También le corresponde el control de eficacia, sin perjuicio de las competencias atribuidas a la Intervención General de la Administración del Estado en cuanto a la evaluación y control de resultados de los organismos públicos integrantes del sector público estatal.

3. Trabajo Penitenciario y Formación para el Empleo se regirá, por la Ley 30/1992, de 26 de noviembre, de Régimen Jurídico de las Administraciones Públicas y del Procedimiento Administrativo Común; por el Texto refundido de la Ley de Contratos del Sector Público, aprobado por Real Decreto Legislativo 3/2011 de 14 de noviembre; por la Ley 47/2003, de 26 de noviembre, General Presupuestaria; por la Ley 33/2003, de 3 de noviembre, del Patrimonio de las Administraciones Públicas; por este Estatuto; y por las demás disposiciones legales aplicables a este tipo de entidades estatales, y de forma supletoria por la Ley 6/1997, de 14 de abril, de organización y funcionamiento de la Administración General del Estado.

ART. 2. Objeto.

La entidad Trabajo Penitenciario y Formación para el Empleo tiene por objeto la promoción, organización y control del trabajo productivo y la formación para el empleo de los reclusos de los centros penitenciarios, así como la colaboración permanente con la Secretaría General de Instituciones Penitenciarias para la consecución de los fines encomendados por el artículo 25 de la Constitución y la Ley Orgánica 1/1979, de 26 de septiembre, General Penitenciaria.

ART. 3. Funciones.

Son funciones de la entidad:

a) La organización del trabajo productivo penitenciario y su oportuna retribución.

b) La gestión de los economatos y cafeterías existentes en los establecimientos penitenciarios y Centros de Inserción Social conforme a lo previsto en el artículo 299 y siguientes del Reglamento Penitenciario, aprobado por Real Decreto 190/1996, de 9 de febrero.

c) La instalación, ampliación, transformación, conservación y mejora de los talleres, explotaciones agrícolas penitenciarias, o locales e instalaciones necesarias para los fines de la entidad, así como los servicios, obras y adquisiciones que se refieren a su explotación, producción o actividad.

IX

d) La realización de actividades industriales, comerciales o análogas y, en general, cuantas operaciones se relacionen con el trabajo penitenciario o se le encomienden por las Administraciones Públicas, para el cumplimiento de los fines que le son propios.

e) La formación para el empleo de los internos en centros penitenciarios y centros de inserción social.

f) La promoción de relaciones con instituciones y organizaciones que faciliten el cumplimiento de los fines de la entidad.

g) El impulso y la coordinación de cuantas líneas de actividad se desarrollen desde la Administración penitenciaria en materia de preparación o acompañamiento para la inserción sociolaboral.

h) La colaboración permanente con la Secretaría General de Instituciones Penitenciarias u otras instituciones especializadas, para la gestión de penas o medidas alternativas previstas en la legislación penal.

ART. 4. Normativa aplicable al trabajo penitenciario.

1. Trabajo Penitenciario y Formación para el Empleo retribuirá el trabajo de los reclusos conforme al rendimiento normal de la actividad, categoría profesional y horario de trabajo efectivamente cumplido.

2. La relación laboral especial que se establezca entre la entidad Trabajo Penitenciario y Formación para el Empleo y los internos que desarrollen una actividad laboral en los talleres productivos de los centros dependientes de la Administración penitenciaria, así como su protección de Seguridad Social, se regirán por lo dispuesto en el Real Decreto 782/2001, de 6 de julio por el que se regula la relación laboral de carácter especial de los penados que realicen actividades laborales en talleres penitenciarios y la protección de la Seguridad Social de los sometidos a penas de trabajo en beneficio de la comunidad.

ART. 5. Órganos de dirección y firmeza de sus actos.

1. La entidad Trabajo Penitenciario y Formación para el Empleo tendrá como máximos órganos de dirección los siguientes:
a) El Presidente.
b) El Consejo de Administración.
c) El Director-Gerente.

2. Los actos dictados por el Presidente y el Consejo de Administración, en el ámbito de sus respectivas competencias, pondrán fin a la vía administrativa.

ART. 6. El Presidente.

El Presidente será el titular de la Secretaría General de Instituciones Penitenciarias. Corresponde al Presidente:
a) Aprobar los planes generales de actuación de la entidad.
b) Convocar y presidir las sesiones del Consejo de Administración.
c) Ejercer las atribuciones que le corresponden como órgano de contratación de la entidad.
d) Suscribir convenios y habilitar al Director-Gerente para suscribir contratos y compromisos de colaboración con empresas externas.
e) Aprobar los gastos, así como ordenar los pagos que correspondan a los gastos autorizados.
f) Rendir cuentas anuales al Tribunal de Cuentas, de acuerdo con la normativa presupuestaria.
g) Ejercer las demás competencias que le sean atribuidas, de acuerdo con el ordenamiento jurídico.

ART. 7. El Consejo de Administración.

1. El Consejo de Administración, que no podrá exceder de doce miembros, estará formado por el Presidente y los siguientes vocales:
a) Los Subdirectores Generales de Tratamiento y Gestión Penitenciaria, de Servicios Penitenciarios, de Relaciones Institucionales y Coordinación Territorial, de Penas y Medidas Alternativas, e Inspección Penitenciaria, de la Secretaría General de Instituciones Penitenciarias.

b) Un representante de la Abogacía del Estado del Ministerio del Interior, y el Jefe de la Oficina Presupuestaria del citado Ministerio.

c) Un representante del Ministerio de Hacienda y Administraciones Públicas, designado por su titular, con nivel orgánico de subdirector general.

d) Un representante de la Secretaría de Estado de Empleo del Ministerio de Empleo y Seguridad Social, designado por su titular, con nivel orgánico de subdirector general.

e) El Director-Gerente de la entidad, que desempeñará las funciones de secretario del Consejo de Administración, con voz y voto.

Asistirá, asimismo, a las sesiones del Consejo de Administración, con voz pero sin voto, un representante de la Intervención Delegada en el Ministerio del Interior.

2. En el caso de vacante, ausencia o enfermedad del Director-Gerente, las funciones de secretario recaerán en el Subdirector General de Tratamiento y Gestión Penitenciaria.

3. Al Presidente le corresponde dirigir las deliberaciones del Consejo, que deberá reunirse al menos dos veces al año.

4. En lo no previsto en este Estatuto, el funcionamiento del Consejo de Administración se regirá por las disposiciones del capítulo II del título II de la Ley 30/1992, de 26 de noviembre.

ART. 8. Atribuciones del Consejo de Administración.

Serán atribuciones del Consejo de Administración:

a) Cumplir y velar por el cumplimiento de los fines esenciales de la entidad Trabajo Penitenciario y Formación para el Empleo.

b) Aprobar el anteproyecto de presupuestos, así como, las cuentas anuales de la entidad.

c) Aprobar el plan de actuación de la entidad, en coordinación con el de la Secretaría General de Instituciones Penitenciarias.

d) Determinar anualmente el módulo retributivo de los internos que realicen trabajos productivos en los talleres penitenciarios.

e) Aprobar anualmente el inventario de bienes y derechos, tanto propios como adscritos, excepto los de carácter fungible.

f) Deliberar sobre aquellos asuntos que sean normalmente de la competencia del Director-Gerente pero que el Presidente acuerde someter al Consejo.

g) Proponer cuantas iniciativas puedan contribuir al mejor funcionamiento de la entidad Trabajo Penitenciario y Formación para el Empleo al cumplimiento de sus fines.

ART. 9. El Director-Gerente.

1. El Director-Gerente, con el nivel orgánico de subdirector general, será el órgano encargado de la ejecución de los acuerdos del Consejo de Administración de la entidad Trabajo Penitenciario y Formación para el Empleo. Será funcionario de un cuerpo o escala del subgrupo A1 de cualquiera de las Administraciones Públicas, y será nombrado y cesado por el titular del Ministerio del Interior, a propuesta del titular de la Secretaría General de Instituciones Penitenciarias.

A tales efectos, se acudirá a un sistema de preselección que garantice la publicidad y concurrencia. La designación se hará de entre los preseleccionados y atenderá a los principios del mérito y capacidad y a criterios de idoneidad.

2. Al Director-Gerente le corresponden:

a) La dirección y gestión de los trabajos y actividades comerciales, industriales y cualesquiera otras necesarias para el funcionamiento de la entidad, así como la adopción de las disposiciones relativas a la explotación y producción de talleres.

b) La dirección, impulso y gestión de las acciones de formación para el empleo y la inserción laboral de los reclusos.

c) La dirección económica y financiera, así como la gestión de los bienes y derechos integrantes del patrimonio de la entidad y la actualización de su inventario para su conservación, correcta administración y defensa jurídica. En particular le corresponde la elaboración del anteproyecto de presupuesto anual de la entidad, así como la formulación de las cuentas anuales.

d) La preparación de planes, programas y objetivos en coordinación con el plan de actuación de la Secretaría General de Instituciones Penitenciarias.

e) El control técnico y administrativo de los servicios, instalaciones y talleres; a tales efectos, formulará a los órganos de dirección de la entidad las oportunas propuestas en orden al cumplimiento de los fines que tiene encomendados.

IX

f) La comunicación con otros organismos, entidades y particulares que tengan relación con los fines propios de la entidad, sin perjuicio de las funciones de representación que correspondan a la Secretaría General de Instituciones Penitenciarias.

g) Ejercer las funciones que las disposiciones vigentes le atribuyan, así como cuantos asuntos, dentro de los fines, le sean encomendados.

h) Cuantas otras funciones le sean encomendadas por el Presidente de la entidad Trabajo Penitenciario y Formación para el Empleo.

ART. 10. Estructura orgánica.

1. La entidad Trabajo Penitenciario y Formación para el Empleo contará con una estructura orgánica acorde con las funciones asignadas en el artículo 2, con dependencia directa del Director-Gerente.

2. En cada uno de los centros penitenciarios, existirá la figura de Delegado de la entidad Trabajo Penitenciario y Formación para el Empleo, que ostentará el titular de la Dirección del centro penitenciario. Su función será la de supervisión de la actividad que realiza la entidad en el centro penitenciario en coordinación con el Director-Gerente.

Cada centro penitenciario contará con el personal que se encargará de ejecutar los programas y políticas de la entidad en el centro. Su dimensionamiento vendrá establecido en la relación de puestos de trabajo que se establezca según el volumen de actividad previsto.

ART. 11. Recursos económicos.

Para el cumplimiento de sus fines, y de conformidad con lo dispuesto en el artículo 65.2 de la Ley 6/1997, de 14 de abril, de organización y funcionamiento de la Administración General del Estado, la entidad dispondrá de los siguientes recursos:

a) Las dotaciones que anualmente se consignen a su favor en los Presupuestos Generales del Estado, y las transferencias corrientes y de capital que procedan de las administraciones o entidades públicas.

b) Los bienes y derechos que constituyen su patrimonio y los productos y rentas de este y de los bienes que tenga adscritos, o cuya explotación tenga atribuida.

c) Los ingresos de derecho público o privado que, en su caso, le corresponda percibir y los que se produzcan a consecuencia de sus actividades comerciales e industriales.

d) Las subvenciones, aportaciones voluntarias, donaciones o legados y otras aportaciones que concedan u otorguen a su favor otras entidades públicas y entidades privadas o particulares.

e) Los bienes del patrimonio del Estado que le puedan ser adscritos.

f) Cualesquiera otros recursos económicos, ordinarios o extraordinarios, que le puedan ser atribuidos.

ART. 12. Régimen patrimonial.

1. El régimen patrimonial de la entidad Trabajo Penitenciario y Formación para el Empleo será el establecido para los organismos públicos en la Ley 33/2003, de 3 noviembre, del Patrimonio de las Administraciones Públicas, y en disposiciones complementarias.

2. Para el cumplimiento de sus fines, la entidad podrá tener, además de un patrimonio propio distinto al del Estado, el formado por los bienes y derechos que se le adscriban del Patrimonio del Estado.

3. La adscripción y desadscripción de bienes a la entidad Trabajo Penitenciario y Formación para el Empleo, se regirá por la Ley 33/2003, de 3 de noviembre, conservando aquéllos su calificación y titularidad jurídica originaria y correspondiendo a dicha entidad el ejercicio de las competencias demaniales, así como la vigilancia, protección jurídica, defensa, administración, conservación, mantenimiento y demás actuaciones que requiera el correcto uso y utilización de los mismos.

4. El inventario actualizado y sus posteriores modificaciones se remitirán anualmente a la Dirección General del Patrimonio del Estado del Ministerio de Hacienda y Administraciones Públicas para su anotación en el Inventario general de bienes y derechos del Estado.

ART. 13. Régimen presupuestario.

1. La entidad Trabajo Penitenciario y Formación para el Empleo elaborará anualmente su anteproyecto de presupuesto y lo remitirá al Ministerio del Interior, para su posterior tramitación de acuerdo con lo previsto en la Ley 47/2003, de 26 de noviembre, General Presupuestaria.

2. La estructura de su presupuesto será la correspondiente a los presupuestos de explotación y capital de las entidades que forman parte del sector público administrativo.

ART. 14. Contabilidad.

La entidad Trabajo Penitenciario y Formación para el Empleo estará sometida al Plan General de Contabilidad Pública con la adaptación establecida por la Intervención General de la Administración del Estado para los Entes Públicos cuyo presupuesto de gasto tiene carácter estimativo.

ART. 15. Control económico-financiero.

Sin perjuicio de las competencias de fiscalización atribuidas al Tribunal de Cuentas, la entidad Trabajo Penitenciario y Formación para el Empleo estará sometida al control financiero permanente y auditoría pública prevista en la Ley 47/2003, de 26 de noviembre, General Presupuestaria.

El control financiero permanente se realizará, en los términos que establece la Ley General Presupuestaria, por la Intervención General de la Administración del Estado a través de la Intervención Delegada de la entidad.

ART. 16. Régimen de contratación.

1. El régimen de contratación de Trabajo Penitenciario y Formación para el empleo es el previsto en el Texto Refundido de la Ley de Contratos del Sector Público, aprobado por Real Decreto Legislativo 3/2011, de 14 de noviembre, como poder adjudicador de la Administración Pública.

2. Trabajo Penitenciario y Formación para el Empleo tiene la condición de medio propio y servicio técnico de la Administración General del Estado, así como de los organismos, entes y entidades del sector público estatal, sean de naturaleza jurídica pública o privada, vinculados o dependientes de aquélla, en los términos del texto refundido de la Ley de Contratos del Sector Público.

3. La entidad, como medio propio y servicio técnico de la Administración General del Estado, así como de los organismos, entes y entidades del sector público estatal, sean de naturaleza jurídica pública o privada, vinculados o dependientes de aquélla, de acuerdo con sus fines, estará obligada a aceptar las encomiendas de gestión realizadas por los mismos. Dichas encomiendas de gestión serán las establecidas o, en su caso, autorizadas por la Secretaría General de Instituciones Penitenciarias, en cuanto órgano directivo de adscripción de la entidad, con competencias para fijar las condiciones y tarifas correspondientes.

4. Las relaciones de Trabajo Penitenciario y Formación para el Empleo con los poderes adjudicadores de los que son medios propios instrumentales y servicios técnicos, tienen naturaleza instrumental y no contractual, articulándose a través de encomiendas de gestión de las previstas en el artículo 24.6 del Texto Refundido de la Ley de Contratos del Sector Público, por lo que, a todos los efectos, son de carácter interno, dependiente y subordinado.

Las actuaciones obligatorias que le sean encargadas a Trabajo Penitenciario y Formación para el Empleo, estarán definidas, según los casos, en proyectos, memorias u otros documentos técnicos y valoradas en su correspondiente presupuesto, de acuerdo con la tarifas fijadas por la Secretaría General de Instituciones Penitenciarias.

Antes de formular el encargo, los órganos competentes aprobarán dichos documentos y realizarán los preceptivos trámites técnicos, jurídicos, presupuestarios y de control y aprobación del gasto.

La comunicación efectuada por estos poderes adjudicadores encargando una actuación a la entidad, supondrá la orden para iniciarla.

5. No podrá participar en los procedimientos para la adjudicación de contratos convocados por los poderes adjudicadores de los que sea medio propio. No obstante, cuando no concurra ningún licitador podrá encargarse a esta entidad la ejecución de la actividad objeto de licitación pública.

En el supuesto de que la ejecución de obras, la fabricación de bienes muebles o la prestación de servicios por la entidad se lleve a cabo con la colaboración de empresarios particulares, el importe de la parte de prestación a cargo de éstos deberá ser inferior al 50% del importe total del proyecto, suministro o servicio.

El importe de las obras, trabajos, proyectos, estudios y suministros realizados por la entidad, se determinará aplicando a las unidades ejecutadas las tarifas correspondientes.

IX

Dichas tarifas se calcularán de manera que representen los costes reales de realización y su aplicación a las unidades producidas servirá de justificante de la inversión o de los servicios realizados.

La elaboración y aprobación de las tarifas se realizará por la Secretaría General de Instituciones Penitenciarias, con arreglo al procedimiento establecido reglamentariamente.

ART. 17. Régimen de personal.

El Director-Gerente de la entidad Trabajo Penitenciario y Formación para el Empleo, tendrá la consideración de personal directivo. A tales efectos, será nombrado y cesado conforme a lo establecido en el artículo 9.

El personal de la Entidad Trabajo Penitenciario y Formación para el Empleo será funcionario o laboral, en los mismos términos que los establecidos para la Administración General del Estado.

ART. 18. Asistencia jurídica.

La asistencia jurídica de la entidad Trabajo Penitenciario y Formación para el Empleo consistente en el asesoramiento jurídico y en la representación y defensa en juicio, podrá encomendarse a los Abogados del Estado integrados en el Servicio Jurídico del Estado, mediante la formalización del oportuno convenio, en los términos previstos en artículo 14 del Reglamento del Servicio Jurídico del Estado, aprobado por Real Decreto 997/2003, de 25 de julio.

IX

X.
REAL DECRETO 1436/1984, DE 20 DE JUNIO, SOBRE NORMAS PROVISIONALES DE COORDINACIÓN DE LAS ADMINISTRACIONES PENITENCIARIAS

–BOE n.º 181 de 30 julio de 1984–

- Diversos Estatutos de Autonomía atribuyen las competencias sobre ejecución de la legislación penitenciaria a las respectivas Comunidades Autónomas.

Iniciado el proceso de transferencias se advierte que la ubicación de los establecimientos penitenciarios no satisface aun el criterio de evitar el desarraigo social de los penados, lo que hace muy difícil, al menos en un primer momento, el que las Comunidades Autónomas que asumen la competencia dispongan de los medios necesarios para la ejecución plena y con el nivel exigido por la Ley Orgánica General Penitenciaria y el Reglamento que la desarrolla.

Por todo ello es necesario que la Administración del Estado, en uso de las potestades normativas que le vienen atribuidas por la Constitución y los Estatutos de Autonomía, dicte los necesarios criterios de coordinación para la gestión de la Administración Penitenciaria, con carácter provisional, y sin perjuicio que la experiencia futura aconseje nuevas normas.

En su virtud, a propuesta del Ministro de Justicia, oído el Consejo General del Poder Judicial y de acuerdo con el Consejo de Estado y previa deliberación del Consejo de Ministros en su reunión del día 20 de junio de 1984,

DISPONGO:

ART. 1.

1. Cada Administración Penitenciaria deberá recibir a todo interno que, a requerimiento de la autoridad judicial, deba permanecer en un establecimiento de su competencia y a todos los penados que, por razones de clasificación y destino, deban cumplir condena en su ámbito territorial en aplicación de la legislación penitenciaria vigente.

2. En consecuencia, cada Administración Penitenciaria dispondrá de:

a) Los establecimientos de preventivos necesarios, de conformidad con lo establecido en el artículo 8 de la Ley Orgánica General Penitenciaria.

b) Un número de plazas suficiente en sus establecimientos de preventivos para que los internos peligrosos o inadaptados puedan permanecer en el establecimiento que, por su condición de preventivos, les corresponda o de la mayor proximidad posible a la sede del Tribunal que ha de juzgarlos, salvo excepciones muy cualificadas.

c) Un número de plazas no inferior al 10 por 100 del total de cumplimiento, destinadas a penados clasificados en primer grado de tratamiento, que permitan a la mayor parte de estos internos cumplir sus condenas en el ámbito territorial que su tratamiento penitenciario aconseje.

d) Para los penados clasificados en segundo y tercer grado, el número de plazas suficientes para satisfacer las exigencias de tratamiento derivadas de la vigente legislación penitenciaria.

ART. 2.

Las Comunidades Autónomas deberán informar a la Dirección General de Instituciones Penitenciarias del Ministerio de Justicia de todo ingreso, traslado, salida, clasificación, permisos y demás datos que afecten a la situación penitenciaria de los internos de los establecimientos que gestionen en su ámbito territorial.

ART. 3.

La Dirección General de Instituciones Penitenciarias y la Administración Penitenciaria de cada Comunidad Autónoma procederán conjuntamente a determinar las plazas óptimas y máximas de cumplimiento de penas que se transfieren.

ART. 4.

1. Para la clasificación de los internos será competente el establecimiento penitenciario que le corresponda según la legislación vigente. Siempre remitirá sus propuestas a su propio Centro directivo.

2. Si la clasificación y destino del interno no implicara traslado a un ámbito territorial distinto, la Administración Penitenciaria resolverá sin más trámites que la preceptiva notificación a la Administración del Estado, en su caso.

3. Si un establecimiento, por clasificación o destino penitenciarios, propone traslado de un interno a un ámbito territorial de otra Administración, tramitará la propuesta a su propia Administración, quien podrá resolver con destino a un establecimiento de su competencia o, en su caso, dirigirla a la otra Administración, quien sólo podrá oponerse a ella por considerarla improcedente o por carencia de plazas, según las capacidades máximas previamente establecidas.

ART. 5.

1. Los expedientes y protocolos de personalidad de los internos deberán redactarse en castellano, sin perjuicio de la redacción en la lengua oficial de la Comunidad, de conformidad con su legislación específica.

2. Asimismo la Dirección General de Instituciones Penitenciarias del Ministerio de Justicia dictará los criterios de normalización de los datos de carácter penitenciario para homogeneizar la documentación básica penitenciaria en el tratamiento de internos.

ART. 6.

1. El traslado y conducción entre establecimientos dentro del territorio de una Administración Penitenciaria, cualesquiera que sean sus razones o autoridad requirente, serán ordenados por el Centro directivo de la misma.

2. Cualesquiera que fueren las razones del traslado o la conducción, si se realizasen entre establecimientos pertenecientes a distintas Administraciones Penitenciarias, será ordenado por la Administración bajo cuya competencia se encuentre el interno previa notificación a la Administración que lo haya de recibir.

En este caso, si el traslado es consecuencia de clasificación o destino penitenciarios, será necesaria la previa aprobación de la Administración Penitenciaria que ha de recibir al interno de conformidad con lo establecido en el artículo 4, 3, del presente Real Decreto.

ART. 7.

En supuestos excepcionales de motines, catástrofes, epidemias, incendios y otros de similares características que hagan necesario el traslado masivo de internos a establecimientos de otra Administración Penitenciaria, éste será decidido y organizado por la Administración que sufra la situación crítica. Inmediatamente comunicará a la Administración del Estado la situación extrema del establecimiento, el número de internos que sea preciso trasladar y las características penitenciarias de los mismos, para que ésta, considerando las plazas vacantes de todos los establecimientos del Estado distribuya el total de internos, previo acuerdo de la Administración Penitenciaria que los haya de recibir.

Dado en Madrid a 20 de junio de 1984.

JUAN CARLOS R.

El Ministro de Justicia,

FERNANDO LEDESMA BARTRET

FUNCIONARIOS

XI.
LEY 39/1970, DE 22 DE DICIEMBRE, SOBRE REESTRUCTURACIÓN DE LOS CUERPOS PENITENCIARIOS

–BOE n.º 313 de 31 de diciembre de 1970–

> NOTA: El cuerpo técnico de instituciones penitenciarias, que crea esta Ley, pasa a denominarse cuerpo superior de técnicos de instituciones penitenciarias, según dispone el art. 56 de la Ley 53/2002, de 30 de diciembre.

La actual estructura de los Cuerpos de Prisiones, establecida por Ley de dieciséis de julio de mil novecientos cuarenta y nueve, no resulta ya la adecuada para poder atender a las distintas funciones especializadas ahora encomendadas a la Administración Penitenciaria, que incorporó a su ámbito, en virtud del Decreto ciento sesenta y dos/mil novecientos sesenta y ocho, de veinticinco de enero, la utilización de nuevos métodos para atender a los problemas de reeducación y readaptación social de los delincuentes, lo que supone, como es obvio, contar con los oportunos cuadros de especialistas para poder aplicar las nuevas técnicas de observación y tratamiento y las correspondientes a una adecuada asistencia social, como complemento necesario de aquéllas.

Ahora bien: en esta estructuración que reclaman las nuevas técnicas de readaptación es necesario tener presente, en orden a conseguir una mayor agilidad y eficacia, tanto que la esencial función pública encomendada quede debidamente atendida en los distintos niveles como el que no se origine en ningún momento aumento de las consignaciones presupuestarias del gasto público mediante el oportuno escalonamiento de dotaciones. También es conveniente atender, dentro de los principios marcados por la Ley articulada de Funcionarios y sin perjuicio de su posterior desarrollo reglamentario, a la especialidad de los criterios que la nueva organización exija en materia relativa a la selección de funcionarios, así como a la situación transitoria a que obliga aquel escalonamiento en cuanto a integraciones y amortizaciones, y todo ello con el debido respeto a las situaciones adquiridas.

En su virtud, y de conformidad con la Ley aprobada por las Cortes Españolas, vengo en sancionar:

ART. 1.

Uno. Corresponde a los funcionarios dependientes de la Dirección General de Instituciones Penitenciarias el desempeño de los cometidos propios de las actividades de tal naturaleza en el tratamiento y régimen de quienes ingresen en los establecimientos dependientes de aquélla y las que tienen asignado carácter penitenciario por razón de las circunstancias concurrentes en la función administrativa que les está encomendada.

Dos. Para el desempeño de estas funciones, además de los Cuerpos Especiales hoy existentes, cuyas plantillas serán las establecidas en los artículos tercero y cuarto, se crea el Cuerpo Técnico de Instituciones Penitenciarias y las plazas no escalafonadas, según detalle contenido en los anexos I y II.

ART. 2.

1. El personal funcionario del Cuerpo Superior de Técnicos de Instituciones Penitenciarias realizará las funciones de dirección e inspección de las instituciones, centros y servicios, así como las propias de su especialidad en materia de observación, clasificación y tratamiento de la población reclusa y aquellas otras que en el ámbito de la ejecución penal se determinen.

2. Las especialidades exigidas para el ingreso en este Cuerpo se encuadrarán dentro de las siguientes áreas: jurídica, de ciencias de la conducta y gerenciales.

3. Para el acceso a este Cuerpo se requerirá estar en posesión del título universitario de Grado de carácter oficial en las especialidades que reglamentariamente se determinen.

En el caso de titulaciones obtenidas en el extranjero se deberá estar en posesión de la credencial que acredite su homologación o convalidación en su caso.

4. Este Cuerpo estará incluido en el Grupo A, Subgrupo A1, del artículo 76 de la Ley 7/2007, de 12 de abril, del Estatuto Básico del Empleado Público.

Modificado por RDL. 20/2011, de 30 de diciembre.

ART. 3.

Uno. Los actuales Cuerpo Especial Masculino de Instituciones Penitenciarias y Cuerpo Especial Femenino de Instituciones Penitenciarias pasarán a denominarse Cuerpo Especial de Instituciones Penitenciarias. Corresponde a los funcionarios de este Cuerpo realizar los cometidos de colaboración no asignados al Cuerpo Técnico de Instituciones Penitenciarias, aplicando las normas que para la observación, clasificación, tratamiento y régimen se fijen en cada caso; velarán por el régimen, disciplina y buen funcionamiento general del Establecimiento, ateniéndose a las normas que reciban de sus inmediatos superiores y estarán encargados de la Administración del Establecimiento, realizando las funciones administrativas generales del mismo; también podrán realizar funciones de dirección y de inspección en la forma que reglamentariamente se determine.

Dos. La actual Escala Facultativa de Sanidad de Prisiones pasará a denominarse Cuerpo Facultativo de Sanidad Penitenciaria. Su plantilla estará compuesta de cincuenta y nueve funcionarios.

Tres. El actual Cuerpo de Capellanes de Prisiones pasará a denominarse Cuerpo de Capellanes de Instituciones Penitenciarias. La plantilla será de cuarenta y un funcionarios.

Cuatro. La actual Escala de Personal de Enseñanza de Prisiones pasará a denominarse Cuerpo de Profesores de Enseñanza General Básica de Instituciones Penitenciarias. Su plantilla será de cincuenta y un funcionarios.

Modificado por RDL. 20/2011, de 30 de diciembre.

ART. 4.

Uno. Los actuales Cuerpos Auxiliares de Prisiones, Sección Masculina y Sección Femenina, pasarán a denominarse, respectivamente, Cuerpo Auxiliar Masculino de Instituciones Penitenciarias y Cuerpo Auxiliar Femenino de Instituciones Penitenciarias. Sus funcionarios ejecutarán las instrucciones que en orden al tratamiento de reclusos, se les comunique; realizarán las tareas de custodia y vigilancia interior de los Establecimientos, cuidarán de que se cumplan las normas sobre aseo y limpieza de reclusos y locales, velarán por el orden, compostura y disciplina, y, en general, colaborarán con su gestión personal en las tareas reeducadoras y de rehabilitación de los internos. Para el ingreso en estos Cuerpos se exigirá el título de Graduado Escolar o equivalente. Las plantillas serán de mil novecientos sesenta y tres funcionarios y doscientos catorce funcionarias, respectivamente.

Dos. El Cuerpo de Ayudantes Técnicos Sanitarios de Instituciones Penitenciarias pasa a denominarse Cuerpo de Enfermeros de Instituciones Penitenciarias.

Modificado por RDL. 20/2011, de 30 de diciembre.

ART. 5.

Las funciones del personal no escalafonado serán las propias de la profesión a que cada caso se refiera. Las plazas de este carácter serán las que actualmente figuran en los Presupuestos Generales del Estado, con las modificaciones que resulten según lo detallado en el anexo II.

ART. 6.

Las plantillas orgánicas de los Cuerpos a que se refiere la presente Ley fijarán los puestos de trabajo de cada uno de ellos en los Establecimientos Penitenciarios, Centro directivo y Dependencias de éste.

ART. 7.

La selección de los aspirantes a ingreso en los Cuerpos y plazas de la Administración Penitenciaría se realizará mediante oposición directa y libre y la práctica de las pruebas correspondientes se realizará ante Tribunales cuya composición se determine reglamentariamente.

ART. 8.

No obstante lo dispuesto en el artículo anterior, se reservarán para su provisión en turno restringido, mediante las pruebas selectivas que se establezcan, el cincuenta por ciento de las vacantes del Cuerpo Técnico de Instituciones Penitenciarias, así como las que se produzcan en los restantes Cuerpos, para funcionarios de cualquiera de ellos que tengan la correspondiente titulación. Las vacantes que resultaren desiertas en cada convocatoria serán cubiertas en turno de libre oposición.

ART. 9.

Como requisito específico para el acceso a todos los Cuerpos Penitenciarios se exigirá no haber sido condenado por delito doloso a penas privativas de libertad mayores de tres años, a menos que se hubiera obtenido la cancelación de antecedentes penales o la rehabilitación.

Añadido por RDL. 20/2011, de 30 de diciembre.

DISPOSICIONES FINALES

D.F. 1.ª

La presente Ley entrará en vigor el día uno de enero de mil novecientos setenta y uno.

D.F. 2.ª

A su entrada en vigor quedarán derogadas la Ley de dieciséis de julio de mil novecientos cuarenta y nueve y Orden de quince de diciembre del mismo año, dictada para su aplicación; la Ley de veinte de julio de mil novecientos cincuenta y cinco y cuantas disposiciones se opongan a lo establecido en la presente Ley, adaptándose en el plazo de un año cuantos preceptos del Reglamento de los Servicios de Prisiones de dos de febrero de mil novecientos cincuenta y seis resulten afectados.

D.F. 3.ª

El Gobierno, a propuesta del Ministro de Hacienda, con informe de la Comisión Superior de Personal, fijará el coeficiente de sueldo al Cuerpo Técnico de Instituciones Penitenciarias, conforme al procedimiento establecido en el artículo quinto de la Ley treinta y uno/mil novecientos sesenta y cinco, y determinará un complemento especial de carácter personal y a extinguir a favor de los funcionarios de carrera ingresados en la Sección Técnico-Directiva del Cuerpo de Prisiones, conforme a lo dispuesto en la Ley de veintiséis de enero de mil novecientas cuarenta, y de quienes hubieran obtenido la categoría de Jefes de Administración mediante oposición, a que se refiere el turno tercero del artículo trescientos treinta y siete del Reglamento de los Servicios de Prisiones de dos de febrero de mil novecientos cincuenta y seis

D.F. 4.ª

Por los Ministerios de Justicia y de Hacienda, en el ámbito de sus respectivas competencias, se dictarán las disposiciones necesarias para la ejecución de esta Ley.

DISPOSICIONES TRANSITORIAS

D.T. 1.ª

No obstante lo dispuesto en los artículos tercero.uno y cuarto.uno, los títulos de Bachiller Superior y Bachiller Elemental serán válidos también para el ingreso, respectivamente, en los Cuerpos a que se refieren dichos preceptos.

XI

D.T. 2.ª

Los aumentos de plantillas del Cuerpo Especial Femenino de Instituciones Penitenciarias, Cuerpo Auxiliar Masculino de Instituciones Penitenciarias y Cuerpo de Ayudantes Técnicos Sanitarios de Instituciones Penitenciarias, así como la plantilla del Cuerpo Técnico de Instituciones Penitenciarias y plazas no escalafonadas que se establecen, se financiarán con las amortizaciones de los restantes Cuerpos y plazas no escalafonadas que se suprimen, según detalle contenido en los anexos I y II y conforme a los períodos anuales que en los mismos se contienen, sin que en ningún momento pueda producirse aumento de gasto.

ANEXO I

	Altas				Bajas			
	Cuerpo Técnico	Cuerpo Especial: Sección Femenina	Cuerpo Auxiliar: Sección Masculina	Escala Auxiliar de Sanidad	Cuerpo Especial Sección Masculina	Escala Facultativa Sanidad	Cuerpo de Capellanes	Escala de Personal de Enseñanza
1.º año	16	16	103	13	77	1	5	–
2.º año	19	10	95	–	60	1	7	–
3.º año	15	5	97	–	57	1	3	1
4.º año	15	5	38	–	35	–	3	2
5.º año	12	5	55	–	35	1	7	–
6.º año	14	5	42	–	35	2	2	–
7.º año	15	5	44	–	35	2	–	2
8.º año	15	5	18	–	25	2	3	1
9.º año	14	–	13	–	20	–	2	–
10.º año	20	–	15	–	35	–	9	5
11.º año	15	–	21	–	24	–	7	3
12.º año	–	–	–	–	–	–	5	1
13.º año	–	–	–	–	–	–	2	5
14.º año	–	–	–	–	–	–	–	1

ANEXO II

Plazas no escalafonadas que se establecen:
Un Arquitecto.
Un Farmacéutico.
Un Maestro Carpintero.
Dos Maestros Tipógrafos.
Plazas no escalafonadas que se declaran a extinguir:
Un Maestro de Aerografía.
Un Maestro Técnico-avícola.
Un Maestro de Taller Odontoprotésico.
Dos Maestros de Labores de Confección.
Un Maestro Aparejador.
Un Maestro Fontanero.
Un Maestro de Manipulados de Papel.

Dada en el Palacio de El Pardo a veintidós de diciembre de mil novecientos setenta.
FRANCISCO FRANCO

El Presidente de las Cortes,
ALEJANDRO RODRÍGUEZ DE VALCÁRCEL Y NEBREDA

XI

XII.
LEY 36/1977, DE 23 DE MAYO, DE ORDENACIÓN DE LOS CUERPOS ESPECIALES PENITENCIARIOS Y DE CREACIÓN DEL CUERPO DE AYUDANTES DE INSTITUCIONES PENITENCIARIAS

–BOE n.º 313 de 31 de diciembre de 1970–

Las Instituciones Penitenciarias exigen una atención preferente, si se pretende hacer realidad la concepción moderna de la pena como medida recuperadora del hombre delincuente, sobre la base de un tratamiento específico que, partiendo de un conocimiento previo de la personalidad, se oriente hacia la reinserción social del que delinquió. Para lo cual es absolutamente necesario prestar singular atención al elemento humano que tiene a su cargo aquellas funciones y, de forma especial, a su idónea preparación técnica.

En este sentido, la Ley treinta y nueve/mil novecientos setenta, de veintidós de diciembre, representó un hito importante en la reestructuración de los Cuerpos Penitenciarios en cuanto supuso la incorporación tanto de nuevas técnicas de observación y tratamiento como la correspondiente adecuación del personal encargado de atender estos cometidos. Ahora bien, la realidad ha demostrado la necesidad de potenciar estos objetivos, en orden a conseguir una mayor eficacia, de manera que quede suficiente y debidamente atendida la esencial función pública encomendada ya desde su primer nivel, y más teniendo presente la incidencia que representará la aplicación de la Ley de Peligrosidad Social.

De ahí que sea oportuno plantearse, de un lado, la creación de un Cuerpo que venga a sustituir a loa actuales Cuerpos Auxiliares, y de otro, el que se armonice con los criterios que han de presidir el gasto público mediante el oportuno escalonamiento de las nuevas dotaciones, y siempre que para mil novecientos setenta y siete éstas no excedan de las programadas por la Ley antes citada treinta y nueve/mil novecientos setenta. También es preciso atender, sin perjuicio de su posterior desarrollo reglamentario, a las materias de funciones y selección del nuevo Cuerpo, así como la consiguiente acomodación de los restantes Cuerpos Penitenciarios que resulten necesarias, y todo ello con el debido respeto a las situaciones adquiridas.

En su virtud, y de conformidad con la Ley aprobada por las Cortes Españolas, vengo en sancionar:

ART. 1.

El Cuerpo de Ayudantes de Instituciones Penitenciarias estará integrado por personal funcionario, garantizando el acceso al mismo en los términos definidos en la Ley Orgánica para la igualdad efectiva de mujeres y hombres.

Modificado por Ley Orgánica 3/2007, de 22 de marzo.

ART. 2.

La efectividad de las plantillas establecidos en el artículo anterior tendrá lugar en la forma que se especifica a continuación:

Año	Escala Masculina	Escala Femenina
1977	1.896	214
1978	2.033	240
1979	2.170	265
1980	2.307	290
1991	2.444	315
1982	2.580	340

ART. 3.

A los funcionarios del Cuerpo de Ayudantes de Instituciones Penitenciarias corresponde:
a) Realizar las tareas de vigilancia y custodia interior en los establecimientos.
b) Velar por la conducta y disciplina de los internos.
c) Vigilar el aseo y limpieza de la población reclusa y de los locales.
d) Aportar al Equipo de Observación y Juntas de Tratamiento los datos obtenidos por observación directa del comportamiento de los internos.
e) Participar en las tareas reeducadoras y de rehabilitación de los internos, materializando las orientaciones del Equipo de Observación o Juntas de Tratamiento.
f) Desarrollar las tareas administrativas de colaboración o trámite precisos.
g) Cumplir las instrucciones que reciban de sus Superiores y cualesquiera otras tareas que, en razón de su servicio específico les sean encomendadas.

Ver Real Decreto 1836/2008, de 8 de noviembre, por el que se establecen criterios para la aplicación de la integración de las extintas escalas masculina y femenina del Cuerpo de Ayudantes de Instituciones Penitenciarias.

ART. 4.

La selección de los aspirantes a ingreso en el Cuerpo de Ayudantes de Instituciones Penitenciarias, se realizará mediante oposición directa y libre, con la titulación de Bachiller Superior o equivalente, aunque para acceder definitivamente a la función penitenciaria habrán de superar igualmente los cursos que en la Escuela de Estudios Penitenciarios sean programados.

ART. 5.

El sesenta por ciento de las vacantes que se convoquen para el ingreso en los Cuerpos Especiales de Instituciones Penitenciarias se reservarán para su provisión en turno restringido a loe funcionarios del Cuerpo de Ayudantes que posean la correspondiente titulación.

ART. 6.

El Gobierno, a propuesta del Ministerio de Justicia y previo informe de la Comisión Superior de Personal, acomodará la titulación y demás requisitos exigibles para el ingreso en los restantes Cuerpos Penitenciarios en la medida en que resulten necesarias y delimitando sus correspondientes funciones.

XII

Las plantillas de dichos Cuerpos Penitenciarios se acomodarán al siguiente cuadro:

	Cuerpo Técnico	Cuerpo Especial Masculino	Cuerpo Especial Femenino	Cuerpo Facultativo Sanidad	Cuerpo Profesores de E.G.B.	Cuerpo A.T.S.	Cuerpo Capellanes
Año 1977	106	1.130	81	61	67	73	89
Año 1978	121	1.224	110	76	74	83	74
Año 1979	135	1.318	139	89	79	93	79
Año 1980	155	1.412	168	102	79	103	79
Año 1981	170	1.506	197	115	79	113	79
Año 1982	170	1.600	225	125	79	122	79

Ver Real Decreto 3261/1977, de 1 de diciembre, por el que se da cumplimiento a lo dispuesto en el artículo 6.º de la Ley 36/1977, de 23 de mayo.

DISPOSICIONES TRANSITORIAS

D.T. 1.ª

Quedan extinguidas las actuales escalas masculina y femenina del Cuerpo de Ayudantes de Instituciones Penitenciarias y sus funcionarios se integran en su totalidad en el Cuerpo de Ayudantes de Instituciones Penitenciarias.

Modificado por Ley Orgánica 3/2007, de 22 de marzo.

D.T. 2.ª

Uno. Los funcionarios de los extinguidos Cuerpos Auxiliares de Instituciones Penitenciarias conservan para su acceso a los Cuerpos Especiales de Instituciones Penitenciarias y en cuanto a exigencias de titulación, los derechos que tenían reconocidos con anterioridad a la entrada en vigor de esta Ley.

Dos. Excepcionalmente, los mencionados funcionarios podrán participar en las oposiciones al referido Cuerpo, sin poseer la correspondiente titulación, cuando hayan prestado diez años de servicio y carezcan de nota alguna desfavorable de carácter grave o muy grave.

DISPOSICIONES FINALES

D.F. 1.ª

La presente Ley entrará en vigor el día uno de enero de mil novecientos setenta y siete.

D.F. 2.ª

Por los Ministerios de Justicia y de Hacienda, en el ámbito de sus respectivas competencias, se dictarán las disposiciones necesarias para la ejecución de esta Ley.

Dada en Madrid a veintitrés de mayo de mil novecientos setenta y siete.
JUAN CARLOS

El Presidente de las Cortes Españolas,
TORCUATO FERNANDEZ-MIRANDA Y HEVIA

XII

RÉGIMEN MILITAR

XIII.
REAL DECRETO 112/2017, DE 17 DE FEBRERO, POR EL QUE SE APRUEBA EL REGLAMENTO PENITENCIARIO MILITAR

–BOE n.º 42 de 18 de febrero de 2017–

La Ley Orgánica 2/1989, de 13 de abril, Procesal Militar, dispone en su artículo 348 que «las penas que deban cumplirse en establecimientos penitenciarios militares se realizarán conforme a lo dispuesto en dicha Ley y en el Reglamento de Establecimientos Penitenciarios Militares que se inspirará en los principios de la Ley Orgánica General Penitenciaria, acomodados a la especial estructura de las Fuerzas Armadas».

Este mandato legal sigue siendo fundamento de lo regulado en el presente Reglamento, que si bien debe recoger la experiencia adquirida desde la promulgación del anterior en 1992 y una mejor adaptación a la legislación penitenciaria común, mantiene en su breve articulado exclusivamente las normas específicas y singularidades propias de la organización militar, con remisión y tratamiento idéntico en lo no regulado al régimen común cuya legislación tiene el carácter de norma jurídica supletoria.

La consideración militar del ámbito penitenciario regulado en este Reglamento, lugar de cumplimiento de las penas de privación de libertad de acuerdo con el artículo 12.2 del Código Penal Militar, aprobado por Ley Orgánica 14/2015, de 14 de octubre, hace que teniendo como finalidad fundamental la reeducación y reinserción social, como marca el artículo 25.2 de la Constitución española y lo señala como fines primordiales el artículo 1 de la Ley Orgánica 1/1979, de 26 de septiembre, General Penitenciaria, se deban proteger también los principios de unidad, disciplina y jerarquía, así como, el cumplimiento de derechos y deberes esenciales, propios de la organización militar, por ello han de exigirse aquellas pautas, actitudes, comportamientos y actividades de tratamiento, que dentro de una organización militar, permitan el mantenimiento de los citados principios, en aras de la reinserción social del penado y, en su caso, de su reincorporación a las Fuerzas Armadas.

Asimismo el ámbito de aplicación de este Reglamento se extiende a quienes deban cumplir las medidas cautelares de detención y de prisión preventiva, de acuerdo con lo previsto en los artículos 208 y 219 de la Ley Orgánica 2/1989, de 13 de abril, Procesal Militar, y en la Ley de Enjuiciamiento Criminal.

El militar debe cumplir las reglas de comportamiento que determina la Ley Orgánica 9/2011, de 27 de julio, de Derechos y Deberes de los Miembros de las Fuerzas Armadas. Es por ello que debe establecerse como objetivo de la Administración penitenciaria militar que el militar recupere los valores que ha perdido, y que como servidor público le demanda el Real Decreto 96/2009, de 6 de febrero, por el que se aprueban las Reales Ordenanzas para las Fuerzas Armadas, cuando establece que el militar debe actuar con arreglo a las características de las Fuerzas Armadas de disciplina y jerarquía, dar primacía a los valores éticos y comportarse con dignidad, integridad, responsabilidad, ejemplaridad y honradez.

De igual modo y teniendo presente las singularidades propias del ámbito castrense, expresadas por su legislación y los bienes que esta protege, así como su finalidad de preservación de los ya citados principios de unidad, disciplina y jerarquía, resulta necesario incorporar a su régimen disciplinario una especial aplicación de los tipos penitenciarios que tenga en cuenta el carácter militar del Establecimiento Penitenciario Militar.

En el devenir temporal del Reglamento de Establecimientos Penitenciarios Militares, aprobado por Real Decreto 1396/1992, de 20 de noviembre, se han sucedido diferentes cambios que lo afectan, así: La evolución en la estructura e implantación territorial de las Fuerzas Armadas, el cierre de establecimientos penitenciarios militares quedando actualmente sólo el situado en Alcalá de Henares, la incorporación de la mujer a las Fuerzas Armadas y por ende a la población reclusa del Establecimiento Penitenciario Militar, la suspensión de la prestación del Servicio Militar Obligatorio y la profesionalización de las Fuerzas Armadas, las sucesivas modificaciones sufridas por el Código Penal especialmente en lo dispuesto sobre redención de penas por el trabajo y la creación de las nuevas penas de localización permanente o de trabajos en beneficio de la comunidad recogidas en el Real Decreto 840/2011, de 17 de junio, por el que se establecen las circunstancias de ejecución de dichas penas. La influencia de los citados cambios hace necesaria la adaptación del articulado que ha quedado desfasado, o inaplicado, con efectos en el campo de la intervención y el tratamiento de los penados, o en la necesidad de habilitar Establecimientos Militares distintos de los penitenciarios para el cumplimiento de determinadas penas alternativas.

La actual existencia de un solo Establecimiento Penitenciario Militar, de carácter polivalente, (en el que coexisten diferentes internos clasificados en los tres grados de tratamiento, con separaciones entre hombres y mujeres, preventivos y condenados, además de las propias establecidas en la legislación militar en función del empleo), la inexistencia de un centro directivo de la Administración Penitenciaria Militar, junto a la actual realidad de que exista una única Autoridad Penitenciaria Militar, el Director del Establecimiento Penitenciario Militar, permite mantener en este órgano las competencias atribuidas a órganos existentes en la legislación penitenciaria común, como la Junta de Tratamiento y Director del centro, y las propias del «Centro Directivo».

Por otro lado, la necesidad de conciliar el derecho a la igualdad efectiva entre mujeres y hombres, postulado en la Ley Orgánica 3/2007, de 22 de marzo, para la igualdad efectiva de mujeres y hombres, con el derecho a la intimidad de los internos reconocido en la Constitución Española, hace necesario establecer unas normas que permitan la adaptación de la organización de los servicios de vigilancia interior en el Establecimiento Penitenciario Militar.

La Ley 39/2015, de 1 de octubre, de Procedimiento Administrativo Común de las Administraciones Publicas, reconoce el derecho de los ciudadanos a identificar a las autoridades y al personal al servicio de la Administraciones Públicas bajo cuya responsabilidad se tramitan sus expedientes. En el ámbito de las competencias del Ministerio de Defensa, la obligación genérica de identificación de los miembros de las Fuerzas Armadas viene establecida en el Real Decreto 194/2010, de 26 de febrero, por el que se aprueban las normas sobre seguridad en las Fuerzas Armadas. Atendiendo a las peculiaridades de las funciones y cometidos del Personal Civil y Militar que presta sus servicios en el Establecimiento Penitenciario Militar en relación directa con los internos, se hace necesario preservar los expresados derechos, garantizando al mismo tiempo la necesaria reserva de sus datos de carácter personal.

Con el presente Reglamento se incorpora al sistema penitenciario militar la experiencia adquirida durante la larga andadura del Reglamento derogado, la introducción de las formas de cumplimiento de nuevas penas, la adaptación de los beneficios penitenciarios al vigente Código Penal, y en general, todos aquellos medios y elementos encaminados a la reeducación de los internos en orden a su reinserción social o, a su reincorporación a las Fuerzas Armadas, como finalidades primordiales de la Administración Penitenciaria Militar.

Desde el punto de vista de la organización del Establecimiento Penitenciario Militar, se ha considerado conveniente recoger en el capítulo II la organización que aparecía diseminada en diversos preceptos del derogado Real Decreto 1396/1992, de 20 de noviembre, no suponiendo incremento alguno de personal, por lo que no conlleva, en ningún caso, un aumento de los costes del capítulo I y se puede afrontar con las actuales dotaciones presupuestarias de personal.

Durante su tramitación, el proyecto de este real decreto fue informado por las asociaciones profesionales con representación en el Consejo de Personal de las Fuerzas Armadas, conforme al artículo 40.2.b) de la Ley Orgánica 9/2011, de 27 de julio, de Derechos y Deberes de los Miembros de las Fuerzas Armadas, y se ha dado conocimiento del mismo a las asociaciones profesionales inscritas en el Registro de Asociaciones Profesionales de miembros de las Fuerzas Armadas, conforme al artículo 40.1.c) de la Ley Orgánica 9/2011, de 27 de julio. Finalmente, con arreglo a lo establecido en el artículo 49.1.c) de la citada ley orgánica, ha sido informado por el Consejo de Personal de las Fuerzas Armadas.

En su virtud, a propuesta de la Ministra de Defensa, con la aprobación previa del Ministro de Hacienda y Administraciones Públicas, de acuerdo con el Consejo de Estado y previa deliberación del Consejo de Ministros en su reunión del día 17 de febrero de 2017,

DISPONGO:

ART. Único. Aprobación del reglamento penitenciario militar.

Se aprueba el Reglamento Penitenciario Militar, en adelante el Reglamento, cuyo texto se inserta a continuación.

DISPOSICIONES ADICIONALES

D.A. 1.ª Normativa aplicable.

La normativa sobre establecimientos penitenciarios militares la integrarán este reglamento, el régimen disciplinario contenido en el reglamento que se cita en el segundo párrafo de esta disposición adicional y las disposiciones que el Ministro de Defensa dicte en desarrollo de este reglamento.

Será legislación supletoria el Reglamento Penitenciario aprobado por Real Decreto 190/1996, de 9 de febrero.

D.A. 2.ª Miembros de la Guardia Civil.

Las referencias que el Reglamento hace a las Fuerzas Armadas o a sus miembros comprenden al Cuerpo de la Guardia Civil o a sus miembros.

D.A. 3.ª Plantillas de personal.

En atención al número de internos y a las necesidades del servicio, el Subsecretario de Defensa, tras los trámites reglamentariamente establecidos, determinará la plantilla de personal de cada uno de los establecimientos penitenciarios militares, que especificará los puestos que han de ocupar militares, con expresión de su empleo militar, funcionarios civiles y personal laboral.

D.A. 4.ª Ingreso en establecimientos psiquiátricos penitenciarios y otros centros.

Para el cumplimiento de las resoluciones judiciales que así lo establezcan, el Ministro de Defensa celebrará aquellos convenios que permitan el ingreso de preventivos y condenados, pertenecientes a las Fuerzas Armadas, en Establecimientos Psiquiátricos Penitenciarios, centros de deshabituación y centros educativos especiales.

D.A. 5.ª No incremento del gasto público.

De la aplicación de la regulación contenida en el nuevo reglamento que se aprueba con este real decreto, no podrá derivarse, en ningún caso, incremento de los costes de personal.

DISPOSICIONES TRANSITORIAS

D.T. UNICA. Atribuciones y competencias del director del establecimiento penitenciario militar.

En tanto sea designado el órgano directivo del Ministerio de Defensa como Centro Directivo de la Administración Penitenciaria Militar, y mientras exista un solo Establecimiento Penitenciario Militar, su Director ejercerá, además de las atribuciones que el Reglamento le confiere y en la medida en que no resulten incompatibles con este, las competencias que la normativa penitenciaria común atribuye al centro directivo.

XIII

DISPOSICIONES DEROGATORIAS

D.DT. UNICA. Derogación normativa.

Queda derogado el Real Decreto 1396/1992, de 20 de noviembre, por el que se aprueba el Reglamento de Establecimientos Penitenciarios Militares, y cuantas disposiciones de igual o inferior rango se opongan a lo dispuesto en este real decreto.

DISPOSICIONES FINALES

D.F. 1.ª Título competencial.

Este real decreto se dicta al amparo de lo dispuesto en el artículo 149.1.6.ª de la Constitución, que atribuye al Estado la competencia exclusiva sobre legislación penitenciaria.

D.F. 2.ª Facultades de desarrollo.

Se faculta al Ministro de Defensa a dictar cuantas disposiciones sean necesarias en desarrollo de este real decreto.

D.F. 3.ª Entrada en vigor.

El presente real decreto entrará en vigor a los veinte días de su publicación en el «Boletín Oficial del Estado».

Dado en Madrid, el 17 de febrero de 2017.
FELIPE R.

La Ministra de Defensa,
MARÍA DOLORES DE COSPEDAL GARCÍA

Incluida la corrección de errores del Real Decreto 112/2017, de 17 de febrero, por el que se aprueba el Reglamento Penitenciario Militar. (BOE de 31-03-2017).

XIII

REGLAMENTO PENITENCIARIO MILITAR

TÍTULO I
De los establecimientos penitenciarios

CAPÍTULO I
Disposiciones generales

ART. 1. Objeto y ámbito de aplicación.

1. El presente real decreto tiene por objeto regular los establecimientos penitenciarios militares.

2. Su ámbito de aplicación se extiende a quienes deban cumplir las medidas cautelares de detención y prisión preventiva o las penas privativas de libertad impuestas por la comisión de delitos militares, así como las impuestas a militares por delitos comunes, siempre que la sanción penal no lleve aparejada la pérdida de la condición de militar, todo ello de acuerdo con lo previsto por la Ley.

ART. 2. Finalidad de los establecimientos penitenciarios militares.

1. Los Establecimientos Penitenciarios Militares regulados en el presente Reglamento tienen como finalidad primordial la reeducación de los internos en orden a su reinserción social, o, en su caso, a su reincorporación a las Fuerzas Armadas, así como la retención y custodia de los detenidos, presos y penados. Igualmente tienen a su cargo una labor asistencial y de ayuda para los internos.

2. El Subsecretario de Defensa podrá designar, de conformidad con la Ley Procesal Militar, los Establecimientos militares como Centros de internamiento para cumplimiento de penas alternativas. A estos efectos, y previa conformidad del Ministro del Interior podrán considerarse como Establecimiento Militar los Acuartelamientos del Cuerpo de la Guardia Civil.

ART. 3. Los derechos fundamentales.

1. Los condenados a penas privativas de libertad, penas alternativas y los presos preventivos y detenidos gozarán de los derechos fundamentales reconocidos en la Constitución y demás derechos que les conceda el resto del ordenamiento jurídico, a excepción de los que se vean expresamente limitados por el contenido de la resolución judicial, del fallo condenatorio y sus efectos.

2. El régimen de prisión preventiva tiene por objeto retener al interno a disposición de la autoridad judicial. El principio constitucional de la presunción de inocencia presidirá el régimen penitenciario de los internos preventivos o provisionales y de los detenidos.

XIII

ART. 4. Derechos de los internos.

1. Se garantiza la libertad ideológica y religiosa de los internos y su derecho al honor, a ser designados por su propio nombre, a la intimidad personal, a la información, a la educación y a la cultura, al desarrollo integral de su personalidad, sin que pueda prevalecer discriminación alguna por razón de nacimiento, raza, sexo, religión, opinión o cualquier otra condición o circunstancia personal o social, y a elevar peticiones, quejas y recursos a las autoridades por conducto del Director del establecimiento.

2. Los responsables de los Establecimientos Penitenciarios Militares velarán por la vida, integridad y salud de los internos y les facilitarán, el ejercicio de sus derechos civiles, políticos, sociales, económicos y culturales, sin exclusión del derecho de sufragio, salvo que sean incompatibles con el objeto de su detención, prisión o cumplimiento de la condena.

3. Los responsables de los Establecimientos Penitenciarios Militares velarán por el cumplimiento de la Ley Orgánica 15/1999, de 13 de diciembre, de Protección de Datos de Carácter Personal.

ART. 5. Los establecimientos penitenciarios militares como unidad militar.

1. Los Establecimientos Penitenciarios Militares, sin perjuicio de su condición de instituciones penitenciarias, serán unidades de las Fuerzas Armadas, que se acomodarán a la estructura, organización y régimen general de dichas unidades.

2. Estarán adscritos a la Subsecretaría de Defensa, quién determinará su número y ubicación, y establecerá los medios personales, materiales y económicos para su adecuado funcionamiento, sin perjuicio del apoyo logístico que no pueda ser prestado por ésta, que será facilitado por la cadena logística de cada Ejército.

ART. 6. La asistencia sanitaria.

1. A los internos de los Establecimientos Penitenciarios Militares se les garantizará la atención médico sanitaria, así como la prestación farmacéutica y las prestaciones complementarias básicas que se deriven de esta atención.

2. Las prestaciones sanitarias se garantizarán con medios propios de los Establecimientos Penitenciarios Militares o de la Sanidad Militar.

CAPÍTULO II
De los órganos y personal de los establecimientos

ART. 7. El Director.

En cada establecimiento penitenciario el Director ejercerá el mando directo del mismo y de todo el personal destinado en él, teniendo las facultades que las Ordenanzas y Reglamentos Militares señalan a los Jefes de Unidad.

Asimismo, y sin perjuicio de lo establecido en la disposición transitoria única, le corresponderán las competencias y atribuciones que la reglamentación penitenciaria común determina para los Directores de establecimientos penitenciarios y la Junta de Tratamiento.

ART. 8. El Subdirector.

En cada establecimiento, si el número de internos o las necesidades del servicio lo requieren, se nombrará un Subdirector, que sustituirá al Director en caso de vacante, ausencia o enfermedad y, en general, cuando concurra alguna causa justificada, nombrará los servicios diarios y será el principal apoyo del Director, con los cometidos que éste le asigne.

ART. 9. Organización del Establecimiento Penitenciario Militar.

1. En cada establecimiento, existirán las Áreas de Exterior, Interior, Tratamiento, Sanidad, y Jurídica.

2. El Jefe del Área de Exterior, gestionará los apoyos de personal y logística, necesarios para el funcionamiento del establecimiento y el logro de la finalidad que tiene encomendada.

3. El Jefe del Área Interior organiza el servicio de vigilancia interior, propone las normas de funcionamiento de régimen interior, gestiona y controla la participación de los internos en las distintas actividades psicosociales, de tratamiento y deshabituación, así como las educativas, formativas, socioculturales, y deportivas.

4. El Jefe del Área de Tratamiento, designado por el Director entre el personal del Cuerpo Militar de Sanidad destinado en el establecimiento, establece el Programa Individualizado de Tratamiento de cada interno, supervisa y evalúa la ejecución de las actividades programadas por el Equipo de Observación y Tratamiento, eleva las propuestas de progresión o regresión de grado, los permisos de los internos y beneficios penitenciarios. Será sustituido,

en caso de vacante, ausencia o enfermedad y, en general, cuando concurra alguna causa justificada, por el militar más caracterizado del Equipo de Observación y Tratamiento.

5. El Jefe del Área de Sanidad, gestiona la atención primaria a dispensar a los internos, la asistencia higiénico-sanitaria de los establecimientos, así como la coordinación de todas las actividades sanitarias.

6. El Jefe del Área Jurídica, ejerce los cometidos propios del jurista criminólogo, asesora jurídicamente al Director, le informa de las instancias y recursos interpuestos por los internos, e informa a los internos acerca de su situación penal, procesal y penitenciaria.

ART. 10. El Servicio.

1. Diariamente, de entre los cuadros de mando que se determine, se nombrará un Oficial de Incidencias que resolverá las que se planteen según instrucciones del Director.

2. El Jefe de Servicio será nombrado diariamente entre los cuadros de mando del establecimiento según Instrucción del Director. Es el mando inmediato del personal de vigilancia interior y garantiza la permanencia de la acción de dirección. Durante su servicio comunicará las novedades que se produzcan a través del Oficial de Incidencias, adoptando las decisiones que según la legislación penitenciaria no admitan demora.

ART. 11. El Servicio de vigilancia interior.

1. El Servicio de vigilancia interior será prestado por personal militar o civil. El personal militar en el ejercicio de sus funciones tendrá la consideración de agente de la autoridad, de acuerdo con la disposición adicional tercera de la Ley 39/2007, de 19 de noviembre, de la Carrera Militar, desarrollada reglamentariamente en el artículo 30.1.e) de las normas sobre seguridad en las Fuerzas Armadas, aprobadas por Real Decreto 194/2010, de 26 de febrero.

2. El Servicio interior se desempeñará con uniforme reglamentario y sin armas.

3. Para la realización del servicio se organizarán Equipos, al frente de cada uno de ellos se nombrará un Jefe de Equipo o Celador Mayor que, como principal colaborador del Jefe de Servicio y siguiendo sus instrucciones, distribuirá el servicio, controlará la ejecución de los cometidos propios de los diferentes puestos de trabajo, llevará relación de los internos, el control de sus obligaciones personales, así como la ejecución de las normas que regulen el funcionamiento interior, especialmente de aquellos que desempeñen algún trabajo o actividad.

ART. 12. Número de identidad profesional.

1. A los componentes de la Policía Militar, personal militar y civil destinado en el Establecimiento Penitenciario Militar, se les asignará un Número de Identidad Profesional que utilizarán en su relación con los internos.

2. El personal enumerado en el punto anterior que desarrolle funciones de vigilancia y seguridad, deberá llevar sobre las prendas de uniforme reglamentario placa insignia, en la que figurará su número de identidad profesional, que será obligatorio en las actuaciones profesionales que realicen en el ejercicio de sus funciones.

ART. 13. Equipo de Observación y Tratamiento.

1. Los Establecimientos Penitenciarios Militares serán atendidos por un Equipo de Observación y Tratamiento. El Equipo de Observación y Tratamiento estará integrado por un jurista criminólogo, un psiquiatra, un psicólogo, un médico y uno o varios trabajadores sociales. Además, participarán directamente en el tratamiento, a través del procedimiento que se establezca: el maestro o quien ejerza la función educativa, los educadores sociales y los monitores deportivos u ocupacionales.

2. El Subsecretario de Defensa determinará aquellos establecimientos que tendrán su propio Equipo de Observación y Tratamiento. Otro Equipo de Observación y Tratamiento, dependiente directamente de dicha autoridad, atenderá a aquellos establecimientos que no lo tengan.

ART. 14. Plantilla y relación de puestos de trabajo.

1. Los Establecimientos Penitenciarios Militares tendrán definida su plantilla orgánica y la relación de puestos militares que se establezca. Del mismo modo se establecerá una relación de puestos de trabajo para el personal funcionario y laboral.

XIII

2. Para la catalogación de los puestos de trabajo se tendrá en cuenta su carácter de Institución penitenciaria, en especial el carácter polivalente de los establecimientos y los cometidos específicos de cada puesto de trabajo, atendiendo a lo dispuesto en la Ley Orgánica 3/2007, de 22 de marzo, para la igualdad efectiva de mujeres y hombres, teniendo en cuenta las funciones penitenciarias encomendadas, y en especial, la salvaguarda de los derechos de intimidad y dignidad de los internos.

CAPÍTULO III
Vigilancia y traslados

ART. 15. Vigilancia y seguridad exterior.

La vigilancia y seguridad exterior de los establecimientos penitenciarios militares corresponderá a la Policía Militar. Podrá asimismo encomendarse a la Guardia Civil, previa autorización del Ministerio del Interior.

ART. 16. Vigilancia interior.

1. La vigilancia en el interior de los establecimientos estará encomendada a personal militar con la adecuada formación, o a personal civil del Ministerio de Defensa con la especialización necesaria, bajo la dirección y mando del Jefe del Área de Interior, con arreglo a las órdenes e instrucciones del Director.

2. No obstante, a petición del Director, en los supuestos de graves alteraciones del orden en el establecimiento, se podrá requerir la intervención de la Policía Militar encargada de la vigilancia exterior, o de la Guardia Civil. En estos casos, el Director mantendrá sus competencias debiendo facilitar la actuación de la fuerza, así como la ejecución de sus procedimientos en aras a la restauración del orden.

3. Salvo en el supuesto del párrafo anterior de este artículo, el personal de vigilancia y seguridad exterior no podrá intervenir en el régimen y vigilancia interior.

ART. 17. Salidas de internos cumplimentando órdenes de autoridades judiciales y gubernativas.

1. Las salidas y, en su caso, los traslados de localidad de los internos preventivos para la práctica de diligencias o celebración de juicio oral, se realizarán previa orden del órgano judicial del que dependan.

2. En el caso de que un órgano judicial interese el traslado de un penado que no esté a su disposición para la práctica de diligencias, el Director recabará previamente autorización del Juez Togado Militar de Vigilancia Penitenciaria.

ART. 18. Salidas de internos para consultas o ingreso en hospitales.

1. La salida de los penados para recibir asistencia médica que no pueda ser prestada en el establecimiento en que se encuentren, será acordada por el Director, a propuesta razonada de los servicios médicos del mismo, dando cuenta al Juez de Vigilancia, cuya autorización previa será necesaria en el caso de que deban quedar ingresados en el centro hospitalario correspondiente, salvo en supuestos de urgencia, en que el Director, con igual propuesta, podrá conceder la autorización, dando cuenta a dicho Juez.

2. Cuando se trate de presos preventivos o de detenidos, en los mismos supuestos, deberá recabarse, previamente, la autorización del órgano judicial o administrativo a cuya disposición se encuentren, salvo en supuestos de urgencia, en que el Director podrá autorizar el traslado dando cuenta a aquéllos.

ART. 19. Mando militar acompañante.

1. Los traslados de internos se efectuarán de conformidad con lo establecido en la Ley Orgánica 2/1989, de 13 de abril, siempre por militares de igual o superior empleo al del interno; a tal efecto a propuesta del Director del establecimiento, el Director General de Personal del Ministerio de Defensa solicitará de la autoridad o mando militar que corresponda la designación de un militar que les acompañe.

2. El militar designado no tendrá responsabilidad en la custodia y velará durante la conducción o traslado por el tratamiento adecuado a la condición y empleo militar del interno.

XIII

ART. 20. Responsabilidad en los traslados.

Las salidas y traslados se efectuarán de forma que se respete la dignidad y derechos de los internos, la condición y el empleo militar, así como, la seguridad en su conducción y permanencia en el centro sanitario correspondiente. La conducción y custodia de los traslados del personal interno será realizado por la Policía Militar o Fuerzas y Cuerpos de Seguridad del Estado.

TÍTULO II
Del régimen penitenciario

CAPÍTULO I
Régimen general

ART. 21. Finalidades e información a los internos.

1. El régimen de los establecimientos penitenciarios militares tendrá como finalidad conseguir una convivencia ordenada, que permita el cumplimiento de los fines previstos por la legislación procesal penal para los detenidos y presos, y llevar a cabo el tratamiento respecto a los penados.

2. Los internos recibirán a su ingreso información escrita sobre el régimen del establecimiento, sus derechos y deberes, normas disciplinarias y los medios y procedimientos para formular peticiones, reclamaciones, quejas o recursos. A quienes no puedan entender la información por el procedimiento indicado les será facilitada por otro medio adecuado.

3. La designación del establecimiento penitenciario y, en su caso, el traslado o cambio de destino de los penados corresponderá al Director General de Personal del Ministerio de Defensa.

ART. 22. Estructura de los establecimientos penitenciarios.

1. Los establecimientos penitenciarios militares se dividirán en distintos pabellones, secciones, unidades o departamentos, atendiendo al sexo, estado de salud, condición o categoría militar, detenidos y preventivos o penados y dentro de éstos, en razón al grado de tratamiento. La separación según la condición o categoría militar podrá exceptuarse por motivos de seguridad y buen orden del establecimiento, la finalidad del tratamiento y la adecuación de su conducta a las exigencias de la condición militar, dando cuenta al Juez Togado Militar de Vigilancia Penitenciaria.

2. Sin perjuicio de lo dispuesto en el párrafo anterior, aquellas actividades que sean compatibles con la causa o motivo de la separación o clasificación podrán realizarse en común, a criterio del Director previo informe del Equipo de Observación y Tratamiento.

ART. 23. Distribución de los internos.

1. Los internos ocuparán habitación o celda individual en la sección o unidad a la que sean destinados.

Existirán celdas, secciones o departamentos separadas de las demás para los recién ingresados en el establecimiento, penados en primer grado, para los preventivos incomunicados o en régimen cerrado y para los sancionados con aislamiento. En todo caso, esas celdas, secciones o departamentos serán de las mismas características que las del resto del establecimiento.

2. En caso de insuficiencia temporal de alojamiento, o por indicación del médico o del Equipo de Observación y Tratamiento se podrá recurrir a dependencias colectivas. En estos casos los internos serán seleccionados adecuadamente.

XIII

ART. 24. Obligaciones del interno.

1. Los internos adecuarán su comportamiento y corrección en sus relaciones a las características de las Fuerzas Armadas de disciplina y jerarquía, asimismo tienen la obligación de cumplir los preceptos reglamentarios relacionados con el orden, sanidad e higiene, así como a conservar cuidadosamente las instalaciones del establecimiento y el utensilio y vestuario que les sea entregado.

Además, quienes mantengan la condición de militar respetarán el principio de neutralidad política y sindical, de acuerdo con lo establecido en el artículo 7 de la Ley Orgánica 9/2011, de 27 de julio, de derechos y deberes de las Fuerzas Armadas.

2. Los internos deberán mantener una actitud de respeto y consideración, propia del carácter militar del establecimiento.

3. Asimismo, vendrán igualmente obligados a las prestaciones personales necesarias para el buen orden, limpieza e higiene del establecimiento.

ART. 25. Traslado de personal interno por razones extraordinarias.

1. Por razones de urgencia y mediando motín, agresión física con arma u otro objeto peligroso, toma de rehenes o intento de fuga, la Dirección General de Personal del Ministerio de Defensa podrá acordar el traslado del interno a otro establecimiento. Este Acuerdo necesitará de la ulterior aprobación del Juez Togado Militar de Vigilancia Penitenciaria u órgano judicial del que depende el interno, sin perjuicio de su ejecutividad inmediata.

2. Del traslado se dará cuenta de inmediato al Juez Togado Militar de Vigilancia Penitenciaria y al órgano judicial del que dependa el interno si este fuera preventivo.

CAPÍTULO II
Régimen aplicable a los preventivos

ART. 26. El ingreso de presos y detenidos.

1. El ingreso de una persona en prisión en calidad de detenido o preso se efectuará mediante orden judicial de detención o mandamiento de prisión de la autoridad judicial competente, salvo lo dispuesto en los apartados 4 y 6 de este artículo.

2. Los detenidos serán puestos en libertad por el Director del establecimiento si transcurridas las setenta y dos horas siguientes al momento del ingreso no se hubiese recibido mandamiento u orden de prisión del órgano judicial competente.

3. En el supuesto de que la orden de detención a disposición de autoridad u órgano judicial determinados no proceda de éstos, el Director del establecimiento lo comunicará a quien sea competente dentro de las veinticuatro horas siguientes al ingreso del detenido. Si en el plazo de setenta y dos horas desde el ingreso no se recibiera orden o mandamiento judicial, procederá el Director a ponerlo en libertad, comunicándoselo a la autoridad que ordenó el ingreso y al órgano judicial a cuya disposición fue puesto.

4. En el supuesto de que la orden proceda de la Policía Judicial, así como por las autoridades o sus agentes facultados legalmente para ello, en la misma deberán constar expresamente los siguientes extremos:

a) Datos identificativos del detenido.

b) Delito imputado.

c) Autoridad judicial o administrativa que ordena la detención o a cuya disposición se encuentra.

d) Hora y día de vencimiento del plazo máximo de detención.

5. La Dirección del Establecimiento podrá denegar motivadamente el ingreso cuando en la orden de detención que se entregue no consten expresamente los citados extremos.

6. Cuando la detención hubiera sido acordada por el Ministerio Fiscal, en la orden constarán los datos de identificación de las diligencias de investigación y el momento de vencimiento del plazo máximo de detención.

ART. 27. Incomunicación de presos o detenidos.

Si en la orden o mandamiento de ingreso se dispusiera la incomunicación del preso o detenido, una vez practicada su identificación y reconocido médicamente, pasará a ocupar la celda que el Director disponga y sólo podrá ser visitado por el Médico, en su caso, por el personal encargado del incomunicado y por las personas que tengan expresa autorización del órgano judicial. Mientras permanezca en esta situación, el Director del establecimiento adoptará las medidas encaminadas a la eficacia de la incomunicación, de acuerdo con lo que dispongan las leyes procesales penales, así como las especiales indicaciones que en cada caso formule el Juez o Tribunal competente.

XIII

ART. 28. Libertad de presos y detenidos.

1. La libertad de los detenidos y presos sólo podrá ser acordada por la autoridad u órgano judicial competente, los cuales librarán al Director del establecimiento el mandamiento necesario para que aquélla tenga lugar, sin perjuicio de lo dispuesto en el artículo 26 de este Reglamento. Previamente a dictarse por el Director del establecimiento la orden de puesta en libertad, se procederá a revisar el expediente personal del interesado para comprobar que el mismo no se halla sujeto a otras responsabilidades.

2. Tras proceder a la identificación de quien hubiera de ser liberado, se le entregará certificación comprensiva del tiempo de privación de libertad, facilitándole Título de Viaje o medios para incorporarse a la unidad de su destino o, en su caso, a su domicilio habitual.

ART. 29. Tipos de régimen de preventivos.

1. Con carácter general, el régimen de los detenidos y presos será el previsto en el capítulo III de este título.

2. Con carácter de excepción y absoluta separación de los penados, también podrán ser destinados a los Departamentos especiales de régimen cerrado, dando cuenta a la Autoridad Judicial de la que dependan, aquellos internos preventivos en los que concurran las circunstancias descritas en el artículo 32 de este Reglamento.

CAPÍTULO III
Régimen aplicable a los penados

ART. 30. Ingreso de los penados.

El ingreso de los penados en el establecimiento que en cada caso designe el Director General de Personal del Ministerio de Defensa será ordenado por el órgano judicial competente una vez que la sentencia condenatoria sea firme. No obstante, si en el momento de adquirir firmeza la referida sentencia, le restase al interno hasta su liberación definitiva o condicional un tiempo de cumplimiento inferior a dos meses, podrá seguir destinado en la sección de preventivos o en el Establecimiento donde se encuentre.

ART. 31. Del régimen penitenciario según el grado de tratamiento.

1. El régimen aplicable a los penados estará en función del grado de tratamiento en que se encuentren. El primer grado, que será excepcional, se cumplirá en departamentos especiales de régimen cerrado; el segundo grado, en régimen ordinario, y el tercer grado, si ha lugar, en régimen abierto.

2. No obstante con el fin de hacer el sistema más flexible, el Director previo informe de los técnicos del Equipo de Observación y Tratamiento, podrá acordar respecto de cada penado que se adopte un modelo de ejecución en el que puedan combinarse aspectos característicos de cada uno de los mencionados grados. Esta medida deberá estar fundamentada en un programa de tratamiento específico que de otra forma no pueda ser ejecutado. Dicha medida será excepcional y necesitará la ulterior aprobación del Juez Togado Militar de Vigilancia Penitenciaria, sin perjuicio de su ejecutividad inmediata.

3. La clasificación inicial y los pases de uno a otro grado se acordarán por el Director del Establecimiento a la vista del protocolo de clasificación y la evolución en el tratamiento penitenciario y los expedientes personales, previo informe de los miembros del Equipo de Observación y Tratamiento y del Jefe de Área Interior.

4. Para pasar progresivamente de un grado a otro, los penados deberán observar buena conducta global. La progresión en el grado de clasificación dependerá de la modificación positiva de aquellos factores directamente relacionados con la actividad delictiva, que se manifestará en la actitud y conducta global del interno y entrañará un incremento de la confianza y una evolución en su tratamiento penitenciario en orden a su reinserción social o reincorporación a las Fuerzas Armadas.

5. A efectos del pase al tercer grado se tendrán en cuenta, además, las circunstancias que señala el párrafo segundo del artículo 34, de este Reglamento.

6. Como consecuencia de la mala conducta o del resultado y evolución del tratamiento del interno, el Director del Establecimiento podrá disponer la regresión de éste a grado inferior, con informe previo de los técnicos del Equipo de Observación y Tratamiento.

7. Los acuerdos que el Director adopte en esta materia se notificarán al interno, que podrán acudir en vía de recurso ante el Juez Togado Militar de Vigilancia Penitenciaria.

XIII

ART. 32. Internos calificados de peligrosidad extrema o inadaptación manifiesta.

1. Cumplirán las penas en departamentos especiales en régimen cerrado los penados que, por ser calificados de peligrosidad extrema o aquellos cuya conducta sea calificada de inadaptación manifiesta al régimen penitenciario ordinario o abierto, se les clasifique en primer grado de tratamiento.

2. La calificación de peligrosidad extrema o inadaptación manifiesta se ajustará a lo dispuesto en la legislación común respecto a los factores valorables para su apreciación y revisión de la resolución clasificadora. Además se ponderarán aquellas conductas que atenten especialmente a los principios propios de la Institución militar, y en especial los de unidad, jerarquía y disciplina.

ART. 33. Del régimen ordinario.

1. El régimen general de cumplimiento de las condenas será el ordinario correspondiente al segundo grado.

2. A su ingreso, los penados deberán permanecer en el pabellón y la sección o unidad de ingreso el tiempo mínimo necesario que precise su valoración penitenciaria por el Equipo de Observación y Tratamiento, así como, el reconocimiento por el médico y realización de la propuesta de destino.

3. En el horario se señalarán las actividades obligatorias u optativas, así como las actividades y talleres programados y el empleo de tiempo libre.

4. Se programarán actividades específicas de tratamiento penitenciario, formación militar, culturales, deportivas o recreativas orientadas a evitar la inactividad. Estas actividades podrán realizarse dentro o fuera del establecimiento.

ART. 34. Del régimen abierto.

1. Cumplirán las penas en régimen abierto los penados clasificados en tercer grado, por estimar que, bien inicialmente, bien por evolución favorable en segundo grado, puedan recibir tratamiento en régimen de libertad restringida.

2. No será de aplicación el régimen abierto al penado que no tenga cumplida la cuarta parte de la totalidad de su condena o condenas, a no ser que concurran favorablemente calificadas las otras variables intervinientes en el proceso de clasificación, valorándose especialmente el carácter primario de la actividad delictiva, la buena conducta, y la madurez o equilibrio personal. Además, a quienes mantengan la condición de militar se les estudiarán las variables de integridad, responsabilidad, ejemplaridad y honradez. En este supuesto será necesario un periodo de tiempo suficiente que permita el estudio adecuado del interno y constate la concurrencia en el mismo de las variables mencionadas.

3. En ningún caso se podrá clasificar a un penado en tercer grado si se encuentra en situación de prisión preventiva en cualquier otro procedimiento.

TÍTULO III
Del tratamiento penitenciario

CAPÍTULO I
Criterios generales

ART. 35. Método para conseguir la reeducación y reinserción.

Para la consecución de la finalidad de reeducación de los internos en orden a su reinserción social, o en su caso, a su reincorporación a las Fuerzas Armadas, la Administración Penitenciaria Militar:

a) Diseñará programas de tratamiento orientados a desarrollar las aptitudes y actitudes de los internos, mejorar sus capacidades formativas, técnicas o profesionales y compensar sus carencias.

b) Utilizará las técnicas de carácter psicosocial que vayan orientadas a mejorar sus capacidades y a abordar aquellas problemáticas específicas que puedan haber influido en su comportamiento delictivo anterior.

c) Potenciará y facilitará los contactos del interno con el exterior, teniendo en cuenta la evolución en el tratamiento. Estos contactos se realizarán siempre que sea posible utilizando recursos de las Fuerzas Armadas.

ART. 36. El Programa individualizado de tratamiento.

1. Las tareas de observación, propuestas de clasificación y tratamiento penitenciarios las realizarán los Equipos de Observación y Tratamiento, cuya composición y funciones se determinan en este Reglamento, y se recogerán en el Programa individualizado de tratamiento que previo acuerdo del Director, se comunicará al interno.

2. Para la adecuada ejecución de estas actividades, los Equipos de Observación y Tratamiento podrán contar con la colaboración del resto de los profesionales del Establecimiento Penitenciario Militar.

3. Se facilitará la colaboración y participación de profesionales y de instituciones o asociaciones públicas o privadas.

ART. 37. Participación del interno en el tratamiento.

1. Se estimulará la participación del interno en la planificación y ejecución de su tratamiento. Con este fin, los miembros del Equipo de Observación y Tratamiento le informarán de los objetivos, instrumentos y plazos más adecuados para conseguirlo.

2. En el diseño de los talleres o actividades de los programas de formación militar que se establezcan podrán participar los propios presos o penados militares, en la medida que acrediten la capacidad y competencia necesaria.

3. El tratamiento penitenciario tendrá carácter voluntario, y a tal efecto el interno podrá rechazarlo libremente o no colaborar en su realización, sin que de ello puedan derivarse consecuencias disciplinarias, regimentales ni de regresión de grado. En todo caso se informará al interno del valor del tratamiento y su evolución para la progresión de grado.

CAPÍTULO II
Programas de tratamiento

ART. 38. Forma de determinación de las actividades de tratamiento.

Las actividades psicosociales, de tratamiento y deshabituación, así como educativas, formativas, socioculturales, y deportivas se determinarán por el Director, teniendo en cuenta las propuestas del Equipo de Observación y Tratamiento, a partir de los programas individualizados de tratamiento.

ART. 39. Actividades y talleres.

Tras la clasificación del interno se elaborará un programa individualizado de tratamiento, revisable al menos cada seis meses, que deberá contener todas aquellas actividades o talleres, para la consecución de los fines de reeducación en orden a su reinserción social, o en su caso, a su reincorporación a las Fuerzas Armadas, que podrán consistir en:

Talleres o actividades de naturaleza militar.

Talleres y técnicas de carácter psicosocial.

Talleres culturales o formativos.

Talleres o actividades de tratamiento y deshabituación.

Talleres de actuación especializada para internos condenados por delitos contra la libertad e indemnidad sexual, violencia de género, o cualquier otra problemática específica.

ART. 40. Lugar de realización de las actividades o talleres.

1. Los talleres y actividades que formen parte del Programa de Tratamiento se podrán realizar tanto en el interior de los establecimientos penitenciarios como fuera de ellos, según evolución del interno.

2. Los Establecimientos Penitenciarios Militares tendrán en cuenta los recursos existentes en las Fuerzas Armadas para la ejecución de las actividades del tratamiento penitenciario.

3. El Ministerio de Defensa celebrará los Convenios de colaboración con los Organismos e Instituciones que permitan el logro de los objetivos descritos en los Programas de Tratamiento. A tal efecto, los Establecimientos Penitenciarios Militares les informarán de los objetivos, actividades o talleres que lo exijan.

ART. 41. Salidas programadas.

1. Para la realización de actividades específicas de tratamiento podrán organizarse salidas programadas destinadas a aquellos internos que ofrezcan garantías de hacer un uso correcto y adecuado de las mismas.

XIII

2. En todo caso, los internos serán acompañados por personal del Establecimiento Penitenciario, de otras instituciones o por voluntarios que habitualmente realicen actividades relacionadas con el tratamiento penitenciario de los reclusos.

3. Los requisitos necesarios para la concesión de salidas programadas serán: Informe favorable del Equipo de Observación y Tratamiento, haber extinguido la cuarta parte de la condena o condenas y observar buena conducta habitual.

4. Las salidas programadas serán propuestas por el Equipo de Observación y Tratamiento, y aprobadas por el Director. Se precisará la posterior autorización del Juez Togado Militar de Vigilancia Penitenciaria en aquellos supuestos en que la salida, por su duración y por el grado de clasificación del interno, sea competencia de este órgano judicial.

5. Como regla general, la duración de las salidas programadas no será superior a dos días y, en ningún caso, se computarán dentro de los límites establecidos para los permisos ordinarios en el artículo 43 de este Reglamento.

6. En las salidas programadas se adoptarán las medidas de seguridad correspondientes.

ART. 42. El trabajo penitenciario.

1. El trabajo en el Establecimiento Penitenciario Militar, en ningún caso, tendrá un carácter productivo.

2. El trabajo ocupacional que realicen los internos estará comprendido en alguna de las modalidades siguientes:

a) Las de formación profesional.
b) Las dedicadas al estudio y formación académica.
c) Las prestaciones personales en servicios auxiliares comunes del establecimiento.
d) Las artesanales, intelectuales y artísticas.

3. El trabajo penitenciario, que constituye un derecho y un deber del interno, tendrá carácter formativo y se ajustará a las siguientes condiciones:

a) No tendrá carácter aflictivo ni será aplicado como medida de corrección.
b) No atentará a la dignidad del interno.
c) Se organizará atendiendo a las aptitudes y aspiraciones profesionales de los internos en cuanto sean compatibles con la organización y seguridad del establecimiento.
d) Será facilitado por la Administración.
e) No se supeditará al logro de intereses económicos por la Administración.

4. Los presos preventivos podrán realizar trabajos ocupacionales conforme a sus aptitudes y aspiraciones profesionales.

TÍTULO IV
De los permisos de salida

ART. 43. Permisos ordinarios y extraordinarios.

1. Salvo que concurran circunstancias excepcionales, se concederá a los internos permiso de salida, por el tiempo imprescindible, en caso de fallecimiento o enfermedad grave de los padres, cónyuge o persona con quien se halle unido por análoga relación de afectividad, hijos o hermanos, nacimiento de hijo, así como por importantes y comprobados motivos de análoga naturaleza. Si se trata de penados clasificados en primer grado será necesaria la autorización del Juez Togado Militar de Vigilancia Penitenciaria; para los detenidos y presos, del órgano judicial de quien dependan. En estos casos se recabará la autorización con urgencia. Quienes no disfruten de los permisos señalados en el siguiente número saldrán con las medidas de seguridad adecuadas.

2. A los penados en segundo o tercer grado de tratamiento podrán también otorgárseles permiso de salida, previo informe favorable de los miembros del Equipo de Observación y Tratamiento, de hasta siete días seguidos y un límite de treinta y seis o cuarenta y ocho días por año, respectivamente, sin otras medidas de seguridad que los compromisos que determine el Equipo de Observación y Tratamiento. Estos permisos serán para localidad o localidades determinadas.

ART. 44. Requisitos para la concesión de permisos ordinarios.

Para concederse los permisos que señala el párrafo segundo del artículo anterior deberán concurrir las siguientes circunstancias:

a) Que estén clasificados y hayan cumplido de manera efectiva la cuarta parte de su condena. En el tiempo efectivo se computará la prisión preventiva o provisional.

b) Que observen buena conducta habitual y el Equipo de Observación y Tratamiento considere el permiso necesario para la evolución del tratamiento del interno.

c) Que no conste, por informaciones o datos fidedignos, la concurrencia de circunstancias peculiares que hagan presumir el quebrantamiento de la condena, la comisión de nuevos delitos o que el permiso pueda repercutir desfavorablemente para la adecuación del penado, a su regreso, al régimen penitenciario.

TÍTULO V
Comunicaciones, régimen disciplinario, recompensas, peticiones y quejas

ART. 45. Las comunicaciones orales, escritas o telefónicas.

Las comunicaciones orales, escritas o telefónicas, así como las que puedan mantener los internos con abogados, procuradores, autoridades y profesionales acreditados, y la recepción o envío de paquetes y encargos se regirán por lo establecido en el Reglamento Penitenciario aprobado por Real Decreto 190/1996, de 9 de febrero, teniendo en cuenta las siguientes normas específicas:

a) Las comunicaciones orales podrán realizarse por locutorio, ser de convivencia o íntimas.

b) El Director del Establecimiento fijará los días de semana en que pueden comunicar los internos con familiares, allegados y amistades, así como el horario, forma, lugar en que deban efectuarse y número de visitas, no pudiendo comunicar más de cuatro simultáneamente con el mismo interno. Las comunicaciones con el cónyuge o persona unida por análoga relación afectiva y familiares de primer grado tendrán preferencia y mayor tiempo de comunicación.

c) Las comunicaciones de convivencia o íntimas de los internos, con familiares o allegados íntimos se celebrarán en locales adecuados. Entre las medidas dirigidas a evitar la propagación de una enfermedad transmisible a las que alude el artículo 219 del Reglamento Penitenciario, aprobado por Real Decreto 190/1996, de 9 de febrero, podrán denegarse las comunicaciones de convivencia o íntimas de los internos con familiares o allegado íntimos.

d) Las comunicaciones descritas en los apartados anteriores podrán limitarse, suspenderse o en su caso denegarse, por razones de seguridad, de interés de tratamiento y del buen orden en el Establecimiento, así como por actos contrarios a las reglas de comportamiento exigidas al militar para quienes mantengan tal condición, establecidas en el artículo 6 de la Ley Orgánica 9/2011, de 27 de julio, de Derechos y Deberes de los Miembros de las Fuerzas Armadas.

En todo caso la limitación, suspensión o denegación, deberá realizarse en resolución motivada, dando cuenta al Juez Togado Militar de Vigilancia Penitenciaria en el caso de penados o a la autoridad judicial de la que dependa si se trata de detenidos o presos.

e) El Director señalará el procedimiento, duración y límites de las comunicaciones telefónicas. Salvo casos excepcionales libremente apreciados por el Director, no se permitirán llamadas telefónicas desde el exterior a los internos.

f) Las comunicaciones con el abogado defensor o con el abogado expresamente llamado en relación con asuntos penales y con los procuradores que le representen, no podrán ser suspendidas o intervenidas, en ningún caso, por decisión administrativa; solo podrá realizarse previa orden expresa de la autoridad judicial. Las comunicaciones con otros profesionales podrán ser suspendidas o interrumpidas cuando lo exija una situación extraordinaria de seguridad del Establecimiento de las descritas en el artículo 16.2 de este Reglamento, debiendo dar cuenta inmediata al Juez Togado Militar de Vigilancia Penitenciaria.

g) El Director podrá limitar el número y tamaño de paquetes a recibir por los internos cuando lo requiera la seguridad o el buen orden del establecimiento.

h) El Director podrá autorizar visitas de personal del Ministerio de Defensa y del Ministerio del Interior (Guardia Civil), solicitadas oficialmente, con las medidas de seguridad que puntualmente se determinen.

XIII

ART. 46. Régimen disciplinario.

1. En los Establecimientos Penitenciarios Militares se aplicarán las normas de régimen disciplinario del Real Decreto 190/1996, de 9 de febrero, en materia de infracciones y sanciones, teniendo en cuenta lo siguiente:

a) Las competencias que en dicho Reglamento se atribuyen a la Comisión Disciplinaria y a la Dirección corresponderán al Director del Establecimiento.

b) En la enumeración de autoridades o funcionarios judiciales o de Instituciones Penitenciarias se entenderán incluidas las autoridades, personal militar y civil del Ministerio de Defensa.

c) Para la aplicación de los tipos disciplinarios se tendrá en cuenta el carácter de Unidad Militar del Establecimiento Penitenciario Militar, y los bienes jurídicos que tal carácter hace necesario proteger, en especial las características de las Fuerzas Armadas de disciplina y jerarquía y para aquellos internos que mantengan la condición de militar el principio de neutralidad política y sindical.

2. Las sanciones impuestas en vía disciplinaria penitenciaria lo serán sin perjuicio de la responsabilidad civil o penal que, en su caso, pudiera corresponder y de la responsabilidad disciplinaria militar, siempre que esta última sea compatible.

3. El procedimiento sancionador será el del Real Decreto 190/1996, de 9 de febrero, siendo recurribles las sanciones impuestas ante el Juez Togado Militar de Vigilancia Penitenciaria.

4. Las sanciones no recurridas ante el Juez Togado Militar de Vigilancia Penitenciaria, independientemente de que se hayan cumplido, podrán ser anuladas o disminuidas por el Subsecretario de Defensa, cuando se aprecie que la sanción impuesta no se ajusta a derecho, de acuerdo con el artículo 109.1 de la Ley 39/2015, de 1 de octubre, de Procedimiento Administrativo Común de las Administraciones Públicas, y con las limitaciones a la potestad revocatoria en él establecido.

ART. 47. De las peticiones, quejas y recursos.

1. Los internos podrán formular peticiones y quejas relativas a su tratamiento, al régimen del Establecimiento, y a cualquier otra materia competencia de la Administración Penitenciaria Militar. Podrán hacerlo verbalmente o por escrito, de buen modo, y ante el Director del establecimiento o quien le represente, quien las resolverá o remitirá a la Autoridad correspondiente. Se anotarán en un registro y su resolución se notificará por escrito al interesado.

2. Los recursos previstos en la legislación procesal o penitenciaria se presentarán ante el Director del establecimiento, quien los hará llegar a la autoridad judicial correspondiente.

ART. 48. Recompensas de carácter penitenciario.

Los actos que pongan de relieve las reglas esenciales que definen el comportamiento de los militares, en especial la unidad, jerarquía y disciplina, el respeto de las personas, sus bienes, y el bien común, el cumplimiento de sus deberes y obligaciones, en especial la participación activa en las actividades de tratamiento penitenciario u ocupacionales organizadas por el establecimiento y en general la conducta ejemplar, serán estimulados mediante un sistema de recompensas.

ART. 49. Propuesta de recompensas de carácter penitenciario.

La propuesta de recompensas requerirá, en todo caso, la ponderación razonada de los factores que la motivan, así como la acreditación de su concurrencia.

ART. 50. Aprobación de recompensas de carácter penitenciario.

1. Las recompensas serán aprobadas por el Director del establecimiento a propuesta de los Jefes de las Áreas de Tratamiento e Interior, y podrán consistir en: comunicaciones orales de convivencia o íntimas o extraordinarias adicionales, donación de libros y otros instrumentos de participación en las actividades ocupacionales, prioridad en la participación en las salidas programadas, reducción del periodo de cancelación de las sanciones impuestas, notas meritorias y cualquier otra recompensa de carácter análogo a las anteriores que no resulte incompatible con los preceptos reglamentarios.

2. La concesión de recompensas será anotada en el expediente penitenciario del interno, con expresión de los hechos que la motivaron.

TÍTULO VI
De los beneficios penitenciarios

ART. 51. Adelantamiento de la libertad condicional.

1. Cumplidos los requisitos del artículo 52 de este Reglamento, salvo el cumplimiento de las tres cuartas partes de la condena, el Director del establecimiento, respecto de los internos condenados por la jurisdicción militar, previo informe de los técnicos del Equipo de Observación y Tratamiento, podrá solicitar del Juez Togado Militar de Vigilancia Penitenciaria, la aplicación del apartado 2 y excepcionalmente del 3 del artículo 90 del Código Penal, que prevé la posibilidad de suspender la ejecución del resto de la pena y conceder la libertad condicional a las dos terceras partes o la mitad de la condena. En este caso será necesario que en estos penados concurran durante el tiempo transcurrido de condena, las circunstancias o requisitos siguientes:

a) Buena conducta habitual.

b) Normal cumplimiento de los deberes y obligaciones del artículo 24 de este Reglamento.

c) Participación con aprovechamiento en las actividades de tratamiento penitenciario para la reeducación de los internos, en orden a su reinserción social, o en su caso, a su reincorporación a las Fuerzas Armadas.

2. El cómputo del tiempo adelantado se calculará, en su caso, de conformidad con lo previsto en el último párrafo del apartado 2 del artículo 90 del Código Penal.

3. Dichos beneficios de adelantamiento no tendrán ningún efecto con respecto a la libertad definitiva.

Incluida la corrección de errores del Real Decreto 112/2017, de 17 de febrero, por el que se aprueba el Reglamento Penitenciario Militar. (BOE de 31-03-2017).

TÍTULO VII
De la libertad condicional

ART. 52. Requisitos.

1. A los penados que hayan cumplido las tres cuartas partes de la condena y reúnan los requisitos que se relacionan en el artículo 90.1 del Código Penal, se les suspenderá la ejecución del resto de la pena de prisión y concederá libertad condicional.

2. A los penados que hayan cumplido las dos terceras partes de la condena y reúnan los requisitos que se relacionan en el artículo 90.2 del Código Penal, se les podrá suspender la ejecución del resto de la pena de prisión y conceder la libertad condicional.

3. Excepcionalmente, a los penados que hayan cumplido la mitad de la condena y reúnan los requisitos que se relacionan en el artículo 90.3 del Código Penal, se les podrá suspender la ejecución del resto de la pena de prisión y conceder la libertad condicional.

ART. 53. Ejecución de la resolución de puesta en libertad.

1. Recibida en el establecimiento penitenciario la resolución de poner en libertad condicional a un penado, el Director la cumplimentará seguidamente, remitiendo copia al Director General de Personal del Ministerio de Defensa.

2. Si la orden de libertad condicional se recibiera antes de la fecha de cumplimiento de las tres cuartas partes de la condena, no se procederá a hacer efectiva la libertad condicional hasta el mismo día en que se cumplan, salvo los supuestos de adelantamiento.

ART. 54. Septuagenarios y enfermos graves.

1. No obstante lo dispuesto en los dos artículos anteriores, los penados que se hallen en el tercer grado de tratamiento y que hubieran cumplido la edad de setenta años, o la cumplan durante la extinción de la condena, y reúnan los requisitos establecidos, excepto el haber extinguido las tres cuartas partes de aquélla, podrán ser propuestos para la concesión de la libertad condicional.

2. Asimismo, podrá proponerse la libertad condicional, según informe médico, cuando se trate de enfermos muy graves con padecimientos incurables y se hallen en el tercer grado de tratamiento.

XIII

ART. 55. Vigilancia de conducta del liberado condicional.

1. Decretada la libertad condicional, el Director del establecimiento expedirá una certificación de declaración de liberado condicional que entregará al interesado, y lo comunicará a la autoridad o mando militar que designe el Director General de Personal del Ministerio de Defensa en la localidad en que establezca su residencia, si no ha de volver a las Fuerzas Armadas.

2. La autoridad, o mando militar designado, ordenará la vigilancia en cuanto a conducta del liberado condicional. A estos afectos, la autoridad o mando militar designada ejecutará el Programa Individualizado de Seguimiento que, previamente, y a propuesta de los técnicos del Equipo de Observación y Tratamiento será establecido y elevado por el Director del Establecimiento al Juez Togado Militar de Vigilancia Penitenciaria, que lo aprobará si procede, pudiendo incorporar al auto por el que acuerda la libertad condicional, aquellas reglas de conducta que estime oportuno.

3. La puesta en libertad condicional se comunicará también al Tribunal sentenciador, al Juez Togado Militar de Vigilancia Penitenciaria y al Director General de Personal del Ministerio de Defensa.

ART. 56. Títulos de viaje.

A los internos, acordada su libertad condicional, se les facilitará Título de Viaje al lugar en que fijen su residencia o a su unidad de destino.

TÍTULO VIII
De la libertad definitiva

ART. 57. De la puesta en libertad definitiva.

1. Para la puesta en libertad definitiva de los condenados a penas de prisión será precisa la aprobación de dicha libertad por el Tribunal sentenciador.

2. En caso de penas hasta un año de privación de libertad se entenderá aprobada la libertad definitiva con la remisión de la liquidación de condena en que figure el día en que aquella quedará cumplida.

3. Tres meses antes del cumplimiento de la condena, el Director del establecimiento formulará al Tribunal sentenciador propuesta de licenciamiento definitivo para el día en que el penado deje extinguida su condena con arreglo a la liquidación practicada en el procedimiento.

4. Si un mes antes del día señalado para el cumplimiento de la pena no se hubiera obtenido contestación se reproducirá la propuesta, haciéndose constar que se cursa por segunda vez.

5. Si transcurridos quince días desde la segunda propuesta no se recibiese respuesta, el Director del Establecimiento solicitará la aprobación de la libertad definitiva, y, caso de no obtener contestación, procederá a la excarcelación del penado el día en que extinga definitivamente la pena, si no está pendiente de otras responsabilidades.

6. A los internos, acordada su libertad definitiva, se les facilitará Título de Viaje al lugar en que fijen su residencia o a su unidad de destino.

ART. 58. Anotación en el expediente personal.

1. El Director del establecimiento extenderá la correspondiente nota en el expediente personal de quienes cumplan definitivamente la condena y, tanto si ésta se ha cumplido totalmente en el establecimiento como si se ha permanecido la última parte de la misma en libertad condicional, expedirá certificaciones de libertad definitiva al Juez Togado Militar de Vigilancia Penitenciaria y al Tribunal sentenciador a fin de que conste tal circunstancia en el procedimiento. También se remitirá otra certificación al Director General de Personal del Ministerio de Defensa y a la Unidad de destino en el momento de comisión de los hechos.

2. Cuando la liberación definitiva de los penados no sea por cumplimiento total de las penas, sino por aplicación de medidas de gracia, el Director del establecimiento se abstendrá de poner en libertad a ninguno de los internos hasta que reciba orden del Tribunal sentenciador.

XIII

TÍTULO IX
Del cumplimiento de determinadas penas

CAPÍTULO I
De los trabajos en beneficio de la comunidad

ART. 59. Los trabajos en beneficio de la comunidad.

Los trabajos en beneficio de la comunidad, que no podrán imponerse sin el consentimiento del penado, le obligan a prestar su cooperación no retribuida en determinadas actividades de utilidad pública, relacionadas con delitos de similar naturaleza al cometido por el penado.

ART. 60. Formas de cumplimiento de la pena.

Los penados a trabajos en beneficio de la comunidad que se encuentren internos en los Establecimientos Penitenciarios Militares únicamente realizarán el cumplimiento de esta pena mediante su participación en talleres o programas formativos o de reeducación, laborales, culturales, de educación vial, sexual y otros similares.

ART. 61. Convenios con entidades públicas o privadas.

Para el cumplimiento de estas penas el Ministro de Defensa podrá establecer los oportunos Convenios con entidades públicas o privadas que desarrollen las actividades descritas en el artículo anterior.

ART. 62. Plan de ejecución de los trabajos en beneficio de la comunidad.

1. Recibida la sentencia condenatoria de trabajos en beneficio de la comunidad, el Director del Establecimiento Penitenciario Militar, realizada la valoración y elaboración por el personal designado para la gestión de penas y medidas alternativas, aprobará el Plan de ejecución, que se ofertará al penado, dándose traslado al Juzgado Togado Militar de Vigilancia Penitenciaria para su control, sin perjuicio de su inmediata ejecutividad.

2. No obstante, en el caso de que el penado manifieste oposición al cumplimiento del Plan de ejecución, se informará al Juez Togado Militar de Vigilancia Penitenciaria de tal hecho, a los efectos que considere oportunos.

ART. 63. Instrucciones para el cumplimiento de los trabajos.

1. Durante el cumplimiento del Plan de ejecución, el penado deberá seguir las instrucciones que reciba del Juez Togado Militar de Vigilancia Penitenciaria, de la Dirección del Establecimiento Penitenciario Militar, así como las directrices de la entidad u órgano colaborador.

2. Efectuadas las verificaciones necesarias, el Establecimiento Penitenciario Militar comunicará al Juez Togado Militar de Vigilancia Penitenciaria las incidencias relevantes de la ejecución de la pena, a los efectos y en los términos previstos en el artículo 49, condiciones 6.ª y 7.ª, del Código Penal.

ART. 64. Fin del Plan de ejecución.

Una vez cumplido el Plan de ejecución, el Establecimiento Penitenciario Militar informará de tal extremo al Juez Togado Militar de Vigilancia Penitenciaria y al órgano jurisdiccional competente, a los efectos oportunos.

XIII

CAPÍTULO II
De la localización permanente

ART. 65. Cumplimiento de la localización permanente.

La localización permanente que deba cumplirse en Establecimiento Penitenciario Militar por encontrarse los penados internos en el mismo, se ajustará a lo dispuesto en el presente Real Decreto, sin perjuicio del carácter supletorio del Real Decreto 840/2011, de 17 de junio, por el que se establecen las circunstancias de ejecución de las penas de trabajo en beneficio de la comunidad y de localización permanente en centro penitenciario, de determinadas medidas de seguridad, así como de la suspensión de la ejecución de la penas privativas de libertad y sustitución de penas.

ART. 66. Ejecución de la pena de localización permanente.

1. Recibida la resolución o mandamiento judicial que determine el cumplimiento de la pena de localización permanente en establecimiento penitenciario, por el Director del Establecimiento Penitenciario Militar se definirá el Plan de ejecución, y será comunicado al órgano jurisdiccional competente para la ejecución, sin perjuicio de su inmediata ejecutividad. Se entregará una copia del mismo al penado.

2. No obstante, en el caso de que el penado manifieste oposición al Plan de ejecución, se informará al órgano jurisdiccional competente, a los efectos que considere oportunos.

3. El penado cumplirá la pena de localización permanente en la celda que tenga asignada.

4. El cumplimiento de la pena de localización permanente podrá realizarse durante todos los días de la semana.

5. El penado estará sometido al régimen general del establecimiento, y en cuanto resulte de aplicación a la naturaleza de esta pena y su forma de ejecución, deberá respetar las normas de régimen interior.

6. Cumplida la pena, el establecimiento penitenciario remitirá un informe final al órgano jurisdiccional competente para la ejecución.

TÍTULO X
Del Juez Togado Militar de Vigilancia Penitenciaria

ART. 67. El Juez Togado Militar de Vigilancia Penitenciaria.

1. El Juez Togado Militar de Vigilancia Penitenciaria tendrá las competencias y funciones que le atribuyen la Ley Orgánica General Penitenciaria y la Ley Orgánica Procesal Militar.

2. Asimismo, le corresponde formular propuestas al Ministerio de Defensa, referentes a la organización y desarrollo de los servicios de vigilancia, a la ordenación de la convivencia interior de los establecimientos, a la organización y actividades de los talleres, escuela, asistencia médica y religiosas, en general, a las actividades regimentales, económico-administrativas y de tratamiento penitenciario en sentido estricto, de acuerdo con lo establecido en el artículo 77 de la Ley Orgánica 1/1979, de 26 de septiembre, General Penitenciaria.

3. Las visitas a los Establecimientos Penitenciarios Militares, que al menos tendrán periodicidad mensual, las podrá realizar el Juez Togado Militar de Vigilancia Penitenciaria en cualquier momento, por propia iniciativa o cuando sea requerido para ello.

4. Las resoluciones que dicten los Jueces Togados Militares de Vigilancia Penitenciaria en materia de su competencia, como tales, serán notificadas a los interesados y a los Fiscales competentes y comunicadas al Director del establecimiento para cumplimiento, cuando así proceda.

ÍNDICE ANALÍTICO

A

E

J

L

M

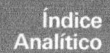

ANEXO.

CIRCULARES E INSTRUCCIONES DE LA SECRETARÍA GENERAL DE INSTITUCIONES PENITENCIARIAS

ACCEDE DESDE LA VERSIÓN DIGITAL A TODAS
LAS CIRCULARES E INSTRUCCIONES